한국의 소상공인과 재래시장 상인의 성공요인

한국의 소상공인과 재래시장 상인의 성공요인

서근하 박사

한국학술정보

|차 례|

제3부 ▌재래시장 상인의 불황극복과 성공요인에 관한 연구

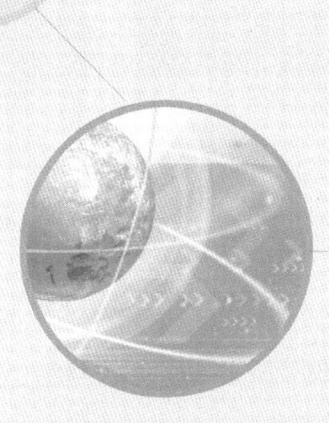

연구 총론

한국의 소상공인과
재래시장 성공방법 연구총론

I. 서 론

본 연구는 중소기업이 처한 환경 중에서 소상공인과 재래시장 상인들인 영세자영업자들의 불황극복과 경영혁신을 이루기 위하여 자영업자들이 가진 인구통계적인 특성을 넘어서 창업가 정신특성, 조직구조, 경영몰입, 마케팅 활동성 등을 종합하여서 기존의 조직화된 중소기업과 같이 창업성공이라는 성과에 도달할 수 있는가를 검토하였다. 이러한 검토결과를 바탕으로 현재 한국정부가 자영업에 지원하는 노력들을 국가적 차원에서 기초경제 안정과 유통기반 구축 그리고 중소상인의 해외진출의 토대 마련과 활성화를 위한 측면에서 정책제언을 제시하고자 하였다. 현재 한국적 상황에서 중소기업이 처한 환경 중에서 영세자영업과 소상공인들의 불황극복과 경영혁신을 이루기 위하여 정부가 지원하는 노력들은 국가적 차원에서 유통기반 및 기초경제의 토대 마련이라는 목적을 넘어서, 저소득층의 최저생활을 보장하기 위한 서민의 생존권 보장 차원에서 심각한 사회적, 경제적, 정책적 문제로 대두되고 있다.

이처럼 한국경제에서 영세자영업의 중요성이 커져 가는 이유로서 먼저 자영업의 사업체 수를 살펴보면 205만 개로 총 사업체의 68.1%

를 차지하고 있으며, 종사자는 350만 명으로 총 종사자의 28.7%를 차
지하고 있다. 이러한 자영업의 비율은 중소기업 300만 개 중에서 265
만 개를 차지함으로써 88.4%에 달하는 소상공인들의 77.2%를 자영업
업자가 차지하고 있음은 매우 높은 수치라는 것이다. 이 중에서도
영세소매업 분야를 살펴보면 첫째, 영세소매 자영업자가 우리나라 경
제에서 차지하는 비율을 살펴보면 현재 총 153만 개 사업체로 중소기
업 전체에 대한 영세소매 자영업자의 비율로 살펴보면 무려 53%를
점유할 정도로 사회·경제적으로 절대 간과할 수 없는 비중을 차지하
고 있음을 알 수 있다. 그러나 영세소매업은 서민들의 생존권 차원에
서 더욱 문제가 되는 것은 향후 이들 사업체의 75%가 매출이 계속적
으로 감소될 것으로 추정되는 위기상황이다. 둘째, 영세소매 자영업자
수는 오히려 세계적 흐름과 역행하여 외환위기 이후 '99년까지 급격히
증가한 후 꾸준한 상승세에 있고, 이들의 종사자 차원에서 비중은
15.8%이지만 전 세계적 통계와 비교하면 매우 높은 상황으로서
OECD국가 중 2위를 차지하고 있다. 셋째, 임금근로자보다 높은 수준
을 유지하던 영세소매 자영업자의 실질소득은 2000년 이후 감소하여
2003년에는 임금근로자의 소득보다 낮은 수준으로 반전하였다.

이와 같이 영세소매 자영업자 부문에서 문제가 더욱 심각한 것은
앞으로 한국의 경제상황에서 새로운 영세소매업 사업자가 창업시장으
로 계속적으로 나올 수밖에 없는 상황이지만, 이들의 시장상황은 역으
로 향후 10년 이내에 전 산업체에서 소매업의 비중은 현행 27%에서
시장상황은 더욱 악화될 것이라고 전망되고 있다. 이와 같은 전망은
결국 현재 영세소매업에 종사하는 사람들 가운데 2명 중 최소 1명은
향후 10년 안에 실업자로 전락하거나 봉급생활자 또는 일용직 근로자
로 전환됨을 의미하는 것이다(중소기업청 2005). 우리나라 소매업의

현황을 살펴보면 백화점은 부분별로 성장할 것이며, 할인점과 편의점 그리고 무점포 사업은 지속적으로 성장할 것으로 예측하고 있다. 그러나 영세소매업의 향후 미래전개상은 폐업과 침체로 나타나고 있다. 이러한 실상을 통하여 볼 때 우리나라의 자영업자는 한국 경제상황에서 소외받고 있는 취약한 계층으로 생존 자체가 위협받는 다급한 상황임을 알 수 있다. 이러한 자영업에 대한 문제점 분석과 해법에 대한 모색은 자영업 불황을 극복하고 활성화시키려는 정부의 장단기 전략과 제 도출에 합리적인 판단근거를 제시할 수 있게 할 뿐만 아니라, 전국에 있는 자영업자들의 교육과 지도활동을 실시할 때에도 유용하게 사용할 수 있을 것으로 보인다.

Ⅱ. 이론적 배경

이론적 배경에서는 본 연구에서 소상공인과 재래시장 상인들인 자영업자들의 성공요인에 대하여 접근하는 방식은 기존 정책연구들과는 달리 상인의식과 정신적 특성이 실제적으로 경영성과에 유의한 영향을 줄 수 있느냐에 대한 명제분석과 경영혁신이라는 새로운 통합적 시각적 관점에서 자영업자의 경영적, 인간적인 특성을 넘어서 자영업의 조직운영 구조와 경영몰입 및 경영성과들에 대하여 개념화와 현 정부정책의 추진방향들이 이러한 자영업이 내면적, 정성적인 성공요인들을 이끌어 내고 지속적으로 발전시킬 수 있느냐에 대하여 분석하고자 노력하였다.

2.1 자영업자 경영특성의 개념화

기업성과와 관련하여 전통적으로 경영자의 특성은 창업가의 창업자 정신을 주축으로 하여 많은 연구에서 연구주제의 핵심요소로 다루어져 왔다(Covin and Sleven 1990). 하지만 자영업자들에 대한 연구는 재래시장을 주축으로 한 소상공인 분야에서 기본적인 연구수준에 머물러 있었다. 따라서 자영업자들에 대한 경영자에 관한 접근은 기존의 창업자에 대한 연구에서부터 시작되어야 한다. 창업가 정신을 연구한 기존 연구들을 살펴보면 대부분 창업자들의 공통적·개인적 특성으로서 성별, 연령, 학력, 경험 혹은 배경과 같은 인구통계적인 특성과 함께 심리적·행동적 특성들이 기업성과에 미치는 영향을 구명하고자 하였다(Begley and Boyd 1987, Sandberg and Hofer 1987, 노승혁, 윤성욱, 서근하 2006, 윤성욱·서근하 2003, 2004, 2006, 서근하 2004, 2005).

〈표-1〉 소규모 기업 창업성과에 대한 기존 선행연구

연구자	연구 대상	연구 내용 및 결과
Sandberg & Hofor (1987)	17개의 벤처기업	New 벤처기업의 영향요소를 규명함. 학력은 제품의 혁신성이 클 경우 유의함. 일반 제품은 학력과 창업성과와 관련 없음.
Covin & Slevin (1990)	90개의 벤처기업 (3가지 산업체 구분)	산업의 Life Cycle의 단계로 구분 연구함. 태동기업(26개), 성장기업(25개), 성숙기업(39개)의 상관관계 중 태동기업에서는 전략적 자세와 조직유기성이 매출증가분, 시장점유율, 이익률과 양의 상관관계를 밝힘.
Macmillan & Kulow (1989)	벤처캐피탈의 지원을 받은 350개의 벤처기업	기업에 대한 벤처캐피탈의 역할을 규명함. 저관여기업, 중관여기업, 고관여기업으로 구분하여 적절한 관여가 매출이익, 시장점유율, 매출, 순이익 증가에 유의함.
Sexton & Bowman (1985)	미국 401명의 학생 창업가 그룹, 관리자 그룹	창업자와 경영자의 속성 비교 연구함. 창업자가 경영자에 비하여 인내성, 독립성 순응 및 일치력, 변화 적응성, 위험감수성, 자치요구력, 사회적 적응성이 높음.

연구자	연구 대상	연구 내용 및 결과
Begley & Boyd(1987)	뉴잉글랜드의 소규모 기업협회의 239개 회원사	창업자와 관리자의 심리적 특성과 재무적 성과(ROA)와의 관계를 규명함. 창업자가 경영자보다 성과와 성취도, 인내성, 통제성, 위험 및 모호 감수성이 높음.
Cooper (1985)	161개의 기술 지향적인 신생기업(전자, 컴퓨터, 소프트웨어, 생명, 의학 분야)	창업 및 기술기업과의 학력과 경력의 상관관계 연구함. 학력, 경력 등의 관찰 변수의 차이점을 구분하여, 기술기업은 창업자의 학력이 높을수록 성과가 높음을 밝힘.
Stuart & Abetti (1987)	24개의 기술벤처의 CEO	성공에 기여하는 15가지의 요인을 분석함. 시장 발견, 혁신성, 공격적 전략, R&D, 조직 강화, 효율성, 기업가 정신, 경력 및 경험 등이 창업성공에 유의한 영향을 줌.
Buttner & Rosen(1989)	대출은행 관리자, MBA 학생	기업가의 성별, 학력과 경험의 차이, 기업가의 성별 차이가 대출결정에 미치는 차이점에서 성별의 차이점은 없음을 밝힘.
Sexton & Bowman (1990)	105명 여성(휴스턴의 HERS 멤버), 69명 남성(오하이주의 기업가)	성별과 관련된 차별점, 비즈니스에 있어서 여성의 인식과 태도에 관한 변수(위험감수성, 안락성, 에너지 레벨, 변화성 등) 퍼스낼러티와 직업관을 비교 분석함. 여성은 에너지레벨과 위험감수성 분야에서 낮음.
Pearce II & Michael (1997)	1990~1991년의 미국 경기 후퇴기의 118개 제조업체	소규모 기업의 경기 절정기의 마케팅 활동성과 경기 쇠퇴기의 마케팅 활동성이 기업의 성과에 미치는 효과를 연구함.
Coviello, Brodie & Munro (2000)	뉴질랜드의 192개 업체, 캐나다의 110개 업체	소규모 기업의 기업체 나이, 규모, 성장비율에 따른 마케팅 계획성, 마케팅 실천성이 소규모 기업의 시장성과에 유의한 영향을 끼침을 규명함.
Matsuno, Mentzer & Ozsomer (2002)	미국 1,300개 제조업 마케팅 담당 임원	기업가 정신은 조직구조에 유의한 영향(정형화, 집중화, 분권화)을 미치는데 이는 시장 지향성과 경영성과에 유의함.

자영업자에 대한 창업자로서의 배경적 특성으로 살펴볼 수 있는 연구는 1980년대를 기점으로 해외의 많은 연구자들에 의해 창업자 개인적 특성 규명에 주안점을 두고 진행되어 왔다. 창업자 특성을 파악하는 전형적인 방법이 창업자의 인구통계적인 자료를 분석하는 것이다. 이러한 특징은 성별, 연령, 학력, 경험 등으로 크게 네 가지로 구분하여 살펴볼 수 있다.

첫째, 성별이 경영성과에 미치는 영향에 관한 부문이다. Sexton and Bowman(1990)은 창업자의 특성, 경험을 기준으로 순응, 열정수준, 대인감정수준, 위험감수성향, 자율과 변화에 부여하는 가치, 사회적 재능, 의존성 등과 같은 심리적 특성에 대한 상관관계를 연구한 결과 창업자의 특성과 경험이 경영성과에 유의한 차이가 있음을 밝혔다. 그러나 Buttner and Rosen(1989)은 남성과 여성 간의 창업자 특성비교 결과 경험이나 욕구에서는 별다른 차이가 없게 나타났다. Smith and Miner(1984)은 위험감수성이 높은 남성은 기회추구형 창업에 유리하며, 다양한 제품과 서비스 제공에서 뛰어난 여성은 자율성이 강한 장인형 기업에서 더욱 강점을 살릴 수 있는 것으로 밝혔다. 윤성욱·서근하(2003)는 한국의 소상공인 창업자의 개인적 특성과 마케팅인식을 중심으로 사업체를 성공업체와 실패업체의 둘로 구분하여 분석한 결과 남, 여 성별의 차이가 경영성과에 유의한 차이가 있고 소상공인 분야는 남성 측이 창업성공에 유의하다는 사실을 밝혀냈다.

둘째, 연령이 경영성과에 미치는 영향에 관한 부문이다. 연령에 관한 연구는 상반된 결과들을 보이고 있다. Birley and Norburn(1987)은 나이가 젊을수록 혁신 지향적이며 위험 감수성이 뛰어났으며, 이러한 성향은 나이가 젊을수록 기술 지향적 기업에서 경영성과에 영향을 미친다는 것을 밝혔다. 그러나 Cooper(1985)는 나이 많은 창업자들이 젊은 창업자에 비하여 생존의 가능성도 높고, 수입 면에서도 많은 소득을 올리고 있다고 주장하였다. 윤성욱·서근하(2003)는 소상공인 창업 분야는 연령의 차이에 따라서 경영성과에 차이가 있으며 40대 이상이 40대 미만보다 창업성공에 유의한 영향이 있음을 밝혀냈다.

셋째, 학력이 경영성과에 미치는 영향에 관한 부문이다. 창업자에 대한 특성 연구에서 가장 많이 언급되어 온 또 다른 배경적 특성은 학력이다. Cooper, Gascon, and Woo(1994)와 Cooper and Gascon(1995)는 창업자의 학력은 지식, 기술, 문제해결능력, 동기유발 그리고 자신감과 관련되어 있고, 학력이 높을수록 창업 및 경영과정에서 직면하게 되는 다양한 문제들을 보다 쉽게 극복하게 해 주는 것으로 보았다. 그러나 Cooper(1985)와 Sanderberg and Hofer(1987)는 창업자의 학력이 경영성과와 음의 관계를 가질 수 있음을 주장했다. 창업자의 특성이 진취성과 독립성을 나타냄으로 인하여 학력의 축적과는 상관이 없으며 창업 기회가 되면 언제든지 학업을 그만두고 창업전선에 뛰어든 경우가 많았기 때문이다. 반대로 혁신성이 높은 기술적 사업에 대하여 창업자의 높은 교육수준이 기업의 생존 가능성을 제고시키므로 이러한 업종은 학력이 높음과 유의한 관계가 있음을 밝혔다. 이러한 현상은 우리나라의 첨단기술과 생명공학의 벤처기업에서도 유사한 사례를 보이고 있다. 윤성욱 · 서근하(2003)는 소상공인 창업 분야에서는 연령에 따른 창업 결과가 차이가 있으며 고졸보다는 전문대 이상이 창업성공에 유의함을 밝혀냈다.

넷째, 경험이 경영성과에 미치는 영향에 관한 부문이다. 경험은 창업의 성공요소로서 기존의 많은 연구자들이 관심을 가져왔다. 경험은 특정 개인이 자신의 경험을 통하여 유용한 창업지식 및 사업운영 지식을 획득하고 이에 기초하여 올바른 의사결정을 내림으로써 경영성과에 영향을 미치는 것으로 간주되어 왔다. Cooper(1985)와 Cooper and Gascon(1995)은 업종에 대한 경험은 창업자에게 제품 및 시장에 대한 지식뿐 아니라 사업관계에서의 접촉대상들에 대한 지식을 제공해 줌으로써 창업자로 하여금 보다 올바른 의사결정을 내릴 수 있게 해 준다고 보았다. Stuart and Abetti(1987)와 Buttner and Rosen(1989)은 24개의 기술벤처의 CEO와 일반 기업가들을 대상으로 조사한 결과 창업

가의 성별, 학력과 경험의 차이가 경영성과에 유의한 영향을 미침을
밝혀냈다. 이장우·장수덕(1998)와 노승혁, 김철민, 서근하(2003)는 창
업자의 성취욕구 및 물류정보시스템 등이 기업의 성공 및 성과에 영향
을 미친다고 보았다. 또한 소상공인 분야에서도 차별화와 만족도 그리
고 실천력과 같은 마케팅 요인의 개발과 마케팅 전략의 실천이 창업성
공의 중요한 요인임을 밝혀냈다. 이러한 결과들이 윤성욱·서근하
(2003)의 연구에서 밝혀진 내용을 요약하여 재정리하면 다음의 표와
같다.

〈표-2〉 소상공인 개인적 특성과 창업성공에 대한 Chi-Square 분석

창업자의 개인적 특성	성공 업체	실패 업체	Chi-Square
성별 (남)	12.4%	54.3%	0.528*
(여)	6.7%	26.7%	
나이 (40대 미만)	7.7%	39.0%	0.791*
(40대 이상)	11.5%	41.9%	
학력 (고졸 이하)	6.7%	36.2%	0.354*
(전문대 이상)	12.4%	44.2%	

* p > 0.10
**종속변수: 창업성공, 창업실패

〈표-3〉 소상공인 마케팅 요인과 창업성공에 대한 로지스틱 회귀분석

구 분 (독립변수)	계수 (B)	표준오차 (S.E)	Wald 통계량	자유도	W유의확률	Exp(B)	EXP(B)에 대한 95.0%의 신뢰구간	
							하 한	상 한
상 수	7.67	2.083	13.566	1	0.000	2146.9		
차별화	-1.26	0.629	4.021	1	0.045	0.283	0.08	0.97
만족도	-1.40	0.592	5.625	1	0.018	0.246	0.07	0.78
실천력	-1.83	0.671	7.490	1	0.006	0.159	0.04	0.59

*종속변수: 창업성공, 창업실패

〈표-4〉 소상공인 마케팅비용 지출과 창업성공에 대한 로지스틱 회귀분석

구 분 (독립 변수)	계수 (B)	표준 오차 (S.E)	Wald 통계량	자유도	W유의 확률	Exp(B)	EXP(B)에 대한 95.0%의 신뢰구간	
							하 한	상 한
상 수	-5.212	1.890	7.606	1	0.006	0.005		
마케팅 비용	1.378	0.664	4.308	1	0.038	3.966	1.080	14.570

*종속변수: 창업성공, 창업실패

2.2 자영업 기업조직에 영향을 미치는 변수들의 상호관계

창업가 정신이 기업의 조직구조에 미치는 영향에 관한 선행연구들의 결과를 살펴보면 Matsuno, Mentzer, and Ozsomer(2002)는 창업가 정신을 혁신성, 위험감수성, 진취성을 창업가 기질이라는 광의의 단일개념으로 정리하였고 이들 개념에 조직구조에 대하여 일정 부분 유의한 영향을 미침을 밝혔지만, 창업가 정신의 단일개념이 구조특성에 대한 개별경로를 밝히지는 못하였다. 단지 전체적인 창업가 정신이 조직구조에 대하여 음의 영향을 미침을 밝혀낸 바가 있다. Jaworski and Kohli(1993)는 조직구조가 시장 지향성에 음의 영향을 준다고 보고 연구를 시작하여 조직구조의 정형화와 집중화는 시장 지향성의 정보 창출과 정보 보급 그리고 시장반응에 대하여 음의 영향을 미침을 밝혀낸 바가 있다.

이처럼 기업의 조직구조에 대한 연구는 최초 단계에서는 정형화, 집중화, 분권화의 3가지 구조로 고려되었다. 정형화는 조직운영 특성에 있어서 역할, 권위에 의한 관계, 커뮤니케이션, 노르마 개념의 기준과 허용, 진행 절차 등에 대한 조직의 형식화 정도로 정의되었으며,

집중화는 조직의 의사결정의 문제에 있어서 조직구성원에 의하여 이루어지는 광범위한 조직과 참여에 대한 의사결정권의 권위에 대한 위임의 정도와 여부에 대하여 정의되었다. 마지막으로 분권화는 조직의 부서가 조직의 행위에 대하여 부서 간에 독립되고 구분되는 분리와 양립성에 관한 정도로 정의되었으며 최근에는 전문화 관점에서 재조명되고 있다.

Caruana, Morris, and Vella(1998)는 조직구조를 정형화, 집중화 두 가지 측면으로 구분하고, 집중화는 업무의 결정과 방향 제시에 있어서 강요된 힘으로 정의하였다. 정형화는 창업 단계에는 혁신적인 행동에는 방해물로 작용하지만 실행 및 확장단계의 기업에 있어서는 긍정적으로 행동하는 원동력으로 보았다. 연구가설을 높은 수준의 집중화는 낮은 수준의 창업가 정신을 일으키고, 힘이 증가된 정형화는 창업가 정신을 향상시키는 것으로 설정하였다. 검증결과 집중화는 창업가 정신을 억제하고, 정형화는 창업가 정신에 긍정적인 역할을 한다는 상반된 결과로 밝혀졌다. 현재 국내에서 창업자 정신이 조직구조에 미치는 영향에 대한 연구는 초기 단계로 정확한 이론이 제대로 정립되어 있지 않고 있다. 이와 같은 상황에서 창업가 정신이 조직구조에 미치는 영향을 규명하기 위하여 다중회귀분석을 토대로 한 구조방정식 모형으로 변량을 엄격하게 조사하면 기존의 연구보다 더욱 복잡한 형태로 나타날 것이다.

Kohli and Jaworski(1990)은 시장 지향성을 현재와 미래의 고객의 필요성과 선호도에 적절하게 대처하기 위한 넓은 의미의 정보 산출과 정보를 전파하는 공정이라고 정의하였다. 좀더 세분화하여 정의하면 Narver and Slater(1990)는 시장 지향성의 컨셉을 고객 지향성, 경쟁자 지향성, 상호 기능 지향성 등의 세 가지 행동요소와 장기간 관점과 이익성의 두 가지 결정기준으로 보았다. 이들의 최근 연구결과는 시장 지향성과 마케팅 성과 간의 관계는 긍정적인 영향이 있음이 밝혀지고 있다(Siu 2002). 최근 다시 주목을 받기 시작한 시장 지향성과 기업의 마케팅 전략에 관한 연구동향은 다음의 세 가지로 구분하여 볼 수 있다. 첫째는 창업가의 전략 지향성 그리고 창업가 기질과 형태에 관한 부문으로 볼 수 있으며, 둘째는 비즈니스 추진과정에 있어서 비즈니스 공정의 계수화와 비즈니스에 대한 최고경영자의 학습 지향성 분야로 구분된다. 마지막은 최고경영자의 마케팅 분야에 대한 인식과 실행과정으로 이는 서비스 지향성과 마케팅 활동성으로 볼 수 있다.

이 중에서 Zaltman, Ducan, and Holbek(1973)은 조직구조의 정형화, 집중화, 전문화는 창업자의 혁신적인 행동에 음(−)의 영향을 받는 것으로 주장하였고, Caruana et al.(1998)는 기존 연구와 달리 조직구조가 창업가 정신에 미치는 역작용에 대하여 연구를 하였다. 조직구조를 정형화, 집중화 두 가지 측면으로 보았으며 집중화는 창업가 정신을 억제하고, 정형화는 창업가 정신에 긍정적인 역할을 한다는 상반된 결과를 밝혀내었다. 높은 정형화는 높은 창업가 정신을 유발하고 높은 집중화는 오히려 창업가 정신을 억제하는 것을 의미하는 것으로서 이는 조직구조에서 가장 중요한 핵심구조는 정형화라는 사실을 규명하여 주었다. 이러한 연구결과는 현실적인 측면에서 창업을 시작하는 대부분의 소상공인들과 자영업자들이 정형화가 낮은 조직형태를 갖추는 실태임을 파악하면 현 한국적 경제상황하에서 자영업의 불황 극복에 있어서 매우 유용한 자료이다.

2.3 자영업자의 경영몰입의 개념화

　자영업의 불황극복과 경영성과 향상을 위한 연구에 있어서 가장 핵심적인 연구과제는 자영업의 성공과 실패 원인에 대한 인과관계의 규명일 것이다. 이를 위해서는 앞에서 언급한 자영업 활성화를 위한 창업가 정신 측면과 마케팅 활동성 측면에서의 활성화 연구가 선행되어야 할 것이다. 최근 마케팅 지식의 발전을 위한 규범적인 마케팅 이론 개발과 더불어 세분화된 소규모 기업 마케팅 활동성에 관한 연구가 이루어지고는 있으나 마케팅 활동성과 관련된 연구는 매우 미흡한 수준에 머무르고 있다. 마케팅 활동성은 기업이 추구하는 마케팅 활동의 실천 정도로 볼 수 있으며 Dunn, Birley, and Norbun(1986)은 미국의 창업자들을 대상으로 마케팅 활동성을 시험하여 19가지 항목의 마케팅 활동성을 정리하였다. 이 19가지 마케팅 활동성의 범위는 고객관계, 광고, 판매활동, 가격활동, 시장 리서치, 판매예측, 판매 컨트롤, 공공관계, 제품계획, 신용제공, 판매훈련, 품질관리, 딜러관계, 판매원모집, 제품 서비스, 제품 스케줄, 보관하역, 포장, 상품창고운영 등이다.

　이러한 마케팅 활동성은 경영몰입 측면에서 새롭게 살펴볼 필요가 있다. 윤성욱ㆍ서근하(2006)는 중소기업의 경영성과를 설명하는 구조모델에 대한 탐색적 연구에서 마케팅 활동성이 높을수록 시장 지향성이 높아지는 것을 발견함으로써 마케팅 활동성이 경영성과에 대하여 직접적인 영향을 주고 있지 않다는 점을 밝혀냈다. 여기서 특히 주목하여야 할 점은 마케팅 활동성이 경영성과에 직결되지 않는 점이 향후에 실증적인 연구과제로서 추가적인 경영몰입 등과 같은 새로운 변수 규명 및 개념이 관련되었으나 실질적으로는 구분된 것임을 증명하는 필요성을 제시하여 주고 있다는 점이다.

Wiener(1982)는 경영몰입에 대하여, 몰입은 어떤 기대치에 대하여 행동적 성과와 관련하여 조정하여 주는 중재역할이며 몰입은 동기에 대한 현상으로 나타난다고 정의하였다. 이러한 현상으로 나타나는 몰입은 기존 문헌에서 조직적 행동에 대한 연구결과로서 연속적, 규범적, 감정적 몰입과 같은 3가지 형태로 구분할 수 있다. 규범적인 경영몰입은 자발적인 형태가 아닌 도덕적인 책무감에 의하여 조직에 대한 감각을 이끌어 내는 것이다. 이러한 규범적인 몰입은 조직에 대하여 구성원이 책무감 때문에 조직과 관련한 연관을 가지고자 하는 심리적인 형태로 볼 수 있다. 이와 반대로 연속적 경영몰입은 해당 조직에 대하여 자발적인 관심으로 조직과 자신에 대하여 유대관계를 가지는 것으로 정의할 수 있다. 연속적인 경영몰입은 조직에 대하여 경제적, 사회적 본인의 위상과 관련하여 지각된 비용을 감수하는 조직의 구성원으로서 연결하여 인지하는 몰입의 형태라고 볼 수 있다. 마지막으로 감정적인 몰입은 구성원이 조직에 대하여 긍정적인 감정적 애착을 가지는 경영몰입의 형태라고 정의할 수 있다. 감정적인 몰입은 조직에 대하여 구성원이 마음속에 호감을 가지고 조직과 좋은 관계를 가지고자 하는 심리적인 결합 형태로 볼 수 있다(Allen and Meyer 1990). 이러한 조직에 대한 경영몰입은 해당 대상자들의 몰입 정도와 조직활동에 대한 참여와 공동활동, 조직원의 구성 자격유지라는 측면에서 긍정적인 관계를 결합시켜 주는 역할을 밝혀 주었다(Wiener 1982, Allen and Meyer 1990, Morgan and Hunt 1994, Greun et al. 2000).

이러한 연구는 우리나라에서 경영컨설팅 받는 것을 어려운 절차라고 생각하거나 도외시하는 자영업자에 관한 연구를 시도할 때 많은 시사점을 제공하여 줄 것으로 기대가 된다. 이와 같은 토론들을 비추어 볼 때 경영몰입의 연속적, 규범적, 감정적 몰입에 관한 새로운 연구는 소규모의 종업원으로 기업을 운영하는 영세한 자영업자들에 대하여 경영몰입이 경영성과에 유의한가에 대한 여부와 이들의 경영몰입이 조직의 운영방법의 특성에 따라서 최종적인 경영성과에 대하여 미치는 다양한 영향과 경로에 대하여 새로운 규명을 하여 줄 것으로 보인다. 이 점에 대하여 윤성욱·신진교·서근하(2007)의 한국의 자영업의 불황극복과 경영혁신과 성공요인에 관한 연구에서 밝혀진 가장 최근의 내용을 요약하여 정리하면 다음의 〈그림-1〉과 같다.

〈그림-1〉 조직구조와 경영몰입이 경영성과에 미치는 구조적 모형

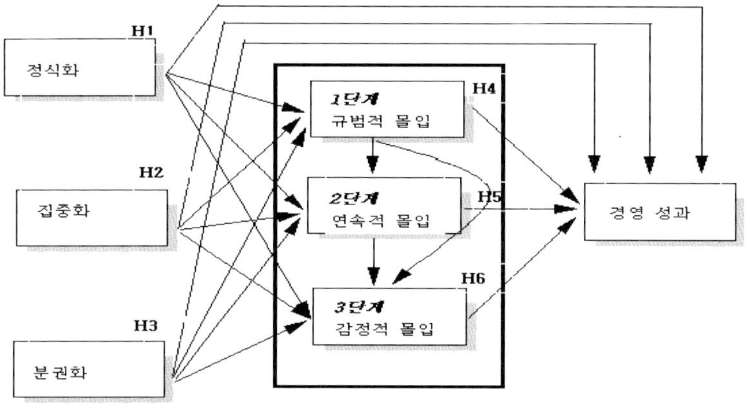

2.4 영세소매업과 상점가에 관한 선진 해외국가의 정부정책 적절성 검토

영세소매업과 상점가에 관한 선진 해외국가의 정책들은 주로 유통업과 소매업에 관한 정책들로 이루어져 왔다. 특히 이러한 정책들은 미국을 기초로 하여 유럽과 일본으로 구분하여 살펴볼 수 있다. 첫째,

미국의 정책은 소비자의 이익보호가 최우선 과제이며 공정한 거래질서 확립 차원에서만 영업규제를 하는 정부 개입의 최소화 원칙으로서 일정구역의 이용에 관해 부지 및 건물의 이용을 제한하는 도시계획 관점의 조닝계획(Zoning Plan)과 심화된 도시중심시가지상권의 침체를 활성화하기 위해 BID(Business Improvement District)제도를 도입하여 추진하였다. 특히 미국 BID제도는 영국의 TCM, 일본의 TMO 제도의 모체가 되었다.

미국의 영세소매업과 상점가 지원 사례는 상업기능의 교외화와 대형점의 발달로 인한 도시중심시가지상권의 소매상점가의 고사를 방지하기 위한 대책으로 보아야 한다. 미국은 1950년대에 40%에 불과하던 교외지역의 인구가 1960년대를 기점으로 중심시가지 인구를 상회하는 사회적 현상이 발생하게 되었다. 이러한 현상은 업무기능의 교외화와 교외도시라는 에지시티(Edge City)가 발생하게 되었고 중심시가지는 지가하락, 저소득층의 유입, 범죄의 증가, 교육의 질 저하와 같은 도시 슬럼화 문제와 같은 이너시티(Inner City) 문제를 발생시키게 되었다. 미국은 이러한 문제점을 해결하기 위하여 BID(Business Improvement District)제도를 도입하여 운영하게 되었다. BID제도는 영업환경의 개선보다는 재개발을 위한 계획 수립과 실행으로 볼 수 있다. 이러한 제도의 핵심은 상인들에 대하여 안전, 방범활동, 청소, 상가유치, 고용창출과 같은 정부가 제공하는 서비스의 보완, 지역 내의 입장을 정부에 전달하는 지역대표제의 역할, 민간기업과 공동구매와 공동광고와 같은 협력 실시, 환경 개선과 각종 고객통행량 조사, 점포공실률 조사와 같은 실태조사를 위한 재정지원 등으로 볼 수 있다. 특히 미국의 BID제도의 실시효과를 평가함에 있어서 매출증가와 같은 단순평가로 측정하는 방식이 아니라, 소매상점가 개선결과를 지역환경 관리, 안전 및 방범실태, 마케팅 강화, 사업효과 파악, 주민만족도 조사와 같은 다양한 항목을 평가하고 있다. 이러한 이유는 영세소매업의 문제가 매출증가만으로 성공 여부를 파악하기에는 또 다른 많은 요인들이 있음을 시사한다.

둘째, 유럽의 정책은 도시계획, 노동자 후생, 소비자 보호의 관점에서 접근하여 사회적 가치의 보호와 촉진 관점에서 점포의 개설과 증설, 영업시간, 판매활동, 노동 관련 보호 등을 규율하여 입점을 규제(영국 PPG6, Raffarin Lae)하였다. 벨기에나 프랑스 등은 여전히 영세소매상에 대한 보호정책을 실시하고 있으며, 특히 영국의 중심시가지활성화법에 의한 TCM(Town Central Management)제도는 80년대 대형점 진출 확산으로 중심상권의 급속한 쇠퇴에 따라 도시기능과 조화되는 새로운 289개의 상권 개발 사업을 추진한 정책이다. 영국의 영세소매점의 문제는 중심시가지 상점가의 활성화 차원에서 살펴볼 수 있다. 영국의 소매점포는 1950년대에 58만 개에서 84년에 이르러서는 34만 개로 감소하기 시작하였으며 점포 수의 감소비율은 41%에 도달하게 되었다. 이러한 급속한 소매유통업의 환경변화는 도시중심시가지 인구 감소와 더불어 급속한 도시 황폐화로 새로운 도시문제가 대두되었다. 영국은 이를 극복하기 위하여 1986년에 TCM(Town Centre Management)제도를 시행하여 활기찬 도심개발과 지역경제 향상을 도모하기 시작하였다. TCM은 1만여 개의 관련 단체와 연계하여 5개 부문의 상점가 활성화 우수 분야를 정하여 놓고 야간경제, 판매촉진, 시장환경, 삶의 질, 상권 활성화에 대하여 부문별로 시상을 하고 있다. 또한 영국은 1998년 미국의 BID제도를 도입하여 TCM과 병행하여 두 가지 재래시장 활성화 모델 사업을 추진하고 있다. 이는 각각의 시장과 도시기능에 적합한 소매상점가를 개발하기 위한 노력으로서 TCM

제도는 지역상권의 소프트 측면인 발전이며, BID제도는 재건축, 재개발을 위한 의도로 사용하는 것을 알 수 있다.

셋째, 일본의 경우 대형점 출점을 규제하고 중소소매업의 사업기회를 확보하기 목적으로 제정한 대점법을 1998년부터 신3법(대점입지법, 중심시가지활성화법, 개정도시계획법)으로 대체하였다. 대점입지법은 종전의 경제규제 대신에 교통안전, 교통혼잡, 잡음, 배기가스, 경관 등의 환경규제로 전환하였고, 개정도시계획법은 특별용도지역을 도시계획법에 근거하여 설정하기보다는 지방행정관청이 시행하도록 조닝규제가 지역별로 실시되었고, 이는 대형점 출점의 규제로 사용하였다. 중심시가지활성화법에 의한 TMO(Town Management Organization) 사업은 도시중심가의 중소소매업의 매출이 급감하고 중심시가지가 쇠퇴하게 되자 단순히 상점가 대책뿐만 아니라 많은 주민의 삶의 질을 제고한다는 인식하에서 지역의 상권을 총체적으로 지원함으로써 상업집적의 경쟁력을 제고시키는 방식으로 도입되었다. 이와 같이 선진 해외정부의 정책은 대형점 진출에 따른 영세자영업 점포와의 사회적 갈등을 줄이기 위한 절차를 도입하고, 대규모 점포 개설에 따른 지역상인과의 갈등을 합리적으로 조정하여 지역경제 활성화에 기여하는 방안으로 서로 간의 협력활동을 유도하는 방향으로 이루어져 왔다.

이상과 같은 선진 해외정부의 정책과 비교하여 한국에서는 중소기업청에서 정책 입안의 주축이 되고 시장경영지원센터, 소상공인진흥원, 소상공인지원센터를 실행창구로 하여 자영업의 한국적 성공모델 개발과 실천에 효과적인 역할을 수행하고 있다. 특히 최근 시장경영지원센터에서 추진하고 있고 재래시장과 인근 상점가를 묶어서 활성화지역을 설정하고 상권 활성화에 지원하는 것은 세계적으로 자랑할 수 있는 한국정책개발의 성공 사례라고 볼 수 있다. 2007년에 시장경영지원센터의 재래시장 자문위원이 직접 아프리카를 방문하여 재래시장 개발방법을 지도한 것은 한국의 정책수출로 보아도 될 것이다. 이러한 방식들을 한국적 상황에서 한국의 재래시장의 불황상황과 성공적인 극복을 염두를 두고 연구한 노승혁·윤성욱·서근하(2006)의 연구에서 밝혀진 재래시장의 시장 활성화 4단계 모형 내용은 다음의 〈그림 -2〉와 같다.

〈그림-2〉 재래시장 활성화에 도달하는 4단계 성공 발전 모형

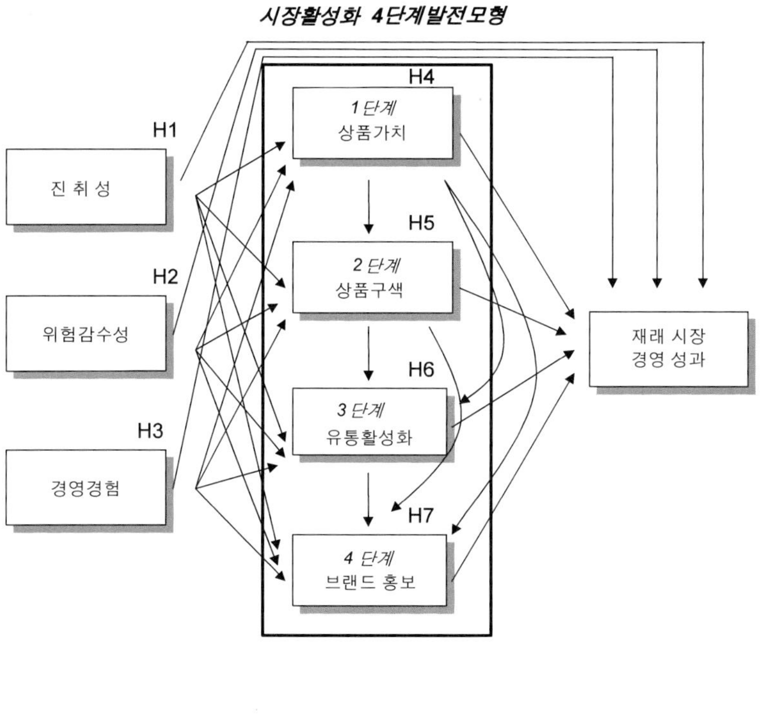

시장활성화 4단계발전모형

Ⅲ. 새로운 자영업 지원전략의 모색

3.1 자영업 활성화의 선행요인

이상에서 언급한 각 개념들 간의 관계를 토대로 본 연구에서 제시하고자 하는 연구모형은 위의 〈그림-3〉과 〈그림-4〉와 같다.

〈그림-3〉 영세자영업 창업성공 모형

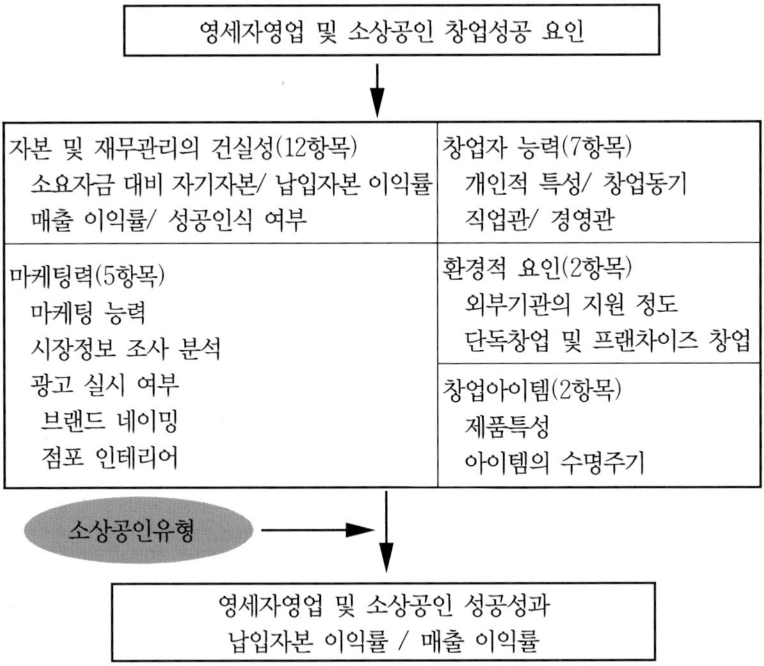

영세자영업 및 소상공인 창업성공 요인

자본 및 재무관리의 건실성(12항목) 　소요자금 대비 자기자본/ 납입자본 이익률 　매출 이익률/ 성공인식 여부	창업자 능력(7항목) 　개인적 특성/ 창업동기 　직업관/ 경영관
마케팅력(5항목) 　마케팅 능력 　시장정보 조사 분석 　광고 실시 여부 　브랜드 네이밍 　점포 인테리어	환경적 요인(2항목) 　외부기관의 지원 정도 　단독창업 및 프랜차이즈 창업 창업아이템(2항목) 　제품특성 　아이템의 수명주기

소상공인유형

영세자영업 및 소상공인 성공성과
납입자본 이익률 / 매출 이익률

〈그림- 4 〉 소상공인 창업성공 요인 연구모형 제시

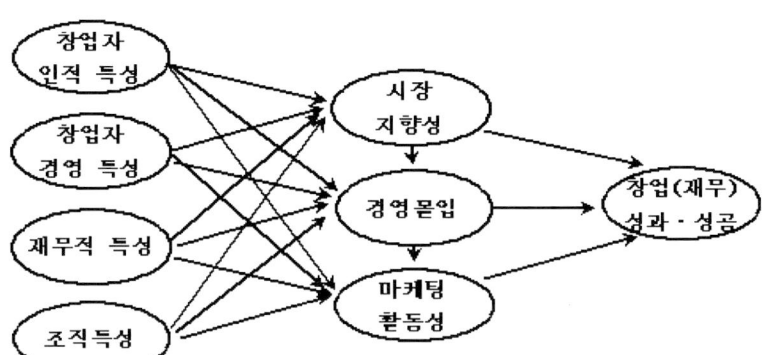

3.2 영세소매업 자영업에 관련한 정부정책은 어떻게 추진되고 있는가?

우리나라의 영세소매업 사업자의 연령은 30~40대가 69.9%, 종사자 수는 1~2인이 64.6%로 영세하며, 대부분이 월세(84.5%)와 개인 독립점(80.8%) 형태로 운영하고 있다. 특히 재래시장에서 점포를 가지고 있는 영세소매업 사업자는 51.9%가 50세 이상으로서 인력구성 면에서도 젊은 청년계층이 없는 심각한 수준이다. 이러한 영세소매업 사업자의 경영실태를 보면 최근 4년간 판매액 지수를 살펴보면 01년 98.8, 02년 100.1, 03년 91.6, 04년 86.2이다 이와 대비한 할인점, 백화점 그리고 편의점의 판매지수는 01년 142.6, 02년 195.8, 03년 239.2, 04년 247.6으로서 영세소매업 사업 분야가 얼마나 취약하고 생존기반 자체가 위협을 받고 있는가를 알 수 있는 상황이다. 더욱 심각한 문제는 이들 영세소매업 사업자의 영업이익은 임차료ㆍ관리비 부담도 어려운 적자운영이 26.4%이고 겨우 생계를 유지하는 점포는 64.0%, 수익 실현이 가능한 점포사업자는 8.3%에 불과하다. 이러한 생계형 영세점포를 종합적으로 살펴보면 매년 50만 개 점포가 창업하고 40만 개가 폐업하는 다산다사형 구조이며, 특히 2003년에는 창업대비 폐업비율이 87.6%로 급증하고 있다(중소기업특별위원회 2005).

정부에서는 영세소매업을 지원하기 위한 계획들을 살펴보면 첫째, 영세소매업 사업자의 자생력을 제고하기 위하여 소매업 사업자의 조직화·협업화를 실시하고, 혁신적 소상인 발굴·육성 그리고 교육 및 정보화 등 경영혁신능력 제고하고자 한다. 둘째, 상권 특성화를 위하여 특화상권육성구역을 지정하고 지역상권 개발제도 도입하고자 한다. 셋째, 영세소매업의 구조조정을 위한 지원대책으로서 사회안전망을 구축하며, 상권정보제공체계 구축 및 Restart 프로그램 도입 등을 서두르고 있다. 이와 같이 정부에서는 영세소매업 종합대책의 기본방향을 소매업 과잉진입 예방과 창업 및 경영개선 자금 지원 등 시혜적인 직접지원보다 인프라 조성 등 간접지원에 역점을 두고, 대책을 추진하여 실효성을 확보해 나갈 계획이다.

실질적으로 2005년도 중소기업청의 정책적 지원계획을 살펴보면 소기업 지원에 10조 4,000억 원, 그리고 소상공인 지원을 위한 4,300억 원 규모로 중소기업 경쟁력 강화 대책에서 각종 핵심정책과제를 수립하고 성공적인 추진을 위하여 노력하고 있지만, 아직까지 이러한 정부대책의 실효성에 대하여 더 높은 현장 밀착성과 고도의 성과를 요구하는 실정이다.

3.2.1 자영업 지원을 위한 재래시장 지원업무 분야는 어떤 수준에 도달하였는가?

한국정부는 참여정부에 들어 처음으로 정책대상을 영세자영업으로 확대하고,[1] 체계적인 자영업 지원기반을 마련하고 있는 중이다. 2006년 4월에 '재래시장 특별법'을 '재래시장 및 상점가 육성 특별법'으로 개정하여 지원사업의 지속성을 확보하였다. '02~'06년에 걸쳐서 전국 재래시장 1,660개의 1/3 규모인 555개 시장의 시설현대화를 위하여 4,948억 원을 투입하였으며 경영혁신을 위하여 528억 원을 지원하였다. 시설현대화 사업을 통하여 재래시장에 아케이드, 주차장, 건물개량, 진입로, 공동창고 등을 설치하였으며, 경영현대화를 통하여 시·도 공동상품권, 인터넷쇼핑몰, 상인교육, 관광상품 개발 등을 추진할 수 있었다.

이러한 시설 및 경영현대화 지원으로 재래시장을 찾는 고객증가를 살펴보면 정부가 지원한 시설개선시장은 미개선시장과 대비하여 매출증가 점포 6배, 고객증가 점포 5배, 빈 점포율 감소율은 '03년에는 16.5%에서 '05년에는 13.2%에 도달하였다.

〈표-5〉 재래시장의 정부지원과 실시 시장과 미실시 시장 간의 경영성과 차이

구 분	매출증가 점포비율	고객증가 점포비율	고객 만족도
미실시 시장	8.4%	9.9%	4.0%
정부지원 시장	48.4%	48.2%	72.7%

---

1) 영세자영업을 소상공인에서 더욱 세분화하여 재래시장특별법 제정('04.10.) 과 청와대 영세자영업자 대책회의('05.5.)를 개최하고 정책추진대상을 선정함.

이상과 같이 시장경영지원센터가 재래시장을 지원한 결과를 요약하면 첫째, 상인교육을 통한 의식개혁의 성공적인 추진으로 친절 서비스가 높아지고 상인 스스로 시장을 살리기 위한 자발적 노력 효과를 거두었다. 둘째, 홍보 강화로 재래시장과 지원에 대한 긍정적 사회적 분위기 확산에 성과를 거두었다. 특히 KBS '6시 내 고향', 주 1회 및 분기별 생방송TV를 통한 우수시장의 혁신성과 홍보로 지역 특산품홍보는 매출증가와 상인 사기진작 등에 큰 기여를 하였다. 셋째, 지속적인 시장혁신의 주도세력이 될 상인연합회가 2006년 5월에 설립되도록 산파 역할을 성공적으로 하여서 전국 각 지역 244개 시장상인회가 가입하여, 조직률이 현재 60%에서 80%로 확대될 예정이다.

3.2.2 자영업 지원을 위한 소상공인 지원업무 분야는 어떤 수준에 도달하였는가?

정부의 소상공인지원 강화방침에 따라서 2006년에 소상공인 육성과 지원을 전담할 재단법인 형태의 독립기구로 대전에 소상공인진흥원이 신설되었다. 소상공인진흥원은 중소기업청 산하 지방 소상공인지원센터가 2006년부터 해당 지방자치단체로 분산·이관되면서 중앙정부 차원의 체계적이고 전문적인 소상공인 지원사업을 추진하는 역할을 담당하고 있다. 하지만 소상공인지원센터가 지방자치단체에 이관 및 위탁됨으로써 소상공인진흥원의 직접적인 관리체계가 아닌 상태에서 발생하는 업무효율성을 제고하기 위한 각종 개선안들이 필요한 실정이다.

소상공인진흥원의 업무를 살펴보면 소기업 및 소상공인 지원을 위한 특별조치법 제10조의 4및 정관 제4조에 의거하여 첫째, 소상공인의 안정적 경영여건 조성 등을 통해 중소기업의 89%를 차지하는 소상공

인의 자생력과 활력을 제고함으로써 중소기업 전반의 동반성장을 촉
진하고자 한다. 둘째, 상권정보 제공 등 소상공인의 창업성공 및 정책
의 효과성 제고를 위한 인프라를 구축하고, 소상공인의 자금난 해소를
위해 원활한 자금·보증 공급 등 경영 안정화를 도모하고자 한다. 셋
째, 업종별·지역별 교육체계의 구축을 통한 소상공인의 경영혁신 역
량 강화를 위한 교육을 확대한다. 넷째, 소상공인 사회안전망의 제도
정비를 추진하고 있다. 이를 위하여 소상공인 및 자영업자 지원을 위
하여 경영안정자금을 3300억 원 지원하고 보증공급 2.3조 원을 지원하
였다. 경영안정을 유도하기 위하여 5단계 패키지 교육을 컨설팅, 교육,
현장실습, 자금보증, 사후관리의 기법을 가르치는 방식으로 실시하여
창업성공률을 제고하고 있으며, 자영업자들의 점포배치, 업종현황 등
에 대한 종합컨설팅을 소요비용의 90%를 지원하여 경영애로를 풀어
주고자 하고 있다. 자영업자 컨설팅은 '06년 4월에서 12월까지 3,025건
을 실시하였다. 신중한 창업을 유도하기 위한 상권정보를 온라인으로
분석 및 제공하는 온라인 상권정보시스템은 '06년 동안 122,219건을
자영업자들이 이용하는 지원 실적을 나타내었다.

3.2.3 자영업 지원 중에서 중소상인 해외진출에 관한 정책 추진
연구는 어떤 수준에 도달하였는가?

한국의 중소상인은 2000년대에 들어 급속하게 성장하는 아시아 신
흥시장의 경제 발전과 그에 따른 소비력 증대에서 새로운 사업기회를
포착하고 있다고 볼 수 있다. 서정헌(2007)은 중소상인의 해외진출 현
황을 통해 정부가 도출할 수 있는 성과가 많고 유망한 분야이지만 현
재 한국의 중소상인이 해외시장 진출특성을 다음 세 가지로 정리하였

다. 첫째, 해외진출 지역이 아시아의 신흥시장에 집중되어 있다. 둘째,
해외진출의 기간이 짧은 도입·성장기에 있다. 셋째, 두 번째 특성과
연관되어 해외진출 기간이 짧은 만큼 신규설립·기업인수와 같은 적
극적인 진출이기보다 수출·계약과 같은 소극적인 진출에 머물러 있
다. 이러한 특성은 중소상인의 해외진출에 대한 전략적 관점과 중장기
적 대응방안을 요구하고 있음을 밝혀냈다.

〈그림-5〉 한국 중소상인의 해외진출 가능국가 제시 모형

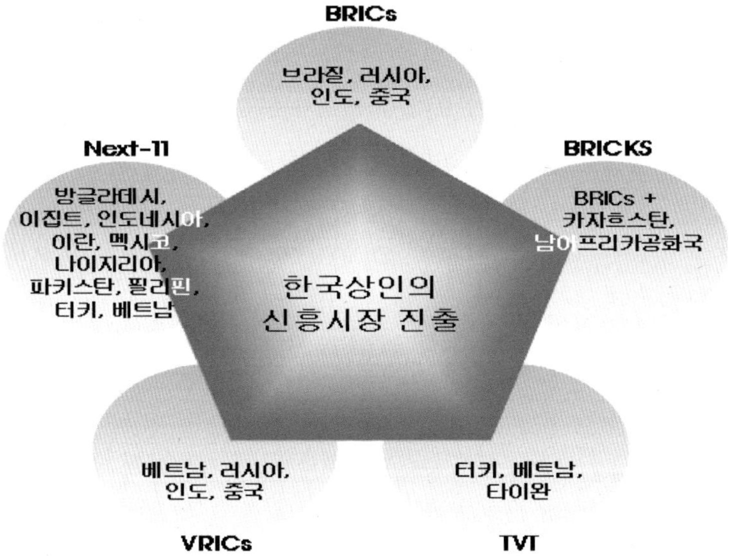

BRICs
브라질, 러시아,
인도, 중국

Next-11
방글라데시,
이집트, 인도네시아,
이란, 멕시코,
나이지리아,
파키스탄, 필리핀,
터키, 베트남

BRICKS
BRICs +
카자흐스탄,
남아프리카공화국

한국상인의
신흥시장 진출

베트남, 러시아,
인도, 중국
VRICs

터키, 베트남,
타이완
TVT

자료: 서정헌(2007), 중소상인의 해외진출에 관한 정부정책 연구

한국프랜차이즈협회(2005)의 조사에 따르면 국내 프랜차이즈업체의
해외진출 국가로는 중국이 54%로 가장 많았으며, 나머지 아시아 국가
는 12%를 차지했다. 이는 미국(26%), 일본(20%), 호주(12%) 등과

비교하여 높은 수치에 해당된다고 밝혔다. 하지만 중소상인의 해외시장과 아시아 신흥시장 진출에는 시장개척, 인건비 요인, 국내여건의 어려움 등이 있다. 조성제(2005)는 구미 선진국으로 진출하는 경우에는 시장개척을 위해 나간다는 응답이 매우 높은 반면 중국 등 개도국에 진출하는 업체들의 경우는 노동요인이 선진지역으로 진출하는 업체들보다 강한 것으로 보이지만, 시장개척이 45.4%를 차지하는 등 해외유인 요소도 적지 않다고 지적했다. 윤인상(2005)은 중국을 비롯한 아시아 신흥시장으로의 진출이 활발한 외식업 프랜차이즈의 경우 진출동기가 해외판매를 통한 수익성 제고, 해외사업경험 습득 등이 1순위로 꼽혔으며, 해외시장에서의 경쟁력 획득, 국내시장의 포화 및 성장 둔화 등이 2순위로 꼽혔다. 중소상인의 해외진출은 수출 형태의 소극적 진출에서 계약 형태의 중간적 진출로 발전하였으며, 향후 단독투자의 적극적 진출로 발전할 전망이다. 중소상인의 수출은 보따리무역이라 일컬어지는 소무역(小貿易)을 통해 그 추이를 살펴볼 수 있다.

심의섭(2005)은 중국을 대상으로 한 보따리무역의 규모가 여객선 이용 기준으로 2001년 1~7월에 걸쳐 16만 회에 이르는 것으로 추정하였다. 그는 인천출입국관리사무소에서 집계한 한·중 간 승객 수 24만 1,000명 가운데 70~80%인 16~19만 명을 보따리무역상으로 간주하였다. 2001년 당시 보따리무역상들이 운임료가 싼 항로의 여객선을 이용했기 때문이다. 그는 한국무역협회의 자료를 살펴보면 보따리무역상의 수출품목이 의류, 액세서리, 화장품 등 경공업 제품 위주였으며, 긴급한 샘플을 배달하거나 기계부품을 전달하는 역할까지 마다하지 않았다고 설명한다. 보따리무역은 한국 중소상인의 해외진출에 있어 수출이 갖는 위상을 보여주고 있다. 중소상인의 해외수출은 국내 제조업체·도매유통업체의 판로를 확대하고, 물품재고를 해소하는 적지 않은 역할을 한다. 그러나 수출방식은 중소상인에게 일시적이고 제한된 사업이라는 한계를 드러내고 있다. 이상의 서정헌(2007)의 연구결과를 보면 한국의 중소상인은 해외진출 수, 기간, 비율 등에 있어 초기 진입 단계에 있음을 알 수 있다. 시장 진입 시점에는 수많은 시행착오가 노출되어 있다. 이 시점의 진입자는 초기 개척자로 다른 사람의 표본이 되거나 타산지석이 된다. 따라서 한국 중소상인의 해외진출은 도입·성장 단계에서 체계적인 연구와 그에 따른 대응방안을 요구하고 있다.

3.2.4 자영업 지원기관인 소상공인지원센터의 활용방안에 관한 정책은 어떤 수준에 도달하였는가?

3.2.4(A) 복지부 자활사업의 활성화를 위한 사업추진 시 공공교육전문기관으로 활용(안)

자활사업은 1990년대 서구 각국에서 나타난 복지정책으로, 복지국가의 한계성을 해결하기 위하여 소득보장정책과 노동시장정책을 연결시킨 새로운 형태의 정책이다. 자활사업은 공공부조제도와 관련해서 현금급여를 지급받는 단순한 빈곤정책에서 벗어나, 근로능력이 있는 빈곤층 및 저소득층의 근로활동을 촉진함으로써 빈곤과 사회적 약자에서 벗어나 자활할 수 있도록 도와주는 정책을 의미한다.

김창준(2007)은 자활사업은 과거의 공공부조정책에 비해 '탈빈곤을 촉진하는 정책'으로 바람직한 방향으로 보고, 우리나라도 외환위기를 겪는 변화과정에서 복지수요의 급속한 증가에 대처하기 위해서는 사회보장체계의 개편을 전제로 한 복지지출의 확대가 필요하지만, 복지지출을 확대하는 전략은 재정적으로 힘들 뿐 아니라 경제와 사회 그리고 빈곤층에게도 바람직하지 않을 수 있다고 보고 다음과 같은 현재의 자활사업의 문제점 지적과 해결방안을 제시하였다. 첫째, 사업추진체계 (대상자 선정·관리·지원체계)의 불안정이다. 둘째, 자활사업을 통한 취업·창업 성공모형의 부재이다. 셋째, 초기상담 및 전문직업상담의 부실이다. 넷째, 취업알선을 위한 지원체계의 미비이다. 넷째, 직업훈련 프로그램의 수요부족이다. 다섯째, 직업훈련 및 창업교육 프로그램은 훈련참여자의 다양한 욕구를 반영한 프로그램을 편성할 수 있는 '최소 규모의 참여자'가 확보되지 않아 운영이 곤란한 실정이다. 여섯째, 창업지원 프로그램의 저조한 실적으로 보고 노동부의 자활사업제도 개선 방안에 소상공인지원센터를 창업교육전문기관으로 포함시키는 '성장과 분배의 선순환'을 기본원칙으로 근로빈곤층의 빈곤 탈출과 소외 극복을 지원할 수 있는 효과적인 방안을 다음과 같이 제안하였다.

〈그림-6〉 소상공인지원센터의 복지부 자활후견기관에 기여 방안

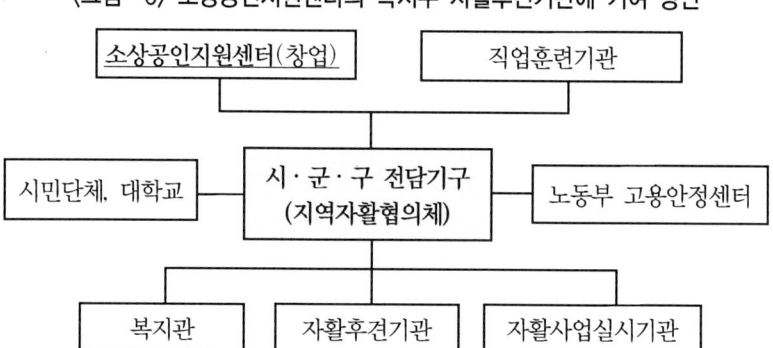

자료: 김창준 (2007), 자활사업에 소상공인지원센터를 활용하는 현재 자활사업의 개선방안 연구

3.2.4(B) 재경부 직능인종합지원센터 설립 시
소상공인지원센터를 활용하기 위한 방안

'직능인의 의식을 개혁하고 그들의 신지식·신기술을 경제활동에 활용할 수 있도록 적극 지원함으로써 복지사회 구현과 국민경제 발전에 이바지'하기 위한 목적으로 지난 2002년 2월 141명의 의원이 공동으로 발의한 직능인지원법은 국가경쟁력 강화와 서민경제 활성화를 위하여 서비스 산업 육성이 절실히 요구되는 상황에서, 서비스 산업을 책임지고 있는 천만 직능인들에 대한 정부의 적극적인 지원대책을 수립하기 위함이다. 따라서 소관부서를 지난 2005년 8월 '서비스경제과'가 신설된 재정경제부로 이관하고, 직능단체를 위하여 주요 추진사업으로 추진하고자 하는 사업은 첫째, 직능인의 의식개혁 및 신지식인·신기술인의 양성을 위한 교육·연수이다. 둘째, 직능인에 대한 정보제공이다. 셋째, 직능인의 경제활동 현황 및 실태조사이다. 넷째, 직능인의 자질 향상을 위한 해외연수이다. 다섯째, 직능단체 간의 공익사업 통합·조정이다. 여섯째, 직능단체의 육성·발전을 위한 정책개발 및 지원이다. 일곱째, 국가 또는 지방자치단체로부터 위탁받은 사업 그리고 그 밖에 직능인의 경제활동 촉진 및 직능연합의 설립목적 달성을 위하여 필요한 사업들이다. 이러한 '직능인종합지원센터'를 독립된 시설에 설치하지 않고, 현재 전국에 59개가 설치된 '소상공인진흥원' 산하 '소상공인지원센터'에 '직능인종합지원센터'를 공동으로 설치하고자 한다. 따라서 경상비의 신규소요는 인력충원 및 사무실 확장 등을 위한 최소경비다. 각 소상공인지원센터별로 '직능인종합지원센터'를 전담할 직원 1명을 두고, 순차적으로 증원한다(2010년 이후 2명). 각 센터별 운영·관리비는 2천만 원, 연간사업비(정책홍보, 법규개정 교육 등)는 5천만 원으로 하고 이후 물가상승률을 고려하여 책정하고자 추진하고 있는 중이다.

3.2.5 정부정책의 자영업 대책 현황은 어떤 목표와 전략수준에 도달하였는가?

정부는 중소기업청을 정책 입안 부서로 하여 시장경영지원센터와 소상공인진흥원과 지방자치단체에 이관한 소상공인지원센터를 통하여 소상공인의 안정적 경영여건 조성 등을 통해 소상공인의 자생력과 활력을 제고함으로써 중소기업 전반의 동반성장을 촉진하고 상권정보 제공 등 소상공인의 창업성공 및 정책의 효과성 제고를 위한 인프라를 구축하고자 하고 있다. 또한 소상공인의 자금난 해소를 위해 원활한 자금·보증 공급 등 경영 안정화를 도모하고 업종별·지역별 교육체계의 구축을 통한 소상공인의 경영혁신 역량 강화를 위한 교육을 확대하고 소상공인 및 자영업자 지원 경영안정자금을 지원하여 자영업의 경영안정을 유도하고 있다.

〈표-6〉 정부의 자영업 지원기관의 업무수행 비교

재래시장 지원업무 (시장경영지원센터)	소상공인 지원업무 (소상공인진흥원 /각 지역 소상공인지원센터)

1. 시설개선으로 편리한 쇼핑환경 조성
 - 주차장, 화장실, 아케이드, 진입로 시설개선
 - 지원예산(억 원): (05년)1,068 → (06년)1,228
  → (07년)1,616 → (08년)1,300
 - 지원시장(개): (05년)169 → (06년)201 →
  (07년)226 → (08년)215
2. 자생적 경쟁력을 갖춘 성공모델 육성
 - 시설개선을 완료한 시장에 대해 상거래 및
  마케팅 개선, 교육연수 및 상인조직 육성
 - 지원예산(억 원): (05년)200 → (06년)250
  → (07년)290 → (08년)300
 - 시범시장 및 우수점포 지정 확산
 - 성공모델(시장): (06년)26개 →
  (07년)15개 → (08년)15개
 - 우수점포: (06년)100개 → (07년)150개
  → (08년)200개
3. 다양한 영업기법을 활용하는 상인 양성
 - 인터넷을 활용한 디지털 상인 양성
 - 쿠폰 발행, 공동상품권 발행, 공동구매,
  배달센터 등 마케팅 기법을 갖춘 상인
  육성
 - 인터넷 영업기법 교육(2천 명), 광역상품
  권 발행(4개 시도), 쿠폰 발행(20개) 등
 - 공동구매사업 품목 확대(06년 5개 → 07
  년 11개)하고 지원체계를 보강
4. 재래시장과 주변상권 공동개발을 통한 지역
  경제 활력 회복
 - '시장 활성화 구역' 지정제도를 도입, 시
  장과 인접상점가를 연계하여 상권공동체
 - 재래시장과 상점가를 연계한 '시장 활성
  화 구역'을 지정, 종합적으로 개발
 - 다수의 점포가 밀집한 상점가의 상권을
  특색 있게 개발
 - 주차장, 도로포장, 가로등 설치 등 상업기
  반시설 개량 지원
 - 균특회계를 활용하여 정부(60%), 지자체
  (30%), 상인(10%)이 비용분담
 - 07년 시범사업(3개)을 거쳐 08년에 확대
	1. 성공적 창업을 유도하고 정책의 효과성 제고
	  를 위한 인프라 구축
	 - 창업 희망지역을 인터넷 전자지도에서 총 31
	  종의 상권정보를 실시간 무료 제공
	 - 전국 300대 상권에 대하여 유동인구, 상권
	  특성 등 현장실태조사를 실시
	
	2. 소상공인 사회안전망의 제도정비 추진
	 - 실태조사 결과를 토대로 '08년 소상공인지
	  원종합계획 수립
	 - 지역소상공인지원센터의 기능을 강화성 제
	  고(지자체 책임하에 추진)
	 - 소상공인지원센터 상담사 자격요건 강화
	  및 센터평가를 통한 인센티브 제공
	
	3. 효율적 정책자금 지원으로 경영안정 지원
	 - 보증공급규모: (07년) 2.3조 원, 정책자금
	  지원: (07년)3,300억 원
	 - 창업교육·컨설팅과 정책자금 지원 연계를
	  통한 소상공인의 사업성공률 제고
	 - 창업 및 5단계 패키지 교육이수자 보증우
	  대 지원
	
	4. 소상공인 경영혁신역량 제고를 위한 교육 및
	  컨설팅 지원 강화
	 - 자영업자에 대한 교육을 강화(연 6만 명)
	 - 기존 자영업자 대상의 업종별·지역별·단
	  체별 교육 추진
	 - 자영업 컨설팅 지원 강화 '07년 1,700개 업
	  체를 컨설팅 비용 지원
	
	5. 소상공인의 사회안전망 구축 강화 추진
	 - 소상공인공제도의 안정적 정착 및 활성
	  화를 위한 제도적 기반 마련
	 - 중소기업협동조합법시행령 개정, 소기업 소
	  상공인공제제도 운용요강 제정 등
	 ※ 고용보험 임의가입제의 활성화 추진(노동부)

Ⅳ. 결론 및 새로운 자영업 지원 정부정책의 제시

4.1 소상공인 지원에 관한 새로운 정책대안 발굴

자영업은 양극화로 대변되는 현재 한국경제 상황에서 소외받고 있는 취약한 계층이고 생존 자체가 위협받는 다급한 상황으로서, 학술적 연구와 접근방법에 있어서도 기존의 연구방법과는 다르게 새로운 지식적 접근과 이해 창출을 필요로 하고 있다. 이를 위하여 영세자영업의 생존기반의 재구축과 불황극복을 위해서는 경영자의 의식과 점포 여건에 대한 연구범위를 넘어서 소매업태의 변화실태를 예측하고 선진 해외의 지원 사례와 성공방법을 벤치마킹하는 것이 기본적으로 수행되어야 한다.

기존의 한국의 소상공인 지원의 제도적 개선방안을 살펴보면 소상공인 정책은 실업대책이 아닌 기업의 정책 차원에서 추진하여야 한다는 명제에 도달하게 된다. 이를 위하여 정확한 기초 통계자료 확보시스템을 갖추고 이를 토대로 정책을 기획하고 또한 평가 시 평가를 강화하고 평가결과의 환류시스템을 갖추어야 한다. 이를 위하여 첫째, 체계적인 소상공인의 창업 및 경영개선 지원이다. 지역별, 업종별로 세분화된 창업성공과 실패 사례에 대한 체계적인 지도 프로그램을 준비하여 창업을 준비하는 예비 창업자 및 경영을 개선하고자 하는 기존 소상공인들에게 경영개선의 기회를 제공한다. 이를 위한 세부 준비사항으로 창업지도 유관기관에서는 보유인력의 전문화, 소상공인에 대한 지속적인 창업 및 경영개선 강좌 개최, 지역정보화 및 네트워크의 중심적 역할, 경영개선 및 진단지도 사업 활성화를 토대로, 소상공인 이(異)업종 간의 상호 교류를 통하여 경영개선 효과가 조기에 정착화되도록 지원한다.

둘째, 창업, 경영자금 및 신용보증 지원의 확대이다. 소상공인은 그들의 규모로 볼 때, 창업 시 많은 창업자금을 필요로 한다. 창업의 활성화를 위해서라도 창업자금의 원활한 지원이 이루어져야 하고, 기존 창업자에 대해서도 필요시 경영개선 지원자금을 통하여 경영개선에 도움이 있도록 한다. 창업을 하고자 하는 예비 창업자 및 기존 창업자는 규모의 영세성과 높은 위험으로 금융기관으로부터 대출을 받기가 어려우므로 신용보증재원의 확충을 통해 간접적인 신용보증공급을 획기적으로 확대해야 한다. 셋째, 소상공인 지원 정책의 사후 관리제도 정착이다. 소상공인 간에 정보전달과 네트워크 구축을 위해 창업자 멤버십 제도가 운영되고 지속적인 사후관리 전담팀을 구성하여 창업성공률을 제고에 기여해야 하며 인터넷을 통한 각종 정보의 제공과 소상공인 사업체들의 자체 홈페이지가 구축되도록 하여 전자상거래의 기초를 지원한다. 넷째, 소상공인 지원기관의 위상 강화이다. 소상공인은 국가 및 지방경제의 근원이며, 경제의 개별단위로서의 수적 중요성과 고용기회 창출 효과 등 실물경제의 원천으로서 중요한 역할을 할수 있다는 당위성에 비추어 볼 때 중앙정부와 지방자치단체는 소상공인 지원기관에 대하여 적극적으로 지원을 해 주어야 한다. 다섯째, 유관기관의 협력체제 구축이다. 중앙정부와 지방 자치단체는 소상공인 창업 경영기술 지원사업에 상호 유기적인 협력체제를 구축하여야 하며, 상호 통일된 정책을 시행하여야 하고, 공공연구기관의 소상공인에 대한 연구 성과물의 보급이 필요하다. 여섯째, 유통과 서비스 지원 정책 강화이다. 시장이 폐쇄된 경제개발 단계에서 제조업을 국부창출의 원천으로 인식하고 한정된 자원을 효율적으로 활용하기 위해 제조업 부문에 자원을 집중적으로 투입하거나 경제성장을 달성하고 시장개방

을 피할 수 없는 상태에서 기존의 제조업 지원 정책을 지속적으로 고
수하는 것은 피해야 하며, 유통 및 서비스업 등 소상공인의 고용비중
이 높은 점을 감안하여 산업 지원 정책을 소규모 자영업의 창업과 성
장에 집중 지원하는 것을 필요로 한다.

4.2. 연구결과 및 정책 제언

본 연구는 중소기업의 소상공인 성장동력으로서 영세자영업과 소상
공인들에 대한 사회적 관심과 정책적 해결방안을 제시하는 데 의의가
있다. 이를 위하여 한국의 영세자영업과 소상공인들의 성공요인들을
남녀, 학력, 성별과 같은 인구통계적인 특성을 넘어서 창업자의 창업
가적인 특성과 1인 기업이라 하더라도 미래지향적인 조직운영 특성과
경영몰입 등 다양한 정성적인 특성이 경영성과에 유의한 영향을 미치
고 있음을 선행연구와 조사를 통하여 규명하였다. 또한 본 연구는 정
부의 자영업 지원 유관기관들의 정책수립과 실행과정에 있어서도 과
연 한국적 상황에서 생존위기에 처한 자영업들의 성공에 유의한 정책
을 수행하고 있느냐에 대하여 연간 업무보고 및 현황을 비교하여 살
펴보았다. 이 결과 자영업 지원을 위한 정부의 지원 정책은 제3제국인
아프리카에 정책수출[2]을 할 만큼 수준에 도달하고 있음을 발견한 점
은 바람직하고 자랑스러운 결과로 보인다. 향후 유엔 등 국제기구가
도시빈민구제를 위하여 사회복지적인 각종 지원들을 1인기업과 스몰

---

[2] 중소기업청 산하 시장경영지원센터의 시장자문위원인 김강규 교수가 07년
　　7월에 아프리카 베냉의 외교부차관을 면담하고 Dantokpa 시장을 방문하
　　여 자문지도를 실시함. 이 시장은 BENIN의 핵심시장으로 면적 18ha, 점
　　포 수 18,000개, 노점 수 4,000개, 방문객 1일 10만 명, 1일 매출액 80억
　　원 규모에 달하는 거대시장이며 경쟁시장은 나이지리아, 토고, 가나임.

비즈니스로 개발하여 가는 과정에서 노등부도 자활사업을 소상공인지원센터를 포함시켜서 직업훈련과 창업훈련을 병행하는 것으로 초점을 맞추어 나가고 있음은 바람직한 부분으로 보인다. 이처럼 본 정책연구는 영세자영업의 성공적인 발전을 위하여 다음과 같은 정책적 시사점을 도출하여, 이에 덧붙여 논의를 구체화할 수 있는 4가지 제언을 제기하고자 한다. 1) 자영업과 소상공인 지원 유관기관들의 업무방향 실태조사, 정책개선 연구 등을 통합적으로 조사 및 분석을 수행할 정부의 특별조사단 구성이 필요하다. 2) 국내외 관련 조직의 참여 유도를 통한 범정부 차원의 지원 네트워크를 구축하여, 지역별·업종별·분야별 지원체계를 세울 필요가 있다. 이를 위하여 광범위한 자영업계층을 재래시장과 상점가에 포함되지 않는 400개 내외의 영세자영업 특별상권과 대상 계층을 구분할 수 있는 개념이 필요하다. 3) 소상공인지원공단(가칭)의 설립의 필요성이 제기되고 있으며, 이는 업무의 중복방지를 넘어서 지원 유관기관 간의 장단점 벤치마킹을 토대로 하여서, 최종적으로 자영업의 해외진출과 새로운 비즈니스 분야 개척으로 큰 시너지를 창출할 것으로 보인다. 4)대통령 직속 자영업 특별위원회의 필요성을 검토하여야 하며, 이는 국가정책 차원에서 자영업은 기존의 중소기업에 대한 접근방식과 다른 차원에서의 접근방식이 필요한 부분으로서 정부의 자영업에 대한 근본인식이 바뀌고 있음을 나타내 줄 것이다. 이러한 제언이 정책적으로 활발한 논의를 이끌어 내 향후 영세자영업자의 사회적 생존과 경영혁신을 위한 효과적인 방안 수립에 도움이 되기를 바란다.

◑ 참고 문헌

김창준(2007), "현재 자활사업의 문제점과 향후 개선방안", 노동부 정책 개선 보고서.

노승혁, 윤성욱, 서근하(2006) "재래시장 상인의 불황극복과 경영혁신을 위한 성공요인에 관한 연구", *중소기업연구* 제28권 4호, pp.19 – 44.

서근하(2004), "小商工人の特性と経営戦略が創業成功に与える影響に関する研究", 日東亞地域際 研究 5輯, pp.20 – 41.

서근하, 윤기호, 양연조, 서미옥(2004), "점포충성도의 상호순차적인 영향 관계에 관한 연구", *마케팅 과학 연구* 14권, pp.101 – 124.

서근하(2005), 流通企業のBrandマーケティング戦略における店舗イメージ 向上のための研究, 日本東亞地域際經營學會 國際學術研討會, pp.200 – 215.

서정헌(2007), "중소상인의 해외진출에 따른 효과와 향후정책과제", 대통령자문 정책기획위원회 수시 과제 보고서.

심의섭(2005), "한・중간 보따리무역의 추이와 발전방향", 社會科學論叢, 제24집, pp.82 – 98.

윤성욱(2002), "The Role of Relationship Quality in the Case of Service Failure", *경영연구* 17(1), pp.181 – 199.

윤성욱, 서근하(2003), "한국의 소상공인 창업문화에 관한 연구", *소비문화연구* 6권 1호, pp.70 – 95.

윤성욱, 서근하(2004), "종업원 서비스와 점포충성도간의 구조적 관계에 관한 연구", *한국마케팅저널* 6권 3호, pp.59 – 81.

윤성욱, 서근하(2006), "중소기업의 경영성과를 설명하는 구조모델에 대한 탐색적 연구", *한국마케팅학회 춘계학술논문발표대회 논문집*, pp.101 – 119.

윤인상(2005), 한국 외식 프랜차이즈업체의 해외진출 전략에 관한 연구, 지역개발연구, Vol.10, No.1, pp.335 – 355.

이장우, 장수덕(1998), "벤처기업 성공요인에 대한 이론적 고찰", *벤처경영연구*, pp.69-95.

조광행, 임채운(1999), "고객만족 및 전환장벽이 점포애호도에 미치는 효과에 관한 연구", *마케팅연구*, 제14권 1호, pp.47-74.

조성재(2005), "해외 사업진출의 지역별 분포", 노동리뷰, 2005년 3월호, pp.58-66.

최용호, 신진교, 김승호(2003), "최고경영자, 전략 및 구조요인이 중소기업의 성과에 미치는 영향", *중소기업연구*, 25권 2호, pp.103-125.

중소기업청(2004), "소상공인 창업 및 경영개선자금 이용자 실태분석", pp.50-73.

중소기업청(2005), "2005년 영세소매업 종합 대책(안)", pp.1-43.

중소기업특별위원회(2005), "2005년 영세자영업자 종합 대책", pp.1-23.

日本 中小企業總合研究機構(2001), "中小企業 施策總攬", 平成 13年版.

三木楯彦(1993), 效率的物流經營のための12章, *白桃書房*.

苗 不二男 (2004) "現代 と 中小企業", 泉文堂.

Allen, Natalie J. and John P. Meyer(1990), "The Measurement and Antecedents of Affective, Continuance and Normative Commitment to the Organization", *Journal of Occupational Psychology*, 63(1),1-18.

Anderson, J. C. and D. W. Gerbing (1988), "Structure Equation Modeling in Practice: A Review and Recommended Two-Step Approach", *Psychological Bulletin*, 103(3), 411-423.

ATCM(2001), "Town Centre Management Companies Limited by Guarantee." *London: Association of Town Centre Management.*

Baker, J., D. Grewal, and A. Parasuraman(1994), "The Influence of Store Environment on Quality Inferences and Store Image", *Journal of the Academy of Marketing Science*, Vol.22, No.4, pp.328-339.

Begley, T. M. and D. P. Boyd(1987), "Psychological Characteristics

Associated with Performance in Entrepreneurial Firms and Smaller Businesses", *Journal of Business Venturing*, 2, 79-93.

Birley, S. and D. Norburn(1987), "Owner and Manager vs The 500", *Journal of Business Venturing*, 2, 351-363.

Buttner, E. H. and B. Rosen(1989), "Funding New Business Ventures Are Decision Makers Based Against Women?" *Journal of Business Venturing*, 4, pp.249-261.

Caruana, A., M. H. Morris and A. J. Vella(1998), "The Effect of Centralization and Formalization on Entrepreneurship in Export Firms", *Journal of Small Business Management*, 36, pp.16-29.

Cooper, A. C.(1985), The Role of Incubator Organizations in the Founding of Growth-Oriented Firms, *Journal of Business Venturing*, 1(1), pp.75-86.

Cooper, A. C., F. J. Gascon and C. Y. Woo(1994), Initial Human and Financial as Predictors of New Venture Performance, *Journal of Business Venturing*, 9(5), pp.371-395.

Cooper, A. C., and F. J. Gascon.(1995), "Entrepreneurs, Processes of Founding, and New-Firm Performance", In D. L. Sexton and J. D. Kasarda(Eds.), *The State of the Art of Entrepreneurship*, Boston: PWS Kent Publishing, pp.301-340.

Covin, J. G. and D. P. Slevin(1990), New Venture Strategic Posture Structure, and Performance: An Industry Life Cycle Analysis, *Journal of Business Venturing*, 5(2), pp.123-135.

Dunn, M., S. Birley, and D. Norbun(1986), "The Marketing Concept The Small Firm",*Marketing Intelligence Planning*, 4(3): pp.3-11.

Gruen, T. W., John O. Summers, and Frank Acito (2000), "Relationship Marketing Activities, commitment, and Membership Behaviors in Professional Associations", *Journal of Marketing*, 64(3), 34-49.

James, D. L., R. M. Durand, and R. A. Dreves(1976), "The Use of a

Multi - Attribute Model in a Store Image", *Journal of Retailing*, Vol.52, No.2, pp.50 - 60.

Jaworski, Bernard J. and Ajai K. Kohli(1993), "Market Orientation : Antecedents and Consequences", *Journal of Marketing*, 57(3), pp.53 - 70.

Jones, M., D. L. Mothersbaugh, and S. E. Beatty(2000), "Switching Barriers and Repurchase Intentions in Services", *Journal of Retailing*, Vol.76, No.2, pp.259 - 274.

Lussier, R. N.(1995), "A Nonfinancial Business Success versus Failure Prediction Model", *Journal of Small Business Management*, 33, 8 - 20.

Manolis, Chris., William. W. Keep, Mary. L. Joyce, and David. R. Lambert.(1994), "Testing the Underlying Structure of a Store Image Scale", *Educational and Psychological Measurement*, 54, pp.628 - 645.

Matsuno, Ken, J. T. Mentzer, and A. Ozsomer(2002), "The Effects of Entrepreneurial Proclivity and Market Orientation on Business Performance", *Journal of Marketing*, 66(3), pp.18 - 32.

Morgan, Robert M. and Shelby D. Hunt(1994) "The Commitment - Trust Theory of Relationship Marketing", *Journal of Marketing*, 58(July), 34 - 49.

Naver, John C. and Stanley F. Slater (1990), "The Effect of a Market Orientation on Business Profitability", *Journal of Marketing*, 54(October), pp.20 - 35.

Nguyen, N. and G. Leblanc(1998), "The Mediating Role of Corporate Image on Customers Retention Decisions", *International Journal of Bank Marketing*, Vol.16, No.2, pp.52 - 65.

Oliver, R. L. (1999), "Whence Consumer Loyalty", *Journal of Marketing*, 63(Special Issue), 33 - 44.

Petroshius, S. M. and K. B. Monroe(1987), "Effect of Product-Line Pricing Characteristics on Product Evaluations", *Journal of Consumer Research*, Vol.13, March, pp.511-519.

Richardson, P. S., A. S. Dick, and A. K. Jain(1994), "Extrinsic and Intrinsic Cue Effects on Perceptions of Store Brand Quality", *Journal of Marketing*, Vol.58, October, pp.28-36.

Sandberg, W. R. and C. W. Hofer(1987), "Improving New Venture Performance The Role of Strategy, Industry Structure, and The Entrepreneur", *Journal of Business Venturing*, 2(1), pp.5-28.

Sexton, D. L. and N. Bowman(1990), "Female and male Entrepreneurs: Psychological Characteristics and Their Role in Gender Related Discrimination", *Journal of Business Venturing*, 5(1), pp.29-36.

Sirgy, M. J. and A. C. Samli(1985), "A Path Analytic Model of Store Loyalty Involving Self-Concept, Store Image, Geographic Loyalty, and Socioeconomic Status", *Journal of the Academy of Marketing Science*, Vol.12, Summer, pp.265-291.

Sirohi, N. E., W. Mclaughlin, and D. R. Wittink(1998), "A Model of Consumer Perceptions and Store Loyalty Intentions for a Supermarket Retailer", *Journal of Retailing*, Vol.74, No.2, pp.223-245.

Siu, Wai-sum(2002), "Marketing Activities and Performance A Comparison of the Internet-Based and Traditional Small Firms in Taiwan", *Industrial Marketing Management*, 31, pp.177-188.

Smith, N. R. and J. B. Miner(1984), "Motivational Considerations in the Success of Technologically Innovative Entrepreneurs", In J. A.

Stuart, R. and P. A. Abetti(1987), Start-up Venture: Towards The Prediction of Initial Success, *Journal of Business Venturing*, 2, pp.215-230.

Wiener, Yoash(1982), "Commitment in Organization: A Normative

View", *Academy of Management Review*, 7(3), pp.418 – 428.

Zahara, S. and J. Covin(1995), "Contextual Influence on the Corporate Entrepreneurship – Performance Relationship: A Longitudinal Analysis", *Journal of Business Venturing*, 10, pp.43 – 58.

Zaltman, Gerald, Robert Ducan and Jonny Holbek(1973), Innovations and Organizations. New York: John Wiley & Sons.

Zeithaml, V. A.(1988), "Consumer Perceptions of Price, Quality and Value", *Journal of Marketing*, Vol.52, July, pp.12 – 18.

제1부

소상공인과 자영업의 성공요인 연구

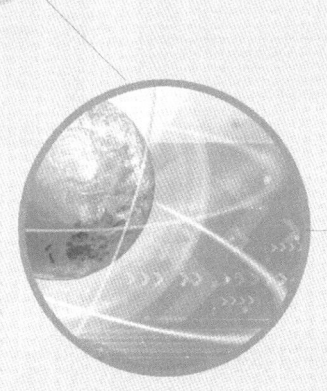

창업 성공 요인에 대한 실증적 연구: 소상공인을 중심으로

I. 서 론

우리나라는 1997년 IMF로 인하여 내부적으로 많은 변화를 가져왔다. 지금까지 평생직장이라고 생각했던 사람들은 기업의 구조조정으로 인하여 직장을 떠나야 했고, 이로 인한 실직자들은 새로운 직장을 구하거나 창업에 대한 관심을 갖게 되었다. 이에 따라 정부에서도 실업이라는 사회적 문제를 해결하기 위하여 다양한 창업 촉진정책 및 창업 지원기구를 설치 운영하여 많은 효과와 실적을 거두었지만 이러한 상황에서 창업된 모든 사업체가 밝고 바람직한 상태에만 있는 것은 아니다. 이러한 상황에서 본 연구는 10인 이하의 소규모 사업체의 창업 성공에 대한 체계적인 연구를 하여 그 공통적인 요인을 밝혀보는데 목적이 있다. 최근에는 미국을 중심으로 한 서구에서도 창업에 대한 연구가 활발하게 수행되어 왔는데 주로 창업사업체의 성공과 성과에 미치는 영향에 대하여 많은 노력을 기울였으며, 이들의 연구의 초점이 벤처기업 및 10인 이상의 중·대규모의 기업에 대한 연구로 우리나라의 소규모 즉 10인 이하의 사업체에 대한 연구와는 다소 차이점이 있으며, 우리나라의 현실에 맞는 소규모 사업자의 성공요인을 연

구 분석할 필요가 있다고 본다. 또한 이러한 연구 활동이 1999년 2월
부터 중소기업청 내에 설치된 50개소의 소상공인 지원센터를 통하여
10인 이하의 사업자들에게 자금지원 및 경영개선 등을 통한 많은 도
움을 주고 있는데, 이러한 기관들의 지원활동에도 도움이 되리라 본
다. 10인 이하의 사업체가 우리나라의 경제에 차지하는 비율을 보면
국내 전사업체 262만 개 중 10인 이하의 사업체가 240만 개로 91%를
차지하고 있으며, 이와 같은 사업체를 운영하는 자를 소상공인이라고
정의할 수 있으며 이러한 소상공인은 경제적, 사회적으로도 그 중요성
이 매우 크다고 할 수 있다. 그 중요성에 대하여 살펴보면 먼저 소상
공인은 창업과 관련하여 많은 고용을 창출하고, 두 번째로 기술혁신에
있어 간과할 수 없는 역할을 하는 것으로 되어 있다.(박춘엽, 1998)

예를 들면, 새로이 태어나는 기술 집약적, 정보 집약적 기업들의 매
우 높은 비율이 소상공인의 단계에서 시작된다는 점을 들 수 있다. 마
지막으로 소상공인은 많은 사람들에게 직접적인 생계의 수단이기 때
문이다.(정수원, 2001) 이와 같이 소상공인의 역할이 중요함에도 불구
하고 우리나라에서 지금까지 소상공인에 대한 인식과 지원은 대기업
에 비하여 매우 미흡하였고, 또한 중요하다는 인식조차 하지 못하였고
소상공인을 주제로 한 연구는 거의 없는 실정이다.

따라서 본 연구에서는 실증적 분석을 통하여 창업단계의 소상공인
이 사업을 지속적으로 영위하고 성공하는 데 있어서 영향을 미치는
변수들을 인과적으로 분석하여 탐색적, 기술적 분석에 그친 기존 연구
의 한계점을 극복하고 또한 이를 통하여 창업의 어떠한 요소와 독립
변수들이 소상공인의 창업 성공이라는 종속변수에 영향을 미치는지에
대하여 규명해 보고자 한다.

위의 연구목적을 수행하기 위하여 본 연구의 구성은 다음과 같다.

첫 번째 절은 서론으로 소상공인의 정의 및 연구목적을 제시하였고 두 번째 절은 이론적 배경 및 연구가설을 도출하였고 세 번째 절은 연구방법 제시와 실증 분석을 실시하였다. 마지막으로 결론 부분에서는 본 연구의 요약과 연구결과에 대한 전략적 시사점을 제시하였다.

Ⅱ. 이론적 배경 및 가설도출

소상공인 창업 및 성공 속성에 대한 연구를 함에 있어서 소상공인이라는 개념이 정립된 지가 얼마 되지 않아 선행연구가 부족한 실정이며, 성공을 보는 기준도 다양할 수밖에 없다. 먼저 기존의 연구들에서 창업의 성공요인에 접근하는 방식들을 살펴보면 그 첫째는 주요 성공요인이 무엇인가를 밝히려 하는 입장으로서 창업의 고유한 특성에서 그 요인을 밝혀내려는 입장과, 그 둘째는 성공을 위해서는 기업 차원에서 전반적으로 어떠한 구성요인을 갖추어야 하는 것인가를 밝히려는 입장이다.(Park, and Maillie, 1982) 현재까지 연구가 진행되어 온 창업 성공요인에 관한 연구는 대부분 전자에 속하며, 후자의 경우는 성공요인을 많은 환경요소와 연결하여 연구하였는데 주로 창업가의 환경전략, 자원전략, 조직 특성이 포함된다.

MacMillan(1986)은 성공한 기업과 실패한 기업을 비하여 그 결과 차이점은 창업 팀의 특성(위험 감수 능력, 시장 파악 능력 등), 서비스와 제품특성, 시장특성(첨단기술, 시장성 등), 재무적 특성(ROI, 시장점유율 등) 등에 의해 좌우된다는 것을 밝혀냈다. Quinn(1979)은 새로운 창업 기업의 성공요인으로 창업자의 광적인 실천력, 회사 발전과정에 생기는 여러 혼란과 장애를 극복할 수 있는 능력, 자기 집, 차고까지도 사업장으로 이용함으로써 간접비를 최소화시킬 수 있는 재무관리 능력, 신규아이템으로 시장진입 시 각종비용의 최소화, 장기적인 안목, 시장 중시 태도 등에 대한 실천능력을 성공요인으로 보았다. Rothwell(1977)은 원활한 의사소통과 효과적인 협동, 전 사적인 과업으로서의 혁신, 효과적인 개발업무, 계획 및 경영기술, 경영의 질, 인사정책, 경영 스타일, 마케팅 능력과 소비자 욕구 파악, 주요 임직원의 능력 등 8가지 항목을 열거하고 있다. Miller and Camp(1986)는 PIMS Database의 84개 벤처 기업을 대상으로 경영전략 면에서의 성공요인을 분석할 때 경쟁환경 부문, 기업환경 부문, 사업전략 부문으로 구분하여 기업의 성공요인을 도출하여 분석하였다.

　이러한 창업 기업들에 대한 성공요인과 병행하여 창업 기업의 성공률에 대한 연구를 살펴보면 창업한 기업의 시간 경과에 따른 성공률에 대한 이해는 창업 기업의 실패의 확률과 위험도를 알아내는 데 중요한 지표로써 사용할 수 있다는 것을 알 수 있다. 우리나라에서는 중소기업의 실패율에 대한 연구는 주로 중소 제조기업을 중심으로 이루어져 왔으며 미국에서 수행된 박춘엽(1998)의 연구결과에 따르면 창업 기업의 27.6%가 창업 후 1년 이내에 문을 닫는 것으로 나타나고 있다. 창업 후 2년째 도산하는 기업은 13.8%이고, 3년째에 도산하는 기업도 11.2%이다. 결국 3년 이내에 창업 기업의 53.6%가 도산하게 됨을 알 수 있다. 이처럼 창업 기업의 성공률에 대한 연구결과를 보면 전체적인 창업 기업의 성공률이 높지 않은 것으로 나타나고 있다. 현재 소상공인 사업의 창업 성공률은 20% 내외로 추정하고 있는 실정이다. 이렇듯이 창업 기업이 3년 이상 존립할 수 있을 확률은 50%가 안 된다는 것을 의미한다.

　이러한 관점에서 소상공인 성공요인을 분석한다는 것은 소상공인 창업 성공률과 관련되는 것으로서 이에 대한 상관관계도 지속적으로 연구가 필요한 부문이라고 본다. 소상공인의 가장 중요한 특성 중의 하나인 10인 이하의 사업체라는 규모의 특성상 경영자의 인적요소가 경영성패에 차지하는 비중이 높을 수밖에 없다. 이러한 측면에서 최소한의 소규모의 자본과 적은 종업원으로 창업을 하는 사업 환경에서 소상공인의 창업 성공요소로서 창업가의 정신(Fujita, 1997b)과 사업을 운영하면서 생겨나는 많은 문제점에 대하여 창업자 스스로가 극복해 나갈 수 있는 벤처정신과 혁신정신(Guth, and Ginsberg, 1990)이 성공 창업가의 중요한 자질일 수밖에 없다.

국내 초기 상황에서 소상공인의 창업성공에 따른 성공요인을 분석한 정성한, 김해룡(2001)의 연구를 살펴보면 성공요인을 크게 세 가지 유형으로 구분하고, 첫째 요인으로서 개인특성에는 창업자의 경험을 나타내는 업종경험과 창업 및 경영경험을 주목하였고, 그리고 창업자의 심리학적 특성으로 성취 욕구, 행동통제위치, 위험감수 성향, 모호성 수용력에 주안점을 두었다. 두 번째 성공요인으로 창업자금의 양과 원천, 자금부족과 자금조달 등에 관련하여 보았고, 마지막 경영관리 요인으로서 자금통제, 계획, 상담, 가격, 촉진, 입지, 품질을 선정하여 이들 성공요인들이 창업사업체의 재무적 성과와 창업자의 만족도에 어떠한 영향을 미치는가에 대하여 연구를 하였다.

이와 같은 선행연구를 기초로 하여 본 연구에서는 첫 번째 성공요인으로 현재의 성공적인 창업자의 특성을 비추어 볼 때 자신의 사업에 있어서 아이템 즉 생산품, 제조공정, 그리고 조직구성 및 운영의 능력(Kanter, 1986)으로 보고, 이를 도·소매 및 판매업과 서비스업종에 치중하는 창업단계의 소상공인 측면에서는 실질적인 성공요인으로 제품차별화와 서비스의 차별화로 보았다. 두 번째 소상공인의 창업 성공공요인으로 업무에 대한 만족도로 보았는데, Bird(1993)에 따르면 성공적인 창업자는 이전 업종 경험의 의미를 이해하고 그 업종에서 사업체가 직면하고 있는 문제점을 평가할 수 있는 능력을 가지고 있는 것이 중요하다고 보았으며, Cooper and Gascon(1992)은 업종에 대한 경험은 창업자로 하여금 올바른 의사결정을 내릴 수 있도록 제품 및 시장에 대한 지식뿐만 아니라 사업관계에서의 접촉대상들에 대한 지식을 사용할 수 있게 하는 것으로 보았는데 이러한 배경에서 창업 단계의 소상공인들의 업무에 대한 만족도 및 이해도가 소상공인 본인 스스로가 최초 창업업종을 선택할 때부터 직업관 측면에서 이러한 개념이 충분한 뒷받침이 되어 있으면 업무에 대한 만족도가 높을 수밖에 없으므로 이를 두 번째 성공요인으로써 업무에 대한 만족도로 설정하였다.

마지막으로 성공적인 창업자들에 대한 기존 연구에서 높은 성취 지향성이 항상 성공요소로 간주되어 왔다. Komives(1972)는 높은 성취 욕구가 첨단 기술 분야에서 성공적인 창업자의 공통적 특성이라고 보았으며, Smith and Miner(1984)는 창업자의 성취지향적 성향과 그 회사의 성장률 간의 상관관계를 확인하였고, Begley and Boyd(1987)는 성취 욕구와 재무적 성과가 상호 관련되어 있다는 것을 실증적으로 검증하였다. 이러한 관점에서 창업단계의 소상공인의 분야에서는 자신의 성취 욕구를 창업에 대한 성공요인에 대한 적극적인 실천력으로 보았다. 이상과 같이 언급된 기존문헌과 각종 연구를 토대로 하여 소상공인 창업의 성공 요인을 분석하기 위하여 다소 차이가 있지만, 창업단계의 소상공인의 성공에 영향을 미칠 수 있는 요인으로 소상공인의 마케팅 측면에서의 차별화, 직업 및 업무에 대한 만족도, 그리고 성공요인에 대한 실천도를 연구 중심 분야로 선정하고 다음과 같은 연구가설을 설정하고자 한다.

가설 1: 차별화는 창업 성공에 양의 영향을 미칠 것이다.

가설 2: 창업자의 업무만족은 창업 성공에 양의 영향을 미칠 것이다.

가설 3: 창업 성공요인의 적극적인 실천은 창업 성공에 양의 영향을 미칠 것이다.

가설 4: 창업 성공은 제품 수명주기에 따라 차이가 있을 것이다.

Ⅲ. 연구방법

1. 조사 대상 및 표본의 구성

본 연구의 조사항목에 부합하는 조사 집단을 구성하기 위하여 중소기업청 소상공인 지원센터와 재단법인 부산 신용 보증재단의 지원 업체 중 200개를 임의로 선정하였으며, 이 사업체는 도·소매 업종과 숙박 음식업종 그리고 개인서비스업 및 제조업 등 4개 업종으로 한정하였고, 창업사업자 형태는 개인사업자로 하고, 창업규모는 창업자를 포함하여 10인 이하 사업장으로 한정하였다.

이를 위하여 먼저 연구조사 준비단계로 2001년 4월 1일부터 4월 30일까지 설문지의 완성, 연구 조사업체의 확정, 조사자의 선발 및 교육이 이루어졌으며 다음단계로 2001년 5월 1일부터 30일까지 설문이 이루어졌으며, 이 중 응답서를 제출한 사업체의 응답서를 기초로 성공요인 분석을 하였으며 이때 무성의한 응답으로 연구에 부적합한 자료 5부를 제거한 총 128부가 본 연구에 최종적으로 사용되었다.

실증연구의 통계적 분석을 위해서는 SPSS 프로그램을 이용하였으며 수집된 자료에 대한 기초분석을 위해 각 표본(성별, 연령, 창업동

기, 업종, 제품수명주기, 최종학력 정도)에 대해 빈도분석이 이루어졌
고, 그 결과는 다음의 〈표-1〉과 같다.

〈표-1〉 표본의 주요특성

변 수		빈 도	퍼센트(%)
성 별	남	43	33.6
	여	85	66.4
연 령	30대 미만	9	6.2
	30대 이상 40대 미만	51	40.0
	40대 이상 50대 미만	56	43.8
	50대 이상	12	9.5
창업동기	생계수단	61	47.6
	본인 및 배우자의 실직	7	5.7
	부 업	10	7.6
	자아성취	44	34.3
	직장에서의 해방	6	4.8
업종 및 업태	도·소매업	37	28.9
	숙박·음식	41	32.0
	서비스업	23	18.01
	제조업	27	21.1
제품수명주기	도입기	17	13.3
	성장기	50	39.0
	성숙기	54	42.0
	쇠퇴기	7	5.7
최종학력 정도	고졸 이하	55	42.8
	전문대졸 및 대학중퇴	27	21.0
	대졸 이상	46	36.2
총합계 비율		128건	100%

〈표-1〉에서 응답한 소상공인들 중에서 성별의 분포로는 남성이 43명, 여성이 85명인 것으로 나타났다. 표본이 소상공인이기 때문에 남성보다 여성이 많게 나타난 것으로 추측된다. 연령별로는 30대 미만이 9곳, 30대 이상 40대 미만이 51곳, 40대 이상 50대 미만이 56곳, 50대 이상이 12곳으로 나타났다.

최종 학력별로 보면 고졸 이하가 55, 전문대 및 대학중퇴 27, 대졸 이상이 46으로 나타났다. 표본에서의 소상공인의 창업 시 창업아이템의 제품수명 주기에서는 도입기가 27, 성장기 50, 성숙기 54, 쇠퇴기 7로 나타났다.

다음으로 알아본 창업동기에 대한 빈도분석에서는 생계수단으로 창업을 시작했다고 답한 곳이 61곳으로 가장 많았고, 자아성취를 위해 창업을 했다는 대답이 44곳으로 두 번째 순으로 나타났다. 여전히 창업은 살아가기 위한 하나의 방편임을 이 빈도 분석의 결과를 보고 알 수 있었다.

그리고 표본으로 선출한 소상공인의 업체 128업소에서 업종을 분류해 본 결과 도·소매업이 37곳, 숙박 및 음식이 41곳, 서비스업이 23곳, 제조업이 27곳으로 나타났다.

2. 변수의 측정

2.1 차별화

본 연구는 소상공인의 성공 창업 특성요인으로 현장에서 마케팅의 실시 여부와 주안점을 차별화로 보았다. 이를 분석하기 위하여 소상공인 창업단계에서 서비스의 차별화, 제품의 차별화, 인테리어의 차별화를 판단하기 위하여 Dickson and Albaum(1977)의 Consumer Retail Store Image(CIRS)에서 차별화에 대한 문항과 Manolis, Keep, Joyce, and Lambert(1994)의 Retail Store Image(SIS)에서 관계가 있는 3문항을 기초로 개발하여 측정하였다. 이들 척도는 각각 Likert의 5점 척도에 의하여 측정되었다.

2.2 업무 만족도

소상공인의 업종은 전통적인 소매업자의 경우처럼 직업에 대한 만족도가 낮으며(정광원, 1995) 이에 대한 부작용으로서 프로정신의 부족과 영업저조가 연관될 수 있으므로 소상공업자들의 직업의식과 성공과의 상관관계에 대한 고찰해 보고자 하였으며, 이를 측정하기 위하여 Ironson, Smith, Brannick, Gibson, and Paul(1989)의 마케팅 척도인 Job In General(JIG)에서 만족도 항목과 Wood, Chonko, and Hunt(1986)의 Job Satisfaction에서 관련되는 3문항을 기초로 개발하여 측정하였다. 이들 척도는 각각 Likert의 5점 척도에 의하여 측정되었다.

2.3 실천도

성취동기는 어떤 것을 신속하고 그 결과에 대하여 가능한 한 기대 이상으로 잘 이행하려는 바람이나 심적 경향을 말하는 것으로 이를 소상공인 창업 성공의 특성요인으로 변환하여 창업자가 자신이 알고 있는 창업 성공요인에 대한 본인의 적극적인 실천력 정도를 알기 위하여 Steer와 Braunstein(1976)의 Manifest Needs 설문지에서 3문항을 기초로 개발하여 측정하였다.

2.4 창업 성공

사업체의 성과를 평가하기 위한 다양한 성과 평가방법 및 재무적 경영지표 등이 있으나, 본 연구에서는 Lussier(1995)의 연구에 기초한 재무적 성과 중 자금관리, 계획성, 상담, 가격, 촉진 등등의 여러 분야에서 소상공인 경영성과를 평가하기에 적합하다고 보이는 ROE 및 창업 성공에 대한 본인의 평가 정도에 3문항의 척도를 개발하여 측정하였다.

Ⅳ. 실증 분석

1. 신뢰성 평가

본 연구에서 사용되는 측정 항목들이 측정도구로서 신뢰성을 가지고 있는지를 검정하였다. 일반적으로 신뢰성이란 동일한 개념에 대해 측정을 반복했을 때 동일한 측정값을 얻을 가능성을 말하는데, 이러한 신뢰성을 검정하기 위하여 본 연구에서는 측정 항목들 간의 내적 일관성을 평가하는 Cronbach's Alpha를 이용하였다.

Nunnally(1978)는 탐색적 연구 분야에서 Cronbach's Alpha 값이 0.6 이상이면 충분하고 기초연구 분야에서는 0.8, 그리고 중요한 결정이 요구되는 응용연구에서는 0.9 이상이어야 한다고 주장하고 있다. 또한 Van de Ven and Ferry(1980)도 조직 단위의 분석 수준에서, 일반적으로 요구되는 Cronbach's Alpha 값이 0.6 이상이면 측정도구의 신뢰도에는 별문제가 없는 것으로 일반화되어 있다고 밝혔다.

본 연구에서도 Cronbach's Alpha를 이용하여 신뢰성을 평가하였는

데 분석결과는 Alpha 값이 차별성은 0.72, 만족도는 0.76으로 나타나
모두 Alpha 값이 0.7을 상회하고 있어 신뢰도상에는 문제가 없는 것
으로 나타났다.

2. 타당성 검증

본 연구에서 조사하고 있는 개념을 정확히 측정하고 있는가를 알아
보기 위해 타당성 검정을 실시하였다. 타당성이란 측정도구가 측정하
고자 하는 측정 차원을 얼마나 정확히 측정하고 있는가의 정도를 말
하는데, 이러한 타당성 분석을 위해 수집된 항목들을 유사한 항목들끼
리 묶어 적은 수의 요인으로 축소시키는 요인분석 분석방법이 있으며
이 분석방법을 실시한 결과가 각 요인과 변수의 상관관계를 나타내는
요인적재량이 0.3 이하이면 요인의 유의성이 낮다고 보며 0.4를 초과
하면 어느 정도 유의하다고 본다.(정충규, 최이규, 2000) 본 연구에서
는 요인분석 시 항목들 간에 상관관계가 많을 것으로 생각되어 Kaiser
정규화가 있는 직접 오블리민 회전을 이용했으며, 요인의 구분 기준은
고유치 1 이상인 경우를 대상으로 이루어졌다. 요인 값에서 0.4 이하
는 표현하지 않도록 선택을 했기 때문에 〈표-2〉에서는 나타나지 않
았다.

<표-2> 요인분석표

변수명	측정변수	요인1(만족도)	요인2(차별성)	공통성
X8	자녀에게 권함	.61		.40
X7	출근 시 즐거움	.92		.90
X6	창업결과 만족	.92		.90
X4	제품 차별화		.74	.68
X5	고객 친절도		.68	.68
X2	인테리어		.85	.72
분산율(총 분산)		40.23%	30.73%	

〈표-2〉에서 요인분석을 위해 먼저 공통성을 알아본 결과 각 항목에 대한 공통성 값들이 모두 0.4 이상으로 나타났다. 추출된 요인은 2개의 요인으로 각각 만족도와 차별 정도로 명명하였다. 원래 차별성을 알아보기 위해 X3을 포함해서 모두 4가지 항목을 넣었으나 요인분석 결과 교차 적재치가 발생함으로 인하여 이 변수는 제외시켰다. 그리고 신뢰도 분석에서도 Alpha 값을 떨어뜨리는 역할을 해서 신뢰도 분석과 기술통계에서도 제외시켰다. 총 분산에 대해 두 개의 요인인 만족도와 차별 정도가 약 71%를 설명하고 있는 것으로 나타났다.

3. 가설 검증

본 연구에서는 가설 1-3까지의 3개의 가설을 검증하기 위하여 회귀분석을 실시하였다.

(1) 가설 1: 차별화는 창업 성공에 양의 영향을 미칠 것이다.

차별성에 관한 항목으로 추출된 제품, 인테리어, 서비스가 소상공인의 창업의 성공에 양의 영향을 미치는지를 알아보기 위해 차별화를 독립변수로 설정하고 창업 성공을 종속변수로 하여 회귀분석을 실시하였다. 〈표-3〉은 차별성이 소상공인의 성공에 미치는 영향을 알아보기 위해 회귀분석을 실시한 결과이다.

〈표-3〉 차별화와 창업 성공에 대한 회귀분석

구 분	비표준화 계수		t	유의확률
	B	표준오차		
상 수	.601	.218	2.757	.007
차별성	.667	.097	6.880	.000
$R^2 =$ .273 F = 47.336			P = .000	

위의 표에서 보면 알 수 있듯이, 차별 정도가 소상공인의 성공요인에 미치는 영향을 분석한 결과가 유의수준 0.05에서 유의한 것으로 나타났다. 즉 차별 정도는 소상공인의 성공에 양의 영향을 미치며, R^2 값이 .273으로 차별화가 소상공인의 성공의 거의 30%를 설명하는 것으로 나타났다.

(2) 가설 2: 업무 만족도는 창업 성공에 양의 영향을 미칠 것이다.

업무 만족도가 성공에 양의 영향을 미치는지를 알아보기 위해 업무 만족도를 독립변수로 창업 성공을 종속변수로 하여 회귀분석을 실시하였다.

<표-4> 만족도와 창업 성공에 대한 회귀분석

구 분	비표준화 계수		t	유의확률
	B	표준오차		
상 수	.602	.207	2.899	.004
만족도	.611	.084	7.256	.000
$R^2 = .295$ F = 52.6 P = .000				

〈표-4〉는 업무 만족도가 성공에 어떠한 영향을 미치는가를 알아보기 위해 회귀분석을 한 결과이다. 본 결과 유의수준 0.05에서 유의한 것으로 나타났다. 이는 업무 만족도가 소상공인의 성공에 직접적인 영향을 주고 있는 것이라 할 수 있다. 즉 업무 만족도가 소상공인의 창업 성공에 양의 영향을 주며 R^2 값이 .295로 업무 만족도가 소상공인의 창업 성공에 있어서 거의 30%를 설명하는 것으로 나타났다.

(3) 가설 3: 성공요인의 적극적인 실천은 창업 성공에 양의 영향을 미칠 것이다.

성공요인의 적극적인 실천이 성공에 양의 영향을 미치는지를 알아보기 위해 적극적인 실천을 독립변수로 성공을 종속변수로 하여 회귀분석을 실시하였다.

<표-5> 성공요인의 적극적인 실천이 창업 성공에 미치는 영향에 대한 회귀분석

구 분	비표준화 계수		t	유의확률
	B	표준오차		
상 수	.915	.208	4.394	.000
성공 요인의 적극적인 실천	.529	.082	6.423	.000
$R^2 = .286$ F =41.257 P = .000				

〈표-5〉에서는 앞의 기술통계에서 언급되었던 소상공인이 생각하는 성공요인인 자금조달, 업종 및 아이템, 사전준비 및 점검능력, 개인의 업무능력, 상품 및 서비스 품질에 대해 적극적으로 실천하는 것이 창업의 성공에 양의 영향을 미치는가에 대하여 알아보기 위하여 회귀분석을 실시하여 보았다. 그 결과 성공요인의 적극적인 실천은 유의수준 5%에서 유의하게 나타났으며, 성공요인의 적극적인 실천이 창업 성공에 양의 영향을 미치며 R^2 값이 .286으로 성공요인의 적극적인 실천이 소상공인의 창업 성공에 있어서 거의 30%를 설명하는 것으로 나타났다.

(4) 가설 4: 성공은 제품 수명주기에 따라 차이가 있을 것이다.

성공하는 사업체가 창업단계에서 제품아이템을 선정할 때, 이러한 제품의 수명주기가 창업 성공과의 어떠한 관계가 있는지에 대하여 알아보기 위하여 일원배치 분산분석을 사용하여 유의성을 검정하여 보았다. 이것은 창업 성공에 대해 제품 수명주기에 따라 집단 간에 평균차이가 있는지를 알아보기 위한 것이다. 〈표-6〉에 나와 있는 분산분석의 결과는 제품 수명주기에 따라 창업 성공에 대해 평균차이가 존재함을 보여준다.

〈표-6〉 제품 수명 주기와 창업 성공에 대한 분산분석

	제곱합	자유도	평균제곱	F	유의확률
집단 간	5.80	3	1.93	3.36	.02
집단 내	58.19	101	.576		
합 계	63.99	104			

어떤 집단 간에 평균차이가 존재하는지를 알아보기 위해 Dunnett의 사후검정을 실시하였으며, 〈표-7〉에 나타난 바와 같이 각각 성장기와 성숙기, 성장기와 쇠퇴기 그리고 쇠퇴기와 성숙기에서 집단 간 평균차이가 일어나고 있음을 알 수 있다. 성장기와 성숙기에서는 평균차가 음의 값을 가지므로 성숙기가 성장기에 비해 평균이 높게 나타나고, 성장기와 쇠퇴기에서도 평균차가 음의 값을 가지므로 여기서는 쇠퇴기의 평균이 높은 것으로 나타났다. 즉 제품수명 주기와 관련해서는 제품이 성장기보다는 성숙기일 때, 성장기와 쇠퇴기의 비교에서는 성장기일 때보다는 쇠퇴기일 때가 창업의 성공에 더 많은 영향을 미치며, 반대로 쇠퇴기와 성숙기에서는 평균차가 양의 값을 가지므로 성숙기보다는 쇠퇴기일 때가 창업의 성공에 더 많은 영향을 끼치는 것으로 이 연구결과에서는 나타났다.

〈표-7〉 제품수명주기에 대한 다중비교(종속변수: 창업 성공)

	(I)PLC단계	(J)PLC단계	평균차(I-J)	표준오차	유의확률
Dunnett	1. 도입기	성장기	-.01	.24	1.00
		성숙기	-.40	.23	.63
		쇠퇴기	-.77	.37	.12
	2. 성장기	도입기	1.E-02	.24	1.00
		성숙기	-.39*	.16	.01
		쇠퇴기	-.76*	.33	.02
	3. 성숙기	도입기	.40	.23	.63
		성장기	.39	.16	.10
		쇠퇴기	-.37	.33	.36
	4. 쇠퇴기	도입기	.77	.37	.12
		성숙기	.76*	.33	.02
		성장기	.37	.33	.36

V. 결론 및 시사점

1. 연구의 요약 및 시사점

본 연구는 국내사업체 수에서 91% 이상을 차지하고 있는 소상공인들에 대하여 그들이 느끼고, 또한 실제적인 성공에 있어서 어떠한 요인들이 중요한 영향을 미치고 있는지를 알아보고, 또한 창업 예비자의 속성과 창업 성공이라는 종속변수에 대한 독립변수들의 관계를 실증적으로 파악하여 이를 기초로 하여 많은 유용한 전략적 시사점을 찾아내고자 하기 위하여 실시하였다. 그 결과는 다음과 같이 요약할 수 있다.

첫째, 본 연구는 지금까지의 중소기업에 관한 연구 중에서 소상공인 분야로 세분화하여 실증적인 분석을 시도하였다는 데 의의가 있다. 소상공인에 관한 현재까지의 연구는 탐색적, 기술적인 분석으로 일부 이루어져 왔으나 본 연구에서는 소상공인 창업 성공요인을 인과적으로 설명할 수 있는 모델을 찾아내고자 시도하였으며 본 연구에서 우리나라 240만 소상공업체의 창업에 관한 성공요인에 대하여 설명할 수 있는 실증모델을 검정하였다는 것에 의미가 있다고 볼 수 있다. 따라서 앞으로 이 분야의 연구에 있어서 본 연구에서 제시된 모델이 하나의 기본 모델로 사용될 수 있으며 본 연구의 모델을 기초로 하여 여러 가지 개념적·조작적 정의를 다양하고 정교하게 구사하여 측정할 수 있으며, 성공에 관련된 독립변수들을 추가로 개발하여 성공요인을 심도 있게 발전시킬 수 있으리라 본다.

둘째, 타 점포와의 차별성, 창업아이템 및 점포인테리어 그리고 서비스의 차별성과 직업 및 업무에 대한 만족도가 창업 성공에 유의적인 영향을 미치는 것으로 나타났다. 이것은 소상공인 분야에서는 창업자의 개인적 특성과 서비스 정신 및 직업관이 창업 성공에 긍정적인 영향을 미치는 중요 요인으로 볼 수 있다는 것이다. 그러나 현실적으로는 소상공인 의식실태를 조사한 정광원(1995)의 연구를 보면, 동서양을 막론하고 소상공인들의 직업관 및 만족도는 낮은 것으로 나타나고 있다. 이러한 실상을 기초로 하여 창업을 준비하는 창업희망자와 창업 및 경영개선을 지원하는 정부 및 유관 지원기관에서는 창업자에 대한 자금지원 못지않게 창업 성공을 위한 전략적인 경영지도 방향제시와 소상공인들 자신들이 차별화와 만족도에 충실할 수 있도록 지원하여야 할 것이다.

셋째, 성공요인의 적극적인 실천은 창업의 성공에 양의 영향을 미치는 것으로 나타났다. 경쟁이 심각할수록 사업체는 나름대로 어려운 상황에서 이겨낼 수 있는 대책과 복안을 가질 수밖에 없으며, 이것이 해당 사업체의 성공할 수 있는 성공요인으로 나타나게 되는데, 중소기업청(2001)에서 실시한 소상공인들이 창업에서 생각하는 성공요인으로, 우선순위를 분석한 결과를 보면, 창업하기 전에 철저한 사전 준비와 점검능력을 36%로 1순위로 뽑았으며, 창업할 업종 및 아이템 선정 능력과 이에 합당한 선택을 2순위로, 개인의 업무수행 능력 즉 개인의 자질과 해당업무를 얼마나 잘 수행할 수 있느냐를 3순위로 보았다. 4순위가 상품과 서비스의 차별화와 적정성, 마지막으로 자금조달 능력을 뽑았다. 현재 소상공인들에 대하여 심각하게 걱정하고 창업 지원기관에서 우선적으로 치중하는 업무가 자금지원 및 조달 분야로 여기는 반면에, 창업예비자 스스로가 성공을 하기 위하여 중요하다고 생각하는 요소에서는 자금은 최하위로 생각하는 사고방식을 위 조사 결과에서는 보여 주고 있다. 이상과 같이 본 연구가 주는 중요한 의의를 요약해 보면, 일반적으로 소상공인들이 직업에 대한 만족도가 상당히 낮음을 볼 때 이것이 직업의 귀천을 넘어서서 종국에는 창업 성공과 실패의 구분되는 분기점이 됨을 알 수 있다. 그러므로 소상공인의 성공창업과 성공지원을 위해서는 창업자 스스로가 생계해결을 넘어서서 직업에 대한 긍지와 만족감을 갖도록 다양한 직업 정신과 장인 정신을 지도하는 각종 지원 프로그램을 개발하는 것이 바람직하다고 본다.

2. 연구의 한계점 및 향후과제

본 연구의 한계점은 다음과 같다.

첫째, 그 범위를 부산시내에 있는 소상공인만을 선택해서 연구가 이루어졌다. 부산시내에 있는 소상공인 128업체만을 대상으로 연구가 이루어졌으므로 그 표본의 대상이 한계가 있으며, 표본의 수적인 면에서도 한계가 있다. 따라서 만일 향후보다 심도 있는 연구가 이루어진다면 표본의 수와 범위를 좀더 확대해서 연구가 이루어져야 할 것으로 본다.

둘째, 당기 순이익을 내고 있는 업체를 대상으로 이루어졌다는 한계점을 가지고 있다. 부산시내의 소상공인 중 당기순이익을 내고 있는 곳만을 대상으로 했기 때문에 표본의 수에 한계가 있었다. 그렇지 않은 곳도 포함해서 전반적으로 느끼는 성공의 요인이 무엇인지를 연구하지 못했다. 그러므로 다음 연구에서는 당기순이익을 낸 업체만이 아니라 그렇지 않은 기업도 대상으로 폭넓은 연구가 행해져야 할 것이다.

결론적으로 볼 때 이 연구의 결과를 부산이 아닌 전체 소상공인에 일반화하는 데는 다소 무리가 있을 것으로 간주된다. 후속연구에서는 특히 이 연구에서 차별 정도와 만족도를 측정하는 데 항목의 수가 너무 적었기 때문에 R^2 값이 싸게 나왔을 확률이 많으므로 이 점을 고

려하여 성공에 영향을 미치는 각종 변수를 더 파악하여 이러한 한계
점이 보완해야 할 것으로 생각된다. 그리고 각각 분리하여 본 차별성
과 만족이 서로 상호작용이 일어날 때는 어떻게 영향을 미치는지를
알아보는 연구가 행해졌으면 한다. 본 연구는 표본의 수가 많지 않은
관계로 상호작용 효과에 대해서는 많은 검정을 해보지 못했다. 그러므
로 적당한 수의 표본을 모집해서 상호작용 효과를 검정해 보면, 일반
적으로 상호작용 효과로도 흥미로운 전략적 시사점을 제시하는 경우
가 많으므로 앞으로의 소상공인이 점포를 운영하는 데 도움을 줄 수
있을 것으로 사료된다.

◗ 참고 문헌

중소기업청(2001), 소상공인 창업 및 경영개선자금 이용자 실태분석,
 2001.

박춘엽, 박영배(1998), 중소기업 경영론, 학문사, pp.32-33.

박춘엽(2000), "소상공인 지원센터 이용자의 만족도 연구", 중소기업연구,
 제22권, 제1호, pp.164-194.

정수원, 서근하(2001), 우리나라 소상공인 생산성 중요도에 대한 제고,
 한국생산성학회 발표논문집, p.89.

정광원(1995), 소매상인의 의식구조에 관한 연구, 숙명여자대학교 경영학
 연구 논문집, 제3호, p.11.

정성한, 김해룡(2001), 소상공인 창업 성공요인에 대한 탐색적 연구, 벤처
 경영연구, 제4권, 제2호, pp.3-11.

정충규, 최이규(2000), SPSS WIN을 이용한 통계분석, 무역경영사, p.174.

Bird, B. J.(1993), "Demographic Approaches to Entrepreneurship: "The
 Role of Experience and Background", In J. A. Katz, and R. H.

Brockhaus(Eds.), *Advances in Entrepreneurship, Firm Emergence, and Growth*, Vol.1, pp.11 - 48 Greenwich, CT: JAI Press.

Begley, T. M., and Boyd, D. P.(1987), "Psychological Characteristics Associated with Performance in Entrepreneurial Firms and Smaller Businesses", *Journal of Business Venturing*, 2, pp.79 - 93.

Cooper, and Gascon, F. J. G.(1992), "Entrepreneurs, Processes of Founding, and New - Firm Performance", In D. L. Sexton and J. D. Kasarda(Eds.), *The State of the Art of Entrepreurship*, Boston: PWS - Kent Publishing, pp.301 - 340.

Covin, J. G., and Slevin, D.(1991), "A Conceptual Model of Entrepreneurship as Firm Behavior", *Entrepreneurship Theory and Practice*, 16:1, pp.7 - 25.

Dickson, John, and Gerald Albaum.(1977), "A Method for Developing Tailor - m - ade Smantic Differentials for Specific Marketing Content Areas", *Journal of M - arketing Research*, 14, pp.87 - 91.

Fujita, M.(1997b). A Strategy for Coporate Innovation. Tokyo: *Asian Producti - vity Organization*. pp.9 - 69.

Glen, L., Urban, and John, R. Hauser and Nikhilesh Dholakia.(1987), *Essentials of New Product Managemet*, Prentice - Hall.

Guth, W. D., and Ginsberg, A.(1990), Guest editors' introduction: "Corporate Entrepreneurship", *Strategic Management Journal*, p.11:5 - 15.

Ironson, G. H., P. C. Smith, M. T. Brannick, W. M. Gibson, and K. B. Paul.(1989), "Construction of a Job in General Scale: "A Comparision of Global, Composite, and Specific Measures." *Journal of Applied Psychology*, 74(2), pp.193 - 200.

Kanter, R.(1986), "Supporting Innovation and Venture Development

74

in Establi-shed Companies", *Journal of Business Venturing*, 1(1): pp.47-60.

Komives, J.(1972), "A Preliminary Study of the Personal Values of High Tech-nology Entrepreneurs", In A. C. Cooper and J. Komives(Eds.), *Technical Ent-repreneurship: A Symposium*, *Milwaukee:* Center for Venture Management.

Lussier, R. N.(1995), "A Nonfinancial Business Success versus Failure Predi-ction Model", *Journal of Small Business Management*, 33, pp.8-20.

MacMillan, I. C., Zeman, L. and P. N. Subba Narasimaha.(1986), "Criteria Di-stinguishing Unsuccessful Ventures in the Venture Screening Process", *Journal of Business Venturing*, pp.119-128.

Manolis Chris, William W. Keep, Mary L. Joyce, and David R. Lambert.(1994), "Testing the Underlying Structure of a Store Image Scale", *Educational and Psychological Measurement*, 54, pp.628-645.

Miller, A., and Camp, B.(1986), "Exploring Determinants of Success in Coperate Venture", *Journal of Business Venturing*, Vol.12, pp.119-128.

Muncy, James. A., and Sheloy, D. Hunt.(1983), Consumer Involvement: Difinitional and Research Directions, *in Advances in Consumer Research*, Vol.11.

Nunnally, J. C.(1978), *Psycometric Theory*, Second Edition, New York, Mcgraw-hill Book Company.

Park, and Maillie.(1982), *Strategic Analysis for Venture Evalutation:* The SAVE Approach to Business Decisions, Van Nostrand Reinhold Company. 1982.

Quinn J. B.(1979), "Technology Innovation, Entrepreneurship and

Strategy", *Slo-an Management Review*, Vol.20, No3, pp.19-30.

Rothwell, R.(1977), "The Caracteristics of Successful Innovators and Technical-ly Progressive Firms", *R & D Management*, Vol.7, pp.191-206.

Smith, N. R., and Miner, J. B.(1984), "Motivational Considerations in the Succe-ss of Technologically Innovative Entrepreneurs", In J. A. Timmons, and K. H. Vesper (Eds.), *Frontiers of Entrepreneurship Research*, Wellesley, MA: Babson Center for Entrepreneurship Studies, pp.488-495.

Steers, R. M., and Braunstein, D. N.(1976), "A Behaviorally-Based Measure of Manifest Needs in Work Settings", *Journal of Vocational Behavior*, 9, pp.251-266.

Van De Ven, A. H., and Ferry, D. L.(1980), *Measuring and Assessing Organiz-ation*, New York.

Wood, Van. R., Lawerence, B. Chonko, and Shelby Hunt.(1986), "Social Respo-nsibility and Personal Success: Are They Incompatiable?" *Journal of Business Research*, 14, pp.193-212.

한국의 소상공인 창업문화에 관한 연구: 창업자 개인적 특성과 마케팅 인식을 중심으로

I. 서 론

소상공인이란 중소기업 중에서도 상대적으로 규모가 작은 소규모 기업을 영위하는 자들을 말한다. 이들이 영위하는 소규모 기업은 경제적, 사회적으로 그 중요성이 매우 크다고 할 수 있다. 이러한 중요성에 대하여 살펴보면 먼저 소규모 기업은 창업과 관련하여 고용을 창출하고, 두 번째로 기술혁신에 있어 간과할 수 없는 역할을 하는 것으로 되어 있다. 예를 들면, 새로이 태어나는 기술 집약적, 정보 집약적 기업들의 매우 높은 비율이 소규모 기업의 형태라는 점을 들 수 있다. 마지막으로 소규모 기업은 많은 사람들에게 직접적으로 생계의 수단이 되기 때문이다.(정수원 2001)

이와 같은 소상공인의 중요성에도 불구하고 우리나라에서 소규모 기업에 대한 인식과 지원은 대기업과 중소기업에 비하여 매우 미흡하였고, 또한 중요하다는 인식조차 하지 못하였다. 그러나 소규모 기업에 대한 인식과 지원은 다른 국가인 미국, 일본, 대만, 영국의 사례와 비교하여 보면 매우 큰 차이가 있음을 알 수 있다. 이들 국가에서는 오래전부터 중소기업 중에서도 소규모 기업에 해당하는 소상공인에 대하여 경제적, 사회적 중요성을 인식하고, 이들의 발전을 위하여 적극적인 지원 정책을 실행하였다.

다행히 우리나라에서도 1999년 2월 이후 중소기업청 내에 소상공인 지원센터가 50개소가 설치되고, 2002년에도 전국적으로 10개소가 추가로 설치되어 60개소의 지원센터가 소상공인들에 대하여 많은 도움을 주고 있다. 하지만 경제 본질적인 부분에서 소상공인의 지원에는 아직도 미약한 부분이 많으므로 향후 우리나라 소상공인의 발전을 위하여 본 연구에서는 규모의 면에서 창업 초기부터 많은 애로점과 어려움이 예상되는 한국의 소상공인 창업문화를 연구 대상으로 선정하고, 이들이 겪고 있는 애로점과 이를 타개하기 위한 경영전략으로써 핵심역량인 마케팅 노력과 창업 성공과의 상관관계를 실증적으로 분석하고, 이러한 결과들이 소상공인 창업 성공을 지원하는 정부 및 유관기관들에게 바람직한 지도방향과 시사점을 제시하고자 하였다.

Ⅱ. 소규모 기업 창업성과에 대한 선행연구

소상공인은 최초 상공회의소 법에서도 상공인으로 표현하고 있을 뿐, 소상공인 용어는 없었으며, 경제학, 경영학, 법학에서도 사업자를 대기업, 중기업, 소기업으로 불리며 상공인으로는 표현하지 않았다. 일반적으로 보면 소기업이라는 용어는 제조업을 중심으로 인식되고 있는 실정이었으며, 최근 우리나라에서 처음 사용하기 시작한 소상공인은 주로 도·소매업, 제조업, 음식숙박업, 서비스업 등과 같은 생계형 경영을 하는 소규모 자영업자에 가까웠다. 2000년 12월에 제정된 소기업 및 소상공인 지원을 위한 특별 조치법(법률 제6314호)에 의하여 비로소 우리나라의 소상공인에 대한 정의를 내릴 수 있었으며, 이는 제조업의 경우 상시 고용하는 종업원이 10인 이하의 경우와 도·소매업과 서비스업인 경우는 5인 이하로 정의하였다. 인근국가인 일본의 경우를 보면 1993년(平成 5년)에 제정된 '상공회및상공회의소에의한소규모사업자의지원에관한법률'에 의거 제조업은 20인 이하, 상업 및 서비스업은 5인 이하로 되어 있으며 지원대상 및 범위도 장부기장 전담지도 직원운영 및 사업체 부도를 방지하기 위한 공제사업까지 확대운영하여 폭넓은 서비스를 제공하고 있으며, 특히 이러한 지원사업이 마을 재건사업으로도 확대되고 있는 것이 주목할 만한 특징이라고 할 수 있다.(일본 중소기업총합연구기구 2001)

〈표-1〉 소상공인 사업체 및 종업원 수 증감현황(단위: 만 명/개)

구 분	1998년도			2000년도			소상공인 증가비율
	전사업체	소상공인 업체	비율 (%)	전사업체	소상공인 업체	비율 (%)	
사업체 수	262	240	91.6	301	259	86	▲ 7.9%
종업원 수	1,017	444	43.6	1,360	620	45.5	▲ 39.6%

자료: 통계청(2001), 2000년 기준 사업체 기초 통계조사보고서, pp.254-330.

소상공인의 연도별 사업체 및 종업원 수의 증가는 〈표-1〉과 같이 1998년을 기점으로 산업경제에 차지하는 수가 각각 7.9%, 39.6%로 더욱 확대되는 추세이다. 이러한 비중에도 불구하고 소상공인 창업 성공과 창업자의 개인적 특성과 마케팅 노력에 대한 연구는 소상공인 개념이 정립된 지가 일천하여 선행연구가 부족한 실정이며, 이러한 실정에서 외국에서 연구된 창업성과에 관한 선행연구는 다음의 〈표-2〉와 같다.

⟨표-2⟩ 소규모 기업 창업성과에 대한 기존 선행연구

연구자	연구 대상	연구 내용 및 결과
Sandberg & Hofor (1987)	17개의 벤처기업	New 벤처기업의 영향 요소를 규명함. 학력은 제품의 혁신성이 클 경우 유의함. 일반제품은 학력과 창업성과와 관련 없음.
Covin & Slevin (1990)	90개의 벤처기업 (3가지 산업체 구분)	산업의 Life Cycle의 단계로 구분 연구함. 태동기업(26개), 성장기업(25개), 성숙기업(39개)의 상관관계 중 태동기업에서는 전략적 자세와 조직유기성이 매출 증가분, 시장점유율, 이익률과 양의 상관관계를 밝힘.
Macmillan & Kulow (1989)	벤처캐피탈의 지원을 받은 350개의 벤처기업	기업에 대한 벤처캐피탈의 역할을 규명함. 저관여기업, 중관여기업, 고관여기업으로 구분하여 적절한 관여가 매출이익, 시장 점유율, 매출, 순이익 증가에 유의함.
Sexton & Bowman (1985)	미국 401명의 학생 창업가 그룹, 관리자 그룹	창업자와 경영자의 속성 비교 연구함. 창업자가 경영자에 비하여 인내성, 독립성 순응 및 일치력, 변화 적응성, 위험감수성, 자치 요구력, 사회적 적응성이 높음.
Begley & Boyd (1987)	뉴잉글랜드의 소규모 기업협회의 239개 회원사	창업자와 관리자의 심리적 특성과 재무적 성과(ROA)와의 관계를 규명함. 창업자가 경영자보다 성과와 성취도, 인내성, 통제성, 위험 및 모호 감수성이 높음.
Cooper (1985)	161개의 기술 지향적인 신생기업(전자, 컴퓨터, 소프트웨어, 생명, 의학 분야)	창업 및 기술기업과의 학력과 경력의 상관관계 연구함. 학력, 경력 등의 관찰 변수의 차이점을 구분하여, 기술기업은 창업자의 학력이 높을수록 성과가 높음을 밝힘.
Stuart & Abetti (1987)	24개의 기술벤처의 CEO	성공에 기여하는 15가지의 요인을 분석함. 시장 발견, 혁신성, 공격적 전략, R&D, 조직 강화, 효율성, 기업가 정신, 경력 및 경험 등이 창업 성공에 유의한 영향을 줌.
Buttner & Rosen (1989)	대출은행 관리자, MBA 학생	기업가정신의 성별, 학력과 경험의 차이, 기업가의 성별 차이가 대출결정에 미치는 차이점에서 성별의 차이점은 없음을 밝힘.

연구자	연구 대상	연구 내용 및 결과
Sexton & Bowman (1990)	105명 여성(휴스턴의 HERS 멤버), 69명 남성(오하이주의 기업가)	성별과 관련된 차별점, 비즈니스에 있어서 여성의 인식과 태도에 관한 변수(위험감수성, 안락성, 에너지 레벨, 변화성 등) 퍼스낼러티와 직업관을 비교 분석함. 여성은 에너지레벨과 위험감수성 분야에서 낮음.
Pearce II & Michael (1997)	1990~1991년의 미국 경기후퇴기의 118개의 제조업체	소규모 기업의 경기 절정기의 마케팅 활동성과 경기 쇠퇴기의 마케팅 활동성이 기업의 성과에 미치는 효과를 연구함.
Coviello, Brodie & Munro (2000)	뉴질랜드의 192개 업체, 캐나다의 110개 업체	소규모 기업의 기업체 나이, 규모, 성장비율에 따른 마케팅 계획성, 마케팅 실천성이 소규모 기업의 시장성과에 유의한 영향을 끼침을 규명함.

위와 같은 창업성과에 관한 기존 연구들의 창업 성공요인에 접근하는 방식들을 살펴보면, 첫째는 주요 성공요인이 무엇인가를 알아내기 위하여 창업의 고유한 특성에서 그 요인을 밝혀내려는 입장과, 둘째는 성공을 위해서는 기업 차원과 창업자 자질에서 전반적으로 어떠한 구성요인을 갖추어야 하는 것인가를 밝히려는 입장이다.(Sandberg and Hofor 1987, Covin and Slevin 1990, Macmillan and Kulow 1989) 현재까지 연구가 진행되어 온 창업 성공요인에 관한 연구는 대부분 전자에 속하며, 후자의 경우는 성공요인을 많은 환경요소와 연결하여 연구하였는데 주로 창업가의 창업가정신, 환경전략, 자원전략, 조직 특성이 포함된다.(Sexton and Bowman 1985, Begley and Boyd 1987, Buttner and Rosen 1989, Sexton and Bowman 1990)

성공한 기업과 실패한 기업을 비교 분석함에 있어서 창업 팀의 특성(위험 감수 능력, 시장 파악 능력 등), 서비스와 제품특성, 시장특성

(첨단기술, 시장성 등), 재무적 특성(ROI, 시장점유율 등)에 의해 좌우된다는 관점에서 시작하여, 경영전략 면에서 성공요인을 접근할 때 경쟁환경 부문, 기업환경 부문, 사업전략 부문으로 구분하는 방식을 거쳐서 마케팅 활동성이 기업의 성공에 얼마나 영향을 미치는가를 살펴보는 방식으로 발전하였다.(Stuart and Abetti 1987, PearceⅡ and Michael 1997, Coviello, Brodie and Munro 2000) 이러한 연구결과를 볼 때 기업의 성공요소에 대하여 창업자의 특성 즉 창업가정신에 대해서는 창업자의 광적인 실천력, 회사 발전과정에 생기는 여러 혼란과 장애를 극복할 수 있는 능력, 자기 집의 차고까지도 사업장으로 이용함으로써 간접비를 최소화시킬 수 있는 재무관리 능력, 신규아이템으로 시장 진입 시 각종 비용의 최소화, 장기적인 안목, 시장 중시 태도 등에 대한 실천능력과 이를 점차적으로 더욱 세분화하여 원활한 의사소통과 효과적인 협동, 전사적인 과업으로서의 혁신, 효과적인 개발업무, 계획 및 경영기술, 경영의 질, 인사정책, 경영 스타일, 마케팅 능력과 소비자 욕구 파악, 주요 임직원의 능력까지 점검하였다. 이러한 자질 등이 성별, 나이, 학력과 같은 창업자의 본질적인 조건에 대하여도 연구를 시작하여, 기업의 특성, 산업구조의 영향력, 지원기업체(벤처캐피털)의 컨설팅 관여 유무까지 포함하고, 창업 시 창업 기업체의 아이템과 제품 그리고 경기의 라이프 사이클까지도 폭넓은 주제와 관심이 연구의 대상이 되었다.(Sexton and Bowman 1985, Begley and Boyd 1987, Buttner and Rosen 1989)

이러한 창업 기업들에 대한 성공요인과 병행하여 창업 기업의 창업 성과라 할 수 있는 창업 성공률에 대한 연구를 살펴보면 창업한 기업의 시간 경과에 따른 성공률에 대한 이해는 창업 기업의 실패 확률과 위험도를 알아내는 데 중요한 지표로써 활용할 수 있다. 우리나라에서는 중소기업의 실패율에 대한 연구는 주로 중소 제조기업을 중심으로 이루어져 왔으며 그 연구내용도 미비한 실정이지만, 이러한 연구결과에 따르면 창업 기업의 27.6%가 창업 후 1년 이내에 폐업하는 것으로 나타나고 있다. 창업 후 2년째 도산하는 기업은 13.8%이고, 3년째에 도산하는 기업도 11.2%이다. 결국 3년 이내에 창업 기업의 53.6%가 도산함을 알 수 있다. 이렇듯이 창업 기업이 3년 이상 존립할 수 있을 확률은 50%가 안 된다는 것을 의미하며 이는 전체적인 창업 기업의 성공률이 높지 않음을 알 수 있다.(Corman and Lussier 1996, 박춘엽 2000)

현재 소상공인의 창업 성공률은 20% 내외로 추정하고 있는 실정과 소상공인의 대표적인 특징이라고 볼 수 있는 10인 이하의 사업체라는 규모의 특성이 경영자의 인적요소가 경영성패에 미치는 영향은 높을 수밖에 없다. 이러한 관점에서 창업자 개인적인 특성인 창업자의 성별과 나이, 그리고 학력을 소상공인의 핵심 경영전략이라고 볼 수 있는 마케팅 노력과 대비시켜서, 창업 성공 요인 중에서 마케팅 노력이 차지하는 비중과 역할을 살펴보는 것은 소상공인 창업 성공률 제고와 소규모 기업의 마케팅전략의 개발 차원에서도 의미가 있는 일이라고 본다.

III. 연구가설의 도출

마케팅은 기업의 발전과 성과 향상에 있어서 중요한 기초 발판으로 간주되어 왔으며, 이러한 마케팅을 좀더 세분화하여 소규모 기업에서의 마케팅의 실행은 비전통성, 비포용성, 비전략성 등으로 대표되는 특성으로 인하여 많은 문제점이 제기되어 왔다.(Coviello, Brodie and Munro 2000) 이러한 특성 때문에 소규모 기업가는 마케팅에 대해서는 제한된 이해만을 하는 사람으로 분류되어 실력 없는 마케팅 계획자 및 관리자로 평가되어 왔다. 그러나 이러한 평가들이 최근 들어서는 소규모 기업의 마케팅과 기업가 정신의 상호작용에 관한 관심이 높아졌으며, 소규모 기업가의 중요한 성공요인은 급변하는 환경 변화를 극복할 수 있는 위험 감수성과 변화 주도성으로 표현되는 창업가의 정신과 마케팅 노력으로 연계되어 특징지어졌다.

이러한 소규모 기업의 마케팅의 중요성은 경기퇴조기에 더욱 심화되어 기업경영에서 주변 경영환경 변화에 대처할 때 위기를 기회로 바꾸는 것과 같은 적극적인 마케팅의 노력으로 대변되는 마케팅의 활동성은 경기퇴조기의 악조건을 기업의 성과를 향상시키기 위한, 기존의 상품의 공급자에게 품질과 서비스에 불만족하고 거래처를 바꾸고자 하는 고객들을 새롭게 발견하는 기회의 창조와, 기존의 생산 및 재무 지향적인 대규모 경쟁기업에 대항하여 소규모 기업이 새로운 시장을 차지할 수 있는 기회로 보았던 것이다.(Pearce II and Michael 1997)

이와 같이 경기 퇴조기 등의 악조건 속에서 소규모 기업들이 살아남기 위한 시작과 발전동기로써 마케팅 활동성을 증가시켜야 하며, 소규모 기업의 마케팅 활동성은 규모가 큰 라이벌 기업체에 대하여 차별화된 모험과 시도로써 나타나게 되는 것이다. 이러한 모험과 시도는 그 효과적인 성과를 창출하기 위해서는 유연성을 가져야 하며, 이러한 유연성은 경영전략과 인적자원이 부족한 소규모 기업에게는 더욱 복잡한 경영의 불확실성에 빠지게 하는 요인이 되었다. 이러한 연유로 소규모 기업의 마케팅 활동성은 경쟁관계인 대규모 기업보다 비즈니스 수명주기와 생산제품의 변화와 고객의 니드에 대한 판단도 더 빨라야 하는 것이다.(Coviello, Brodie and Munro 2000)

이러한 관점에서 우리나라 소상공인 창업자의 개인적 특성인 성별,

학력, 나이의 요인과, 소규모 기업의 마케팅 노력이라고 할 수 있는 경영혁신 방법으로써 소상공인 경영차별화, 업무 만족도, 성공요인 실천력, 마케팅비용의 지출 정도 등으로 구분할 수 있는데, 그 첫째로 차별화는 급변하는 기업 경영환경에서 소규모 기업의 생존조건인 마케팅의 활동성은 타 기업체와의 제품, 서비스, 인테리어 등의 차별화로 유추할 수 있으며, 둘째로 만족도는 창업자의 특성을 마케팅과 연계하여 볼 때 성공적인 창업자의 자질 중에는 창업자가 경험한 이전의 업종에 대한 의미를 이해하고, 이러한 경험을 현재의 창업 사업체에 활용할 수 있어야 하는데 이는 창업자가 현재 자기 사업체가 직면하고 있는 문제점을 평가할 수 있는 능력과 향후 시장에서의 판매가 가능한 제품의 판단 및 시장예측에 대한 지식뿐만 아니라 사업관계에서의 접촉대상들에 대한 지식을 활용할 수 있게 하는 것이기 때문이다. 이러한 업무에 대한 지식과 경험들을 업무에 대한 만족도로 보고 연구변수로 선정하고자 한다.

마지막으로 실천도는 소규모 기업의 창업자는 마케팅 계획과 실천적 측면에서 매우 낮은 인식과 평가를 받아 왔다. 이러한 현실을 기초로 하여서 창업자가 생각하는 성공적인 마케팅 노력에 대한 소상공인의 실천력이 창업 성공에 유기적인 관계가 있다고 보고, 이러한 실천력이 창업 성공에 미치는 영향을 알아봄과 동시에 대다수의 소상공인들은 마케팅비용 지출을 회피하는데 이러한 관점에서 마케팅비용을 지출하는 업체의 창업 성공 비율을 실증적으로 살펴보는 것도 의미가 있는 일이라 본다.

1. 연구가설

창업자의 특성 중에서 남녀 성별의 차이에 대한 창업 성공의 연구는 상반된 주장들이 나타나고 있다.(e.g., Smith and Miner 1983, Buttner and Rosen 1989, Sexton and Bowman 1990) 남성과 여성의 성별 차이가 경영의 성과에 어떠한 차이가 있는가에 대해서는 성별에 의한 순응력, 열정, 대인 감수성, 위험감수성, 자율가치 등의 심리적 특성(Sexton and Bowman 1990)과 사회적 경험과 욕구의 차이점 (Buttner and Rosen 1989)과, 경영 특성과 관리적 방법론(Smith and Miner 1984) 등으로 구분하여, 위험감수성 측면에서는 남성이 높으므로 이를 활용하기 위해서는 남성은 기회추구형 기업에서, 품질관리 측면에서도 다양한 제품 등과 서비스제공은 선호하는 여성은 이러한 장점을 활용할 수 있는 자율성인 측면과 장인형 기업에서 더욱 강점이 나타나는 것으로 나타났다. 이러한 선행연구들을 살펴보면 남성과 여성의 본질적인 심리적 특성의 차이가 있지만, 이러한 성별의 차이는 소규모 기업으로서 경영특성상 위험감수형, 장인형 기업으로 다양한 형태를 가진 소상공인 사업체 분야에 유의한 영향을 미칠 것으로 추정하고 다음과 같은 가설을 설정하고자 한다.

H1: 창업자의 성별은 창업 성공과 유의한 관계가 있을 것이다

나이와 기업의 창업 성공에 대한 상관관계를 알아내고자 하는 연구들은 주로 창업 당시의 창업자의 연령을 기준으로 하여 조사하여 왔으며, 일부연구자는 창업 기업체의 생존 나이에 대하여 기업 존속 기간과 창업 성공률에 대하여 연구를 하여 왔다.(Cooper and Gascon 1995) 창업자의

나이와 창업성과에 대한 연구는 기업가의 행동적인 차원에서 나이와 상
관관계를, 창업성과와 연령대별로 유의한 관계가 있는가를 살펴보았다.
이러한 연구결과는 나이가 젊을수록 혁신 지향적이며 위험 감수성이 뛰
어났으며, 기업의 성과 면에서는 나이가 많음이 창업성과에 유의한 영향
을 미친다는 연구(e.g., Birley and Norbun 1987)와, 일부의 기술 지향적
기업에서는 나이가 젊을수록 성과가 뛰어난 전자와 반대의 경우(e.g.,
Cooper and Gascon 1995)도 있었다. 그러나 본 연구에서는 이러한 나이
의 차이가 소규모 기업으로서 다양한 경영기법 및 수내 가공업 등 기술
지향적인 제조업들에 대한 소상공인 분야의 기업들에게는 유의한 영향
을 미칠 것으로 추정하여 다음과 같은 가설을 설정하고자 한다.

 H2: 창업자의 나이는 창업 성공과 유의한 관계가 있을 것이다.

 창업자의 특성 중에서 학력의 차이에 대한 창업 성공에 대한 연구
는 상반된 주장들이 나타나고 있다. 창업자의 학력과 창업 성공에 관
한 관심은 창업자의 특성과 자질이 어떠한가에 대하여 초점을 맞추고
이에 대한 해명 차원에서 이루어져 왔다.(Stuart and Abetti 1987,
Sanderberg and Hofer 1987) 즉 창업자의 자질이 독립성과 피지배를
싫어하는 성격이므로, 이러한 성격이 오히려 학력의 저하를 나타낼 수
있으며, 반대로 혁신성이 높은 기술적 사업에 대하여 창업자의 높은
교육수준이 기업의 생존 가능성을 제고시키므로 이러한 업종은 높은
학력과 유의한 관계가 있음을 밝혔다.(Sanderberg and Hofer 1987,
Stuart and Abetti 1987) 이러한 현상은 우리나라의 기술 및 생명 공
학적 벤처기업에서도 유사한 사례라고 본다. 그러므로 본 연구에서는
다음과 같은 가설을 설정하고자 한다.

H3: 창업자의 학력은 창업 성공과 유의한 관계가 있을 것이다.

소규모 기업의 마케팅 활동은 기업가 입장에서 보면 현실적으로 부족할 수밖에 없다. 이러한 소규모 기업의 마케팅의 특성을 비전통성, 비전략성이라는 평가로 나타났으며, 이러한 소규모 기업이 현실적인 시장상황에서 타 기업과 경쟁할 수 있는 마케팅 노력은 차별화일 수밖에 없으며, 소규모 기업이 마케팅에서 중점적으로 실행할 수 있는 것은 제품과 가격 지향적인 마케팅으로 볼 수 있다.(Sexton and Bowman 1990) 이러한 소규모 기업의 차별화는 시장경쟁에서 소매점포의 차별화로 볼 수 있으며, 소매 점포의 마케팅의 평가는 인테리어의 차별화, 대고객 서비스의 차별화, 제품의 차별화 등으로 볼 수 있다.(Dickson and Albaum 1977, Manolis et al. 1994) 그러므로 본 연구에서는 이러한 마케팅의 차별화가 소규모 기업의 창업성과에 유의한 영향을 미칠 것으로 추정하고 다음과 같은 가설을 설정하고자 한다.

H4: 소규모 기업의 경영 차별화는 창업 성공에 양의 영향을 미칠 것이다.

소규모 기업의 마케팅전략은 경기의 절정기와 쇠퇴기에 관계없이 한 가지의 포커스 즉 성장에 맞추어져 왔다. 이러한 마케팅의 기조는 경기후퇴기에는 관리 즉 유지보수형 마케팅을 구사하며, 경기가 활성화될 때는 확장형 마케팅을 구사하였는데 이는 소규모 기업자의 경영능력을 넘어서는 관점인 산업 전체와 전체 경영상황을 보고 불확실하게 판단할 수 없는 상황이었다.(Pearce II and Michael 1997) 이러한 소규모 기업운영의 불확실한 측면은 기업 내적인 요소인 경영자의 자질이 이러한 불확실한 환경을 얼마나 도전하며 극복할 수 있느냐가 기업성과에 큰 차이를 줄 수밖에 없는 것이다. 이러한 관점에서 소규모 기업의 창업자가 그들 자신의 업무에서 느끼는 업무 만족도가 기업의 성과에 직접적인 영향을 미친다고 볼 수 있다.(Ironson et al. 1989, Wood, Chonko, and Hunt 1986)

그러나 우리나라의 소상공인들의 직업관과 업무에 대한 만족도를 살펴보면 소상공인 스스로가 최초 창업 시부터 직업관과 업무에 대한 만족도가 낮을 수밖에 없는 여건이므로, 본 연구에서는 이러한 우리나라 소규모 기업가인 소상공인의 특성을 보고 다음과 같은 가설을 설정하고자 한다.

H5: 창업자의 업무 만족도는 창업 성공에 양의 영향을 미칠 것이다.

소규모 기업의 마케팅은 마케팅의 계획과 실천의 두 가지 개념에 기초하여 데이터베이스 마케팅, 상호작용 마케팅, 네트워크 마케팅 등 다양한 관점과 대규모 기업과 소규모 기업의 마케팅 차이점에 대한 비교연구를 하여 왔다.(Coviello, Brodie and Munro 2000) 이러한 소규모 기업의 마케팅은 그들의 시장에 대하여 심도 있는 접근과 상호작용에 대한 실천으로 나타났었다. 이러한 마케팅의 실천력을 성공적인 창업가의 심리적 특성과 연계시켜 보면 높은 성취 지향성이 항상 중요한 성공요인으로 부각되어 왔었다. Komives(1972)는 높은 성취 욕구가 첨단 기술 분야에서 성공적인 창업자의 공통적 특성이라고 보았으며, Smith and Miner(1984)는 창업자의 성취 지향적 성향과 그 회사의 성장률 간의 상관관계를 확인하였고, Begley and Boyd(1987)는 성취 욕구와 재무적 성과가 상호 관련되어 있다는 것을 실증적으로 검증하였다. 이와 같이 소규모 기업에서 소상공인들이 생각하는 마케팅 성공요인에 대한 실천력의 요인과 마케팅을 실천하기 위한 마케팅비용의 지출 정도에 따라 창업 성공에 유의한 영향을 미친다고 볼 수 있다.(Steer and Braunstein 1976) 이러한 관점에서 소상공인 마케팅의 실천력과 마케팅비용의 지출 정도에 따라서 유의한 차이가 있을 것으로 보이므로 다음과 같은 가설을 설정하고자 한다.

H6: 마케팅 성공요소의 실천력은 창업 성공에 유의한 영향을 미칠 것이다.

H7: 마케팅비용의 지출 정도는 창업 성공에 유의한 영향을 미칠 것이다.

Ⅳ. 연구방법

1. 조사 대상 및 표본의 구성

본 연구의 조사항목에 부합하는 조사 집단을 구성하기 위하여 중소기업청 소상공인 지원센터와 재단법인 부산 신용 보증재단의 지원 업체 중 200개를 임의로 선정하였으며, 이 사업체는 도·소매 업종과 숙박 및 음식업종 그리고 개인서비스업 및 제조업 등 4개 업종으로 한정하였고, 창업사업자 형태는 개인사업자로 하고, 창업규모는 창업자를 포함하여 10인 이하 사업장으로 한정하였다.

이 중 응답서를 제출한 125개 사업체의 응답서를 기초로 성공요인 분석을 하였으며 이때 무성의한 응답으로 연구에 부적합한 자료 20부를 제거한 총 105부가 본 연구에 최종적으로 사용되었다. 실증연구의 통계적 분석을 위해서는 SPSS 프로그램을 이용하였으며 수집된 자료에 대한 기초분석을 위해 각 표본(성별, 연령, 창업동기, 업종, 제품수명주기, 최종학력 정도)에 대해 빈도분석이 이루어졌고, 그 결과는 다음의 〈표-3〉과 같다.

〈표-3〉 표본의 주요특성

변 수		빈 도	퍼센트(%)
성 별	남	35	33.3
	여	70	66.7
연 령	40대 미만	49	46.7
	40대 이상	56	53.3
창업동기	생계수단	56	53.3
	자아성취	49	46.7
업종 및 업태	도·소매업	33	31.4
	숙박·음식	31	29.5
	서비스업	17	16.2
	제조업	24	22.9
제품수명주기	도입기	14	13.3
	성장기	41	39.0
	성숙기	44	41.9
	쇠퇴기	6	5.7
최종학력 정도	고졸 이하	45	42.9
	전문대 이상	60	57.2
총합계 비율		105	100%

〈표-3〉에서 응답한 소상공인들 중에서 성별의 분포로는 남성이 35명, 여성이 70명인 것으로 나타났다. 연령별로는 40대 미만이 49곳, 40

대 이상이 56곳으로 나타났다. 최종 학력별로 보면 고졸 이하가 45,
전문대 이상이 60으로 나타났다. 표본에서의 소상공인의 창업 시 창업
아이템의 제품수명 주기에서는 도입기가 14, 성장기 41, 성숙기 44, 쇠
퇴기 6으로 나타났다. 다음으로 알아본 창업동기에 대한 빈도분석에서
는 생계수단으로 창업을 시작했다고 답한 곳이 56곳으로 가장 많았고,
자아성취를 위해 창업을 했다는 대답이 49곳으로 두 번째 순으로 나
타났다. 여전히 창업은 살아가기 위한 하나의 방편임을 이 빈도 분석
의 결과를 보고 알 수 있었다. 그리고 표본으로 선출한 소상공인 105
개의 업체에서 업종을 분류해 본 결과 도·소매업이 33곳, 숙박 및 음
식업이 31곳, 서비스업이 17곳, 제조업이 24곳으로 나타났다.

2. 변수의 측정

1) 차별화

본 연구에서는 소상공인 마케팅 요인으로서 현장에서 마케팅의 실시
여부와 주안점을 차별화로 보았다. 이를 분석하기 위한 소상공인 업종
전체에 대한 창업단계 마케팅 차별화 전략을 서비스의 차별화, 제품의
차별화, 인테리어의 차별화로 보고, 이러한 차별화가 창업 성공과 창업
실패라는 창업결과에 유의한 영향이 있는지를 알아보기 위하여 Dickson
and Albaum(1977)의 Consumer Retail Store Image(CIRS)에서 차별화
에 대한 문항과 Manolis et al.(1994)의 Retail Store Image(SIS)에서 차
별화에 관한 3문항을 수정하여 측정하였다. 이들 척도는 각각 Likert의
5점 척도에 의하여 측정되었다.

2) 업무 만족도

소상공인의 업종은 전통적인 소매업자의 경우처럼 직업에 대한 만족도가 낮으며, 이에 대한 부작용으로써 프로정신의 부족과 영업저조가 연관될 수 있으므로 소상공인 직업의식과 성공과의 상관관계에 대해 고찰하고자 하였으며, 이러한 관점에서 업무만족도가 창업 성공과 창업실패라는 창업결과에 유의한 영향이 있는지를 알아보기 위하여 Ironson et al.(1989)의 마케팅 척도인 Job In General(JIG)에서 만족도 항목과 Wood, Chonko, and Hunt(1986)의 만족도에 관한 3문항을 수정하여 Likert의 5점 척도에 의하여 측정하였다.

3) 실천도

성취동기는 어떤 것을 신속하고 그 결과에 대하여 가능한 기대 이상으로 잘 이행하려는 바람이나 심적 경향을 말하는 것으로 이를 소상공인 마케팅 요인인 실천력과 연계 및 변환하여 창업자가 자신이 알고 있는 소규모 기업의 마케팅 성공요소에 대한 본인의 적극적인 실천력 정도가 창업 성공과 창업실패라는 창업결과에 유의한 영향이 있는지를 알아보기 위해 Steer and Braunstein(1976)의 항목들을 이용하여 단일문항으로 수정하여 측정하였다.

4) 창업성과

사업체의 성과를 평가하기 위한 다양한 성과 평가방법 및 재무적 경영지표 등이 있으나, 본 연구에서는 Lussier(1995)의 연구에 기초한 재무적 성과 중 자금관리, 계획성, 상담, 가격, 촉진 등등의 여러 분야에서 소상공인 경영성과를 평가하기에 적합하다고 보이는 ROE의 창업 성공에 대한 결과를 높은 그룹과 낮은 그룹을 두 그룹으로 나누어 창업 성공기업과 실패기업으로 구분하였다.

V. 실증 분석

1. 신뢰성 평가

본 연구에서 사용되는 측정 항목들이 측정도구로서 신뢰성을 가지고 있는지를 검정하였다. 일반적으로 신뢰성이란 동일한 개념에 대해 측정을 반복했을 때 동일한 측정값을 얻을 가능성을 말하는데, 이러한 신뢰성을 검정하기 위하여 본 연구에서는 측정 항목들 간의 내적 일관성을 평가하는 Cronbach's Alpha를 이용하였다.

Nunnally(1978)는 탐색적 연구 분야에서 Cronbach's Alpha 값이 0.6 이상이면 충분하고 기초연구 분야에서는 0.8, 그리고 중요한 결정이 요구되는 응용연구에서는 0.9 이상이어야 한다고 주장하고 있다. 또한 Van de Ven and Ferry(1980)도 조직 단위의 분석 수준에서 ,일반적으로 요구되는 Cronbach's Alpha 값이 0.6 이상이면 측정도구의 신뢰도에는 별 문제가 없는 것으로 일반화되어 있다고 밝혔다.

본 연구에서도 Cronbach's Alpha를 이용하여 신뢰성을 평가하였는데 분석결과는 Alpha 값이 차별성은 0.72, 만족도는 0.76으로 나타나 모두 Alpha 값이 0.7을 상회하고 있어 신뢰도상에는 문제가 없는 것으로 나타났다.

2. 타당성 검증

본 연구에서 조사하고 있는 개념을 정확히 측정하고 있는가를 알아
보기 위해 타당성 검정을 실시하였다. 타당성이란 측정도구가 측정하
고자 하는 측정 차원을 얼마나 정확히 측정하고 있는가의 정도를 말
하는데, 이러한 타당성 분석을 위해 수집된 항목들을 유사한 항목들끼
리 묶어 적은 수의 요인으로 축소시키는 요인분석 분석방법이 있으며
이 분석방법을 실시한 결과가 각 요인과 변수의 상관관계를 나타내는
요인적재량이 0.3 이하이면 요인의 유의성이 낮다고 보며, 0.4를 초과
하면 어느 정도 유의하다고 본다.(정충규, 최이규 2000) 본 연구에서
는 요인분석 시 항목들 간에 상관관계가 많을 것으로 생각되어 Kaiser
정규화가 있는 직접 오블리민 회전을 이용했으며, 요인의 구분 기준은
고유치 1 이상인 경우를 대상으로 이루어졌다. 요인 값에서 0.4 이하
는 표현하지 않도록 선택을 했기 때문에 〈표-4〉에서는 나타나지 않
았다.

〈표-4〉 요인분석표

측정변수	요인1 (만족도)	요인2 (차별성)	공통성
X8	.61		.40
X7	.92		.90
X6	.92		.90
X4		.74	.68
X5		.68	.68
X2		.85	.72
분산율 (총 분산)	40.23%	30.73%	

〈표-4〉에서 요인분석을 위해 먼저 공통성을 알아본 결과 각 항목에 대한 공통성 값들이 모두 0.4 이상으로 나타났다. 추출된 요인은 2개의 요인으로 각각 만족도와 차별 정도로 명명하였다. 원래 차별성을 알아보기 위해 X3을 포함해서 모두 4가지 항목을 넣었으나 요인분석 결과 교차 적재치가 발생함으로 인하여 이 변수는 제외시켰다. 그리고 신뢰도 분석에서도 Alpha 값을 떨어뜨리는 역할을 해서 신뢰도 분석과 기술통계에서도 제외시켰다. 총 분산에 대해 두 개의 요인인 만족도와 차별 정도가 약 71%를 설명하고 있는 것으로 나타났다.

3. 가설 검증

본 연구에서는 가설 1, 2, 3의 가설을 검증하기 위하여 Chi-Square 분석을 실시하였다. 창업 성공과 창업자의 개인적 특성인 성별, 나이, 학력과 상관관계를 알아보기 위하여 종속변수의 변수 값을 0(창업 성공)과 1(창업실패) 두 가지로 구분하고, 이에 대한 독립변수를 성별, 나이, 학력으로 설정하고 Chi-Square 분석을 실시한 결과 〈표-5〉의 내용과 같이 나타났다. 이는 소상공인 창업특성이 대다수 국민들이 쉽게 참여할 수 있는 업종이기 때문에, 창업자의 특정성별, 나이, 학력과 창업 성공 여부와는 관련성이 없는 것으로 나타났다. 따라서 가설 1, 2, 3은 기각되었다.

<표-5> 창업자 개인적 특성과 창업 성공에 대한 Chi-Square 분석

창업자의 개인적 특성	성공 업체	실패 업체	Chi-Square
성별 (남)	12.4%	54.3%	0.528*
(여)	6.7%	26.7%	
나이 (40대 미만)	7.7%	39.0%	0.791*
(40대 이상)	11.5%	41.9%	
학력 (고졸 이하)	6.7%	36.2%	0.354*
(전문대 이상)	12.4%	44.2%	

* p > 0.10   **종속변수: 창업 성공, 창업실패

본 연구에서 가설 4, 5, 6, 7의 가설검증은 소상공인의 창업 성공과 창업 실패라는 이분적인 관점에서 유의한 영향을 미치는가를 알기 위하여 로지스틱 회귀분석방법을 사용하였다. 창업 성공과 소상공인 마케팅 노력이라고 할 수 있는 차별화, 만족도, 실천력에 대한 마케팅 요소의 상관관계에 대한 유의성을 알아보기 위하여 창업 성공인 종속변수의 변수 값을 0(창업 성공)과 1(창업실패) 두 가지로 구분하고, 차별화, 만족도, 실천력의 독립변수에 대하여 로지스틱 회귀분석을 실시하였다. <표-6>에서 나타난 바와 같이 3개의 독립변수가 모두 창업 성공에 유의한 영향을 미치는 것으로 나타나 가설 4, 5, 6은 채택되었다.

<표-6> 마케팅 요인과 창업 성공에 대한 로지스틱 회귀분석

구 분 (독립변수)	계수 (B)	표준오차 (S.E)	Wald 통계량	자유도	W유의확률	Exp(B)	EXP(B)에 대한 95.0%의 신뢰구간 하 한	상 한
상 수	7.67	2.083	13.566	1	0.000	2146.9		
차별화	-1.26	0.629	4.021	1	0.045	0.283	0.08	0.97
만족도	-1.40	0.592	5.625	1	0.018	0.246	0.07	0.78
실천력	-1.83	0.671	7.490	1	0.006	0.159	0.04	0.59

*종속변수: 창업 성공, 창업실패

소상공인의 마케팅 요인에 관한 차별성, 만족도, 실천력에 대한 로지스틱 회귀분석의 결과를 분석하여 보면 다음과 같다. 첫째로 차별성에 관한 항목으로 추출된 소상공인 창업 시 차별화한 마케팅은 본인이 선택한 제품의 차별화, 인테리어 차별화, 서비스 차별화가 소상공인의 창업 성과에 유의한 영향을 미치는 것으로 나타났다. 둘째로 업무 만족도가 창업성과에 유의한 영향을 미치는 것으로 나타났다. 이는 자식들에게 자기의 직업을 대물림하기 싫어할 정도 자신의 사업에 대하여 긍지감과 업무만족도가 떨어지는 현상에 대하여 직무 만족도가 시사하는 바가 크다고 할 수 있다. 셋째로 앞의 기술통계에서 언급되었던 소상공인들이 생각하는 성공요인인 자금조달, 업종 및 아이템, 사전준비 및 점검능력, 개인의 업무능력, 상품 및 서비스 품질에 대한 적극적인 실천력이 창업성과에 유의한 영향을 미치는 것으로 나타났다. 이는 소상공인 업종자체가 경영자가 현장에서 직접적으로 활동을 하여야 하는 업종이기 때문으로 본다.

〈표-7〉에서는 소상공인이 매월 지출하는 마케팅비용을 알아보고 이러한 마케팅 비용지출의 정도에 따라 다섯 개의 그룹으로 구분하여 창업 성공과 상관관계를 알아보기 위해 로지스틱 회귀분석을 실행하였다.

〈표-7〉 마케팅비용 지출과 창업 성공에 대한 로지스틱 회귀분석

구 분 (독립 변수)	계수 (B)	표준 오차 (S.E)	Wald 통계량	자유도	W유의 확률	Exp(B)	EXP(B)에 대한 95.0%의 신뢰구간	
							하 한	상 한
상 수	-5.212	1.890	7.606	1	0.006	0.005		
마케팅 비용	1.378	0.664	4.308	1	0.038	3.966	1.080	14.570

*종속변수: 창업 성공, 창업실패

로지스틱 회귀분석 결과 마케팅비용을 많이 지출하는 그룹일수록, 그렇지 않은 집단에 대하여 창업성과인 창업 성공에 대하여 유의한 영향을 나타냄을 알 수 있다. 따라서 가설 7은 채택되었으며, 이는 대다수의 소상공인들이 마케팅 비용의 지출을 꺼려하고, 매출액 대비 마케팅비용이 선진국 10%, 대기업 5% 정도에 비하여 0.01% 내외의 지출도 꺼려하는 소상공인 경영실태를 바라볼 때 시사하는 바가 크다고 볼 수 있다.

VI. 결론 및 시사점

1. 연구의 요약 및 시사점

본 연구는 국내사업체 수에서 91% 이상을 차지하고 있는 소상공인에 대하여 그들이 느끼고, 또한 실제적인 성공에 있어서 마케팅 노력들이 얼마나 중요한 영향을 미치고 있는지를 알아보기 실시하였다.

이러한 결과는 과학적인 경영과 마케팅에 대하여 관심부족인 소상공인의 인식을 변화시키는 데 많은 도움을 주리라고 본다. 또한 연구의 분석 방법에서도 소규모 기업인 소상공인 창업특성과 창업 성공이라는 종속변수에 대하여 마케팅 요인에 관한 독립변수들의 상관관계를 실증적으로 파악함과 동시에 향후 이를 기초로 한 소상공인 마케팅의 전략적 시사점을 찾아내고자 노력하였다. 또한 분석방법도 소상공인의 이분적인 사고방식으로 창업 성공과 창업실패를 쉽고 명확하게 알 수 있도록 로지스틱 회귀분석을 사용하였다. 그 결과는 다음과 같이 요약할 수 있다.

첫째, 본 연구는 지금까지의 중소기업에 관한 연구에서 소상공인 분야로 더욱 세분화시켰으며, 더 나아가 소상공인의 마케팅 요인에 대한 실증적인 분석을 시도하였다는 데 의의가 있다. 소상공인에 관한 현재까지의 일부의 연구는 탐색적, 기술적인 분석으로 이루어져 왔으나 본 연구에서는 소상공인 창업 성공요인을 마케팅 요인 측면에서 인과적으로 설명할 수 있는 모델을 찾아내고자 시도하였다. 이러한 성과로써 우리나라 240만 소상공인 업체의 창업 성공과 창업실패에 대하여 영향을 미칠 수 있는 마케팅 요인에 대한 실증모델을 검정하였다는 것에 의미가 있다고 볼 수 있다. 따라서 앞으로 이 분야의 연구에 있어서 본 연구에서 제시된 모델이 하나의 기본 모델로 사용하여 여러 가지 개념적·조작적 정의를 다양하고 정교하게 구사하여, 성공에 관련된 독립변수들을 추가로 개발하여 마케팅과 관련된 성공요인을 심도 있게 살펴볼 수 있으리라 본다.

둘째, 소상공인의 성별, 나이, 학력에 관한 창업자의 개인적인 특성은 창업 성공에 유의한 영향이 없었으나, 소상공인의 마케팅 노력으로 볼 수 있는 타 점포와 제품 차별화, 인테리어 차별화, 서비스 차별화에 대한 차별성과 직업 및 직무 그리고 자식에게 점포를 대물림하고자 하는 자부감 등 업무에 대한 만족도, 마지막으로는 마케팅비용 지출 등에 대한 마케팅노력의 차이는 창업 성공에 유의한 영향을 미치는 것으로 나타났다. 이것은 소상공인 창업에서는 창업자의 경영적 특성과 서비스 정신 및 직업관이 창업 성공에 긍정적인 영향을 미치는 요인으로 볼 수 있다는 것이다. 그러나 현실적으로는 소상공인 의식실태를 조사한 정광원(1995)의 연구를 보면, 동서양을 막론하고 소상공인의 직업관 및 만족도는 낮은 것으로 나타나고 있다. 이러한 실상을 기초로 하여 창업을 준비하는 창업희망자와 이를 지원하는 정부 및 유관기관에서는 창업자에 대하여 자금지원 못지않게 창업 성공을 위한 마케팅 전략과 경영지도 방향을 제시하여야 하며, 또한 소상공인 자신들도 차별화와 만족도 등과 같은 마케팅 활동에 충실할 수 있도록 스스로 노력하여야 함을 밝혀 주고 있다.

셋째, 성공요인에 대한 적극적인 실천력은 창업의 성공에 양의 영향을 미치는 것으로 나타났으며, 이러한 성취력의 차이는 창업동기의 차이로 볼 수 있다. 자발적인 창업의 경우가 비자발적인 원인인 실직 등 갑작스러운 변화로 인한 창업보다 창업 성공률이 높았으며, 또한 마케팅비용의 지출 정도가 창업 성공에 유의한 영향을 미치는 것으로 나타났다. 이는 소상공인 업종은 마케팅비용의 지출을 꺼려하고, 비록 마케팅비용을 사용한다 하더라도 선진국 10%와 국내 대기업의 5%에도 못 미치는 0.01%에 불과한 소상공인의 의식을 고려한다면 의미 있는 조사결과라고 볼 수 있다. 경쟁이 심각할수록 사업체는 나름대로 어려운 상황에서 이겨낼 수 있는 대책과 복안을 가져야 하는데, 중소기업청(2001)에서 조사한 소상공인의 경영애로사항을 살펴보면 애로사항의 1순위는 경기침체로 판매 감소가 53%, 2순위가 동 업종 내 경쟁치열 항목이 26%로 나타나 소상공인 경영애로의 주원인이 마케팅과 이에 대한 실천력의 부족임을 나타내고 있으나, 이와는 대조적으로 소상공인 사업체 중에서 마케팅전략을 보유하고 있는 기업체는 26%에 불과하며 이를 해결하기 위한 방편으로 중소기업청에서 마케팅 교육을 무료로 실시할 경우에 반드시 참석하겠다는 반응을 보인 응답자는 8%에 불과한 실태를 보면, 소상공인 마케팅교육은 시급히 해결되어야 할 문제점으로 보인다.

이상과 같이 본 연구가 주는 중요한 의의를 요약해 보면, 일반적으로 소상공인의 직업에 대한 만족도가 상당히 낮음과 동시에, 이것이

직업의 귀천을 넘어서 종국에는 창업자에게는 창업 성공과 창업 실패를 구분하는 분기점이 됨을 알 수 있다. 그러므로 소상공인 성공 창업과 경영지원을 위해서는 창업자 스스로가 생계해결을 넘어서서, 직업에 대한 긍지와 만족감을 갖도록 다양한 직업 정신과 장인 정신과 소상공인에게 적합한 마케팅 전략과 실천력 등을 지도하는 각종 지원 프로그램을 개발하는 것이 바람직하다고 본다.

2. 연구의 한계점 및 향후과제

본 연구의 한계점은 다음과 같다.

첫째, 소상공인 범위를 부산시내에 있는 소상공인으로 한정하여 연구가 이루어졌다. 부산시내에 있는 소상공인 105업체만을 대상으로 연구가 이루어졌으므로 그 표본의 대상과 수적인 면에서도 한계가 있다. 따라서 만일 향후 보다 심도 있는 연구가 이루어진다면 표본의 수와 범위를 좀더 확대해서 연구가 이루어져야 할 것으로 본다.

둘째, 소상공인의 마케팅 요인을 찾아냄에 있어서 성공요인에 대한 관찰대상과 독립변수들의 대상범위가 협소하였다. 성공요인 자체가 많은 변수를 가지고 있음에 불구하고 소상공인의 마케팅의 요인을 전략 차원, 입지 차원, 유통 차원, 종업원 관리, 거래선 관리 등 폭넓게 연구하지 못하였다. 그러므로 다음 연구에서는 소상공인의 마케팅 성공요인의 관찰범위를 넓게 하고, 마케팅 전략과 실행 차원에서도 폭넓은 연구가 행해져야 할 것이다.

결론적으로 볼 때 이 연구의 결과를 부산이 아닌 전국적인 소상공인사업체를 대상으로 확대하여 결과를 일반화시킬 필요가 있다. 후속 연구에서는 이 점을 고려하여 소상공인 사업체 조사범위를 전국적으로 확대시켜서 이러한 한계점을 보완해야 할 것으로 생각된다. 또한 본 연구에서는 표본의 수와 관찰변수가 많지 않은 관계로 여러 가지 효과에 대해서는 많은 검정을 해보지 못했다. 그러나 적당한 수의 표본과 다양한 관찰변수를 모집해서 상호작용 효과와 도·소매, 제조업, 서비스업과 같은 업종별로 구분하여 비교하여 보면, 일반적인 상호작용 효과로도 흥미로운 전략적 시사점을 제시하는 경우가 많으므로, 앞으로 소상공인 사업체를 성공적으로 운영하는 데 여러 가지로 도움을 줄 수 있는 많은 시사점이 나올 것으로 기대된다.

◑ 참고 문헌

박춘엽(2000), "소상공인 지원센터 이용자의 만족도 연구", 중소기업연구, 22(1), 164-194.

일본 중소기업총합연구기구(2001), 중소기업 시책총람, 평성 13년 판.

중소기업청(2001), 소상공인 창업 및 경영개선자금 이용자 실태분석, 2001.

정수원(2001), 우리나라 소상공인 생산성 중요도에 대한 제고, 한국생산성학회 발표논문집, 89.

정광원(1995), 소매상인의 의식구조에 관한 연구, 숙명여자대학교 경영학연구 논문집, 3, 11-16.

정충규, 최이규(2000), SPSS WIN을 이용한 통계분석, 무역경영사, 174-175.

Birley, S., and D. Norburn.(1987), Owner and Manager vs The 500, *Journal of Business Venturing*, 2, 351-363.

Buttner, E. H., and B. Rosen.(1989), "Funding New Business Ventures: Are Decision Makers Biased Against Women?" *Journal of*

Business Venturing, 4, 249-261.

Begley, T. M. and D. P. Boyd.(1987), "Psychological Characteristics Associated with Performance in Entrepreneurial Firms and Smaller Businesses", *Journal of Business Venturing*, 2, 79-93.

Corman, Joel., and R. N. Lussier.(1996), *Small Business Management*, IRWIN, 6-7.

Corman, Joel., and R. N. Lussier.(1996), *Small Business Management*, IRWIN, 6-7.

Cooper, A. C.(1985), The Role of Incubator Organizations in the Founding of Growth-Oriented Firms, *Journal of Business Venturing*,1(1), 75-86.

Cooper, A. C., and F. J. Gascon.(1995), "Entrepreneurs, Processes of Founding, and New-Firm Performance", In D. L. Sexton and J. D. Kasarda(Eds.), *The State of the Art of Entrepreurship*, Boston: PWS Kent Publishing, 301-340.

Coviello, N. E., R. J. Brodie, and H. J. Munro.(2000), An Investigation of Marketing Practice By Firm Size, *Journal of Business Venturing*, 15, 523-545.

Covin, J. G., and D. P. Slevin.(1990), New Venture Strategic Posture Structure, and Performance: An Industry Life Cycle Analysis, *Journal of business Venturing*, 5(2), 123-135.

Dickson, John, and Gerald. Albaum.(1977), "A Method for Developing Tailor-made Semantic Differentials for Specific Marketing Content Areas", *Journal of Marketing Research*, 14, 87-91.

Ironson, G. H., P. C. Smith, M. T. Brannick, W. M. Gibson, and K. B. Paul.(1989), Construction of a Job in General Scale: A Comparison of Global, Composite, and Specific Measures, *Journal of Applied Psychology*, 74(2), 193-200.

Komives, J.(1972), A Preliminary Study of the Personal Values of

High Technology Entrepreneurs, In A. C. Cooper and J. Komives(Eds.), *Technical Entrepreneurship: A Symposium. Milwaukee:* Center for Venture Management.

Lussier, R. N.(1995), "A Nonfinancial Business Success versus Failure Prediction Model", *Journal of Small Business Management,* 33, 8 -20.

Macmillan, Ian. C., and David. M. Kulow,(1989), Venture Capitalists' Involvement in Their Investments: Extent and Performance, *Journal of Business Venturing,* 4(1), 27-47.

Manolis, Chris., William. W. Keep, Mary. L. Joyce, and David .R. Lambert.(1994), Testing the Underlying Structure of a Store Image Scale, *Educational and Psychological Measurement,* 54, 628-645.

Muncy, James. A., and Shelby. D. Hunt.(1983), Consumer Involvement: Difinitional and Research Directions, *in Advances in Consumer Research,* 11.

Nunnally, J. C.(1978), *Psycometric Theory,* Second Edition, New York, Mcgrawhill Book Company.

Pearce, J. A., II, and Michael, S. C.(1997), "Marketing Strategies That Make Entrepreneurial Firms Recession-Resistant", *Journal of Business Venturing,* 12, 301-314.

Sandberg, W. R., and C. W. Hofer.(1987), "Improving New Venture Performance The Role of Strategy, Industry Structure, and The Entrepreneur", *Journal of Business Venturing,* 2(1), 5-28.

Sexton, D. L., and N. Bowman.(1985), "The Entrepreneur: A Capable Executive and More", *Journal of Business Venturing,* 1(1), 129 -140.

Sexton, D. L., and N. Bowman.(1990), Female and male Entrepreneurs: Psychological Characteristics and Their Role in

Gender Related Discrimination, *Journal of Business Venturing*, 5(1), 29-36.

Smith, N. R., and J. B. Miner.(1984), Motivational Considerations in the Success of Technologically Innovative Entrepreneurs, In J. A. Steers, R. M., and D. N. Braunstein.(1976), A Behaviorally Based Measure of Manifest Needs in Work Settings, *Journal of Vocational Behavior*, 9, 251-266.

Stuart. R.,and P. A. Abetti.(1987), Start-up Venture: Towards The Prediction of Initial Success, *Journal of Business Venturing*, 2, 215-230.

Van De Ven, A. H., and D. L. Ferry.(1980), Measuring and Assessing Organization, New York.

Wood, Van. R., Lawerenc. B. Chonko, and Shelby. D. Hunt.(1986), "Social Responsibility and Personal Success: Are They Incompatiable?" *Journal of Business Research*, 14, 193-212.

창업 성공 결정요인과 성과향상을 위한 탐색적 연구: 소상공인을 중심으로

I. 서 론

소상공인이란 중소기업 중에서도 상대적으로 규모가 작은 소상공업을 영위하는 자들을 말한다. 이들이 영위하는 소상공업은 경제적, 사회적으로 그 중요성이 매우 크다. 그 중요성에 대하여 열거해 보면 먼저 소상공업은 창업과 관련하여 고용을 창출하고, 두 번째로 기술혁신에 있어 간과할 수 없는 역할을 하는 것으로 되어 있다. 예를 들면, 새로이 태어나는 기술집약적, 정보집약적 기업들의 매우 높은 비율이 소상공업의 형태라는 점을 들 수 있다. 마지막으로 소상공업은 많은 사람들에게 직접적으로 생계의 수단이 되기 때문이다.

이와 같이 소상공인의 중요성에도 불구하고 우리나라에서 소상공업에 대한 인식과 지원은 대기업에 비하여 매우 미흡하였고, 또한 중요하다는 인식조차 하지 못하였다. 그러나 소상공인에 대한 인식과 지원의 부족은 다른 국가인 미국, 일본, 대만, 영국에 비교하면 매우 큰 차이를 두고 있다. 이들 국가에서는 오래전부터 중소기업 중에서도 소규모 기업에 해당하는 소상공인에 대하여 경제적 사회적 중요성을 인식하고, 이들의 발전을 위하여 적극적인 지원 정책을 실행하였다.

다행히 우리나라에서도 1999년 2월 이후 중소기업청 산하에 소상공인 지원센터가 50개소가 설치되어 소상공인들에 대한 자금지원은 물론 창업을 하고자 하는 사람들에게 경영지도 및 많은 도움을 주고 있다. 하지만 경제 본질적인 부문에서 현재의 소상공업의 운영 및 경영실태 개선지원에는 아직도 미약한 부문이 많으므로 향후 우리나라의 소상공인의 발전을 위하여 본 연구에서는 창업과정의 소상공인의 현실에 관하여 고찰하고 이들이 현재 겪고 있는 애로점과 창업성과인 창업 성공률을 향상시키기 위한 어떠한 방향과 중요한 요인이 있는지를 분석한 후에 이 결과에 따른 소상공인의 창업성과를 향상하기 위한 방법들을 제시코자 한다.

Ⅱ. 소상공인에 대한 이론적 고찰

1. 우리나라의 소상공인의 정의

소상공인은 상공회의소법에서는 상공인으로 표현하고 있을 뿐, 소상공인 용어는 없으며, 경제학, 경영학, 법학에서도 사업자를 대기업, 중기업, 소기업으로 불리며 상공인으로는 표현하지 않는다. 일반적으로 보면 소기업이라는 용어는 제조업을 중심으로 인식되고 있는 실정이다. 최근 우리나라에서 사용하기 시작한 소상공인은 주로 도·소매업, 제조업, 음식숙박업, 서비스업 등과 같은 생계형 경영을 하는 소규모 자영업자에 가깝다. 따라서 우리나라의 소상공인에 대한 정의는 제조업의 경우 상시 고용하는 종업원이 10인 이하의 경우와 도·소매업과 서비스업인 경우는 5인 이하로 정의하고 있다. 인근국가인 일본의 경우를 보면 상공회 법에 의거 제조업은 20인 이하, 상업 및 서비스업은 5인 이하로 되어 있다.

<h3>〈표-1〉소상공인 사업체 및 종업원 수 현황</h3>

(단위: 만 명/개)

구 분	1998년도			2000년도		
	전사업체	소상공인 업체	비율(%)	전사업체	소상공인 업체	비율(%)
사업체 수	262	240	91.6	301	259	86
종업원 수	1,017	444	43.6	1,360	620	45.5

자료: 통계청(2001), 2000년 기준 사업체 기초 통계조사보고서, pp.254-330.

소상공인의 사업체 수와 종업원 수는 〈표-1〉과 같으며, 종업원 수는 소상공인이라는 개념이 생긴 1998년을 기준으로 더욱 확대되는 추세이다.

업종별로 구성현황을 보면 〈표-2〉와 같이 음식업종이 1순위 비율을 차지하며, 대부분의 소상공업의 창업희망자의 창업우선 순위도 역시 외식산업을 필두로 하여 도·소매업의 유통산업과 서비스업종으로 희망하는 형태를 보이고 있다.

〈표-2〉 산업 소분류별 업체 수로 본 10대 소상공업 업종

업 종	소상공인 업체 수
음식점업	520,702
비식용 소매업	412,298
음식료품 및 담배소매업	271,778
기타 육상운송업	180,125
기타 서비스업	153,969
달리 분류되지 않은 교육기관	71,875
기타 회원단체	55,229
운동, 경기 및 기타 오락관련 산업	44,226
부동산 관련 서비스업	42,390
영화, 방송 및 기타 공연 관련사업	42,066

자료: 박춘엽(1999), 2000년 이후의 소상공인지원센터의 발전방안, 중소기업청.

2. 소상공업 창업특성 및 소상공인 의식구조

우리나라 소상공인의 40% 비율을 차지하는 소매업자들의 창업환경을 살펴봄으로써 소상공인들의 창업관 및 경영특성을 한계 짓는 의식구조에 대하여 밀도 있는 접근을 할 수 있게 되는데, 대기업과 달리 시작부터 규모의 영세성 및 정보 취득의 애로로 인하여 경영자 자질 측면과 경영능력에서 많은 부족함을 보이게 되는 원인으로써, 첫째 1인 다 역의 문제점, 둘째 인력확보의 어려움, 셋째 자본 확보의 어려움, 넷째 연구 개발력의 미흡, 다섯째 가격 경쟁력 확보의 어려움, 여섯째 각종 규제의 강화, 일곱째 특허 보호의 어려움, 여덟째 기술수준의 낙후, 아홉째 제품판매의 부진, 열 번째 원자재 확보의 어려움 등과 같은 소상공인의 창업특성과 애로사항3)을 알 수 있게 된다. 이러

---

3) 박상범(1998), 중소기업론, 삼영사, pp.40-42.

한 창업 특성 및 경영 전반에 발생하는 환경적인 제한요소로 말미암아 소상공인의 경영의 한계와 문제점이 발생하게 되는데, 이를 해결하기 위한 방법으로써 경영의 인식적인 측면에서 살펴보면 소상공인 경영의 애로상황이 자본재 축적과정에서의 대기업 및 대자본 경영의 우위성에 대하여 상대적인 불리함으로 말미암아 소상공인의 경영난, 경영 도태, 불안정성 등으로 나타나게 되는 것이다. 따라서 소상공인의 경영문제에 대한 인식은 경제성을 바탕으로 보아야 하며,4) 이는 첫째, 규모의 경제성에 대한 인식으로써 경영의 대규모화의 이익이 어디에서 나오는가를 찾아보는 이론이며 여기에는 규모의 경제성의 한계를 해명하는 적정 규모론도 포함된다. 둘째는 소자본 경영의 질적 규정에 관한 인식으로 이 역시 소상공인 경영의 불이익을 해명하기 위한 것이지만 그 불이익의 원인을 소상공인 경영 내부의 성격에서 구하는 이론으로 소상공인 경영의 경영적 특성 또는 내부 자질에 관한 이론이 그것이다. 셋째는 소자본 경영의 존립조건에 대한 인식으로서 소상공인 경영의 불이익을 전제로 하고 있으면서 그러한 소상공인 경영이 존립할 수 있는 현실적 조건이 무엇인지를 해명하는 이론이다. 넷째는 소자본 경영에 대한 정치론적 인식으로 소상공인 경영의 규모 및 종업원 수가 국가 경쟁력 및 산업구조의 비율에서 결코 무시할 수 없는 분야이며 또한 존립기반이 타 분야보다 상대적으로 부족하므로 이를 정치적으로 고려해야 한다는 이론이다

가. 소상공인들의 의식구조 실태

현재 소상공인들에 대한 선행연구 자료가 부족한 가운데 본 연구에

2) 박동섭(1986), 중소기업론, 박영사, p.3.

서는 소상공인의 단일 업종으로 40%를 차지하는 소매상인의 의식구조에 대한 기존 연구를 바탕으로 성공하는 소상공인들의 직업관과 경영관에 대한 상관관계를 비교하여 살펴보았다. 실제적으로 소매업에 종사하는 많은 사람들은 동서양을 막론하고 자부심을 갖지 못하고, 자기 사업에 대한 경영의식이 낮은 것은 사실상 사농공상이라는 말에서 나타나듯이, 상업은 사회적 서열상의 최하위의 직업으로 평가되어 왔었고, 이러한 사상은 아직도 소매업에 종사하는 소상공인들에게 잔존하고 있기 때문이다.5)

이러한 부정적이고 소극적인 의미로 직업관 및 경영관이 자리잡게 된 것을 살펴보면, 인류의 역사와 더불어 긴 역사를 가지고 있는 상업이 일부 상인들의 직업의식의 저위성으로 말미암아 과거에는 소위 상략, 기만 때로는 강압에 의해, 싸게 사서 비싸게 파는 기술로 오인되어 왔다. 상인은 사람을 보고 사람에 따라 값을 흥정하고 점포에 발을 들여놓으면 무엇이든 사지 않을 수 없도록 심리적으로 강매하고, 일단 거래가 끝나면 상품이 불량품이더라도 교환이나 환품 요구에 응하지 않는 형식으로 행동을 하여 왔었다.6)

즉 상인들은 경영의 기반을 소비자에게 주어야만 하는데도 불구하고, 소비자를 위해 양질의 상품을 구매하기 이전에 먼저 이익의 폭을 고려하여 구매중심으로만 경영하였던 결과인 것이다. 이러한 상황에서 소상공인들의 가치관 역시 제한적이고 좁은 의식 양상을 보일 수밖에 없다. 소상공인 사업체에서 현실적인 의사 결정자로서의 역할을 수행하는 경영자는 그들도 한 사람의 인간인 이상 그들이 가진 가치관에 따라 그들

---

5) 정광원(1995), 소매상인의 의식구조에 관한 연구, 숙명여자대학교 경영학
    연구논문집 제3호, p.11.
6) 西村哲(1982), 消費者特性と 商業發展: Americaと 日本 流通政策, No.9, 1.

이 선택하는 행동이 영향을 받지 않을 수 없다. 왜냐하면 인간이란 반드시 어떠한 가치관을 갖고 있으며 그 특정의 가치관으로부터 영향을 받게 되기 때문이다.[7] 이러한 의식의 연관관계로 볼 때 일반적인 소상공인의 직업관 및 경영관은 성공한 사업체 경영주 일부를 제외하고는 상당히 제한적이며 만족도 및 직업에 대한 자긍심도 낮을 수밖에 없었다.

이와 같은 관점으로 볼 때 우리 나라의 소상공인들이 갖고 있는 가치관[8]을 살펴보면 첫째 다른 방법이 없어 할 수 없이 생계수단으로 소매업을 직업으로 택한 경우가 많다. 둘째, 자기 직업에 대하여 만족을 느끼거나 보람과 긍지를 갖기가 어렵다. 셋째, 자기가 현재 하고 있는 소상공업을 자기 자식에게 물려주겠다는 경우가 거의 없다. 이처럼 자신이 경영하는 사업체에 대한 자긍심과 보람을 갖기가 어려울수록, 자기 직업의 경영에 있어 소극적인 경영자세를 취하게 되고 직업관 역시 낮을 수밖에 없는 것이다. 이러한 관점에서 현재의 우리나라의 중소기업인의 의식구조를 살펴보면, 그들의 직업관과 업무 만족도에 따라서 그 경영 결과는 상반적일 수밖에 없다. 즉 어려운 상황에서 소규모 경영의 단점을 극복하고 장점을 최대한 잘 활용하면 의욕적인 개척가적인 훌륭한 경영인이 되지만, 이와 반대의 경우는 실패자의 단점을 극명하게 나타내게 된다.

나. 창업 기업의 성공률

창업한 기업의 시간 경과에 따른 성공률에 대한 이해는 창업 기업

---

7) Feldman, L. P., Societal Adaptation(1971): A New Challenge for Marketing, *Journal of Marketing*, Vol.35, p.56.
8) 정광원, 전게논문, p.12.

의 실패의 위험도를 나타내는 지표로서 중요하다. 대부분의 경우에 창업하는 과정에서 숙고에 숙고를 거치게 되므로, 실패에 대한 위험은 매우 낮을 것으로 예상될 수 있지만, 창업 기업의 성공에 대한 연구결과를 보면 창업 기업의 성공률은 높지 않은 것으로 나타나고 있다. 현재 소상공인 창업의 창업 성공률은 20% 내외로 추정하고 있으며 음식업 같은 경우도 50% 정도의 성공률을 추정하고 있는 실정이다. 그러나 음식업의 경우도 5년 뒤 폐업률을 보면 80%로 나타남으로 소상공인 사업의 경영 지속이 쉽지는 않음을 알 수 있다. 이처럼 창업 기업의 시간에 따른 성공률에 대한 연구는 중요한 의미를 가지지만 실제에 있어서 연구방법이 간단하지 않다. 대상 기업의 규모 및 업종 등에 따라서 그 결과가 크게 다를 수도 있기 때문이다. 우리나라에서는 중소기업의 실패율에 대한 연구는 주로 중소 제조기업을 중심으로 이루어져 왔으며 미국에서 수행된 한 연구결과를 중심으로 중소기업의 실패율에 대하여 살펴보면 〈표-3〉의 내용과 같이 창업 기업의 27.6%가 창업 후 1년 이내에 문을 닫는 것으로 나타나고 있다. 창업 후 2년째 도산하는 기업은 13.8%이고, 3년째에 도산하는 기업도 11.2%이다. 결국 3년 이내에 창업 기업의 53.6%가 도산하게 됨을 알 수 있다. 그렇다면, 대체적으로 창업 기업이 3년 이상 존립할 수 있을 확률은 50%가 안 된다는 것을 의미한다.[9]

투입된 물적, 인적 자원의 규모와 창업 기업의 실패가 창업자에게 미치는 영향을 생각할 때 이와 같은 기업의 실패 위험도는 매우 심각한 것으로 인식되어야 한다고 본다. 달리 말하면 선의의 목적을 가지고 상당한 물적 인적 자원을 투입한 도전의 3년 이후의 성공률이 50% 미만이라면 해당 개인과 사회에 부담이 되는 성공률이라고 생각된다.

---

9) 박춘엽, 박영배(1998), 중소기업 경영론, 학문사, pp.32-33.

〈표-3〉 창업 기업의 나이에 따른 생존율

창업기업의 나이(년)	실패율(%)	실패율 누적치(%)	생존율(%)
1년 미만	27.6	27.6	72.4
1~2	13.8	41.1	58.6
2~3	11.2	52.6	47.4
3~4	10.1	62.7	37.3
4~5	6.4	69.1	30.9
5~10	9.3	78.4	21.6
10~20	8.7	87.1	12.9
20년 이상	12.9	100.0	0.0

이와 같이 창업 기업의 생존율이 3년 이후에 50% 미만이라는 것은 상당한 준비와 치밀하고 확고한 사업 추진능력을 요구하고 있다고 보아야 할 것이다. 또한 〈표-4〉와 같이 종업원 수에 따른 생존율을 보게 되면 소상공인 범주에 속하는 9명 이하의 사업체가 77.8%로 가장 떨어지는 것으로 상대적으로 경영이 어려움을 나타내주고 있다.

〈표-4〉 기업규모별 1년간 생존율

구 분	종업원 수(규모)	생존율(%)
내 용	0 ~ 9명	77.8
	10 ~ 19명	85.5
	20 ~ 30명	93.3
	100 ~ 240명	95.3
	250명 이상	100

자료: Corman, Joel and R. N., Lussier(1996), *Small Bussiness Management*, IRWIN, pp.6-7.

이렇듯 기업의 도산 원인에 대한 연구를 하여 보면 연구의 설계, 수행방법, 조사 대상, 분석결과 등에 따라서 연구결과에 많은 차이가 있지만, 중소기업 부도의 첫 번째 원인으로 판매부진을 꼽고 있으며, 두 번째 원인으로는 매출채권 회수의 부진을 지적하고 있다. 세 번째 는 관련기업 부도 및 투자실패이며 네 번째 도산 원인으로 설비불량, 다섯 번째로 자금 수급계획 차질이라고 하였는데 이는 자금부족 및 과다한 차입금 문제로 보아도 무방할 것이다.

3. 소상공인 창업 성공 결정요인과 평가기준

가. 창업 성공 결정요인의 분류

창업기업의 활성화와 성공률 제고를 위한 성패요인에 관한 연구는 각 연구자의 시각에 따라 여러 가지 요인으로 분석하기 때문에 체계 적이고 일반화된 요인을 찾기는 어렵다. 그중에서도 T. L Saaty[10]의 계층 분석과정(AHP: Analytic Hierarchy Process)은 의사결정자의 오랜 경험과 판단을 바탕으로 하고 있기 때문에 수치적으로 표현하기 곤란한 정성적인 평가항목을 비교적 쉽게 처리할 수 있도록 한 방법 인데, 이 분석 절차는 첫째는 의사결정과제를 관련 요소를 분해하는 단계, 둘째는 요소들을 이원비교(pairwise comparision)하는 단계와 셋 째는 특성치(eigenvalue)에 의한 요소들의 중요도를 구하는 단계이며, 마지막 단계는 산출된 가중치를 종합하여 각 대안들에 대한 복합가중 치를 구하는 단계로서 이 기법을 통하여 창업에서 고려되는 중요한

---

10) Saaty, T. I. and Vargas, I.G.(1982), *The Logic of Priorities*, Kluwer -Nijhoff Publishing.

요소들을 찾을 수 있는데, 이상석(1998)은 이러한 AHP기법을 통하여
중소기업의 창업 성공에 미친 결정 요인들을 창업투자회사에 근무한
사원들을 대상으로 설문조사를 하여 1단계로 시장성, 기술성, 경제성,
정부정책제도, 그리고 경영능력에 관련된 요인으로 분류하였으며, 2단
계 세부요인으로 아래의 〈표-5〉과 같이 창업 성공에 어떤 요소들이
중요하게 영향을 미치는가에 대하여 밝혀냈다. 이 결과를 기준으로 창
업 성공률을 향상시키기 위하여 어떤 분야에 관심과 노력을 가져야
하는지에 대한 간접적이나마 창업활성화 연구의 기초를 만들었다.

〈표-5〉 AHT기법을 통한 창업 성공 결정 요인

구분(1단계)	내 용(2단계)	비고(우선순위)
시장성	① 시장 성장성 ② 예상 시장 성장성 ③ 유통경로 ④ 가격 경쟁력	1순위
기술성	① 국산화 정도 ② 기술인력 확보 ③ 기술집약도 ④ 생산기술능력	2순위
경제성	① 공장(건물)부지 ② 기계(장치)설비 ③ 운전자금 ④ 수익성	3순위
정부정책(제도)	① 정부지원품목 ② 정책자금지원 ③ 환경규제문제 ④ 세제지원	4순위
경영능력	① 자금조달능력 ② 판매, 서비스능력 ③ 조직, 인력관리능력 ④ 동종 및 관련 산업 관리능력	5순위

나. SAVE 평가방법

직접적인 기업체의 창업의 성과에 대한 평가방법 및 기준은 현재까지 연구가 미흡한 상태이며, 이를 개선하기 위한 이론적 고찰 차원에서 Park와 Maillie[11]가 실증적 차원에서 벤처사업에 대한 전반적인 평가방법으로 SAVE를 제시하였는데 이를 참고하여 보면 SAVE(Strategic Analysis for Venture Evaluation)는 벤처기업에 대한 전략적 평가요소(major aspects)로서 제품(상품, 서비스, 행위), 기업가, 환경, 벤처기업의 4가지를 들고, 이를 다시 13가지의 평가 요소군(major factor groups), 그리고 다시 69가지의 개별 평가요인으로 분석하고 있는데 평가요소는 다음의 〈표-6〉과 같다.

〈표-6〉 SAVE 평가요소

구 분		평가 내용
제품항목 14개 요소	성 능	① 기능적 효과성 ② 기능적 작동의 신뢰성 ③ 제품의 단순성 ④ 제품의 설치, 사용, 저장, 수리의 편의성
	판매성	① 외형적, 기능적 외양 ② 제품의 독특성 ③ 구입, 설치, 운영, 수리비용 등의 경제성 ④ 제품출하의 적시성 ⑤ 고객 및 수요자에 대한 제품의 이해 용이성 ⑥ 유통과정의 거래용이성(tradability) ⑦ 소비자 및 고객의 구입 용이성(buyability)
	방어성	① 저작권, 상표, 영업권, 특허 등에 의한 법적 보호성

---

11) W.R.Park, J. B. Maillie(1982), *Strategic Analysis for Venture Evalutation: The SAVE Approach to Business Decisions*, Van Nostrand Reinhold Company.

구 분		평가 내용
회사능력 20개 요소	마케팅	① 시장 및 영업활동에 대한 경험 ② 경쟁사보다 나은 유통, 배달 기간 등의 지원서비스 ③ 기술적 서비스능력 ④ 시장 포괄범위 ⑤ 거래선 및 수요자의 유지 보호성(enhancement) ⑥ 판매량 규모 ⑦ 시장 점거율 ⑧ 영업 관리의 우수성
	기술능력	① 회계능력 ② 엔지니어링 능력 ③ 원자재, 부품취급 및 처리능력 ④ 가공방법, 공정 기술 등에 대한 기법의 우수성
	생산능력	① 생산직 종업원의 수준 ② 공장설비의 효율성, 자동화, 신축성 등 ③ 원료공급원의 구매 관리 능력 ④ 소수인원에 의한 생산기술 의존도 ⑤ 생산시설 용량의 적정성
벤처 기업가의 능력	시장수요	① 최대의 마케팅 노력으로 확보할 수 있는 수요규모 ② 수요의 안전성 ③ 해당제품의 미래수요 규모 및 지속성에 대한 전망
	경쟁도	① 경쟁 회사 규모 ② 경쟁 회사의 전문화 정도 및 능력 ③ 경쟁 회사의 방어 견고성 ④ 회사 제품의 가격추이와 구조 ⑤ 신규 진입에 대한 경쟁사들의 반응 민감도
	공급자	① 원자재 및 부품공급의 원활성과 품질 ② 생산 설비의 확보 가능성 ③ 정보, 수송, 인쇄, 설비, 수리 등의 서비스 가용도 ④ 해당 산업에서의 필요 서비스 및 공급자재의 불가 　피한 부족성 ⑤ 의존가능성

구 분		평가 내용
벤처 기업가의 능력	정부정책	① 정부규제의 내용 및 정도 ② 세금의 종류와 규모 ③ 해당 모험사업에 관련된 정부 프로그램 종류와 내용 ④ 해당사업에 관련된 정치현황
추진사업 16개 요소	지원도	① 최고 경영층의 해당사업에 대한 관심과 지원 ② 중간 관리층의 관심과 지원도 ③ 회사의 핵심요원, 대리점 등의 관심과 지원 ④ 고객의 관심과 인식
	투 자	① 회사 순자산 규모와 비교한 투자규모 ② 총 투자 규모에 대한 기존 투자규모 ③ 정상 판매규모까지의 소요시간 ④ 해당사업의 투자위험성 ⑤ 추정 투자이익률 ⑥ 해당 사업의 실패 시 회수될 수 있는 투자액수 또 는 잔존액 규모
	전 략	① 해당 벤처 사업의 기존회사 정책, 전략과의 일치 정도 ② 해당 벤처 사업 추진의 적합성 ③ 해당 벤처 사업의 회사경영에 대한 기여가능성 ④ 해당 벤처 사업의 추진으로 인한 다른 사업에 대한 영향 및 기회 손실 가능성 ⑤ 해당 벤처 사업의 필요성 ⑥ 직관적 판단에서의 성공가능성

Ⅲ. 소상공인 창업 성공 결정요인과 성과향상을 위한 탐색

1. 소상공인의 창업 시 애로 및 지원 희망사항

소상공인 이용자 만족도 연구[12)]에 의하면, 〈표-7〉과 같이 소상공인들이 창업 시 받고 싶은 서비스의 종류를 조사하는 질문에서는 소점포의 창업지원(창업아이템, 사업계획서작성)으로 전체의 49.0%를 차지하고 있고, 부동산정보에 해당하는 입지선정과 상권분석은 40.7%, 자금조달은 20.7%를 차지하였다. 또한 내용 중에는 판로개척 및 마케팅, 점포의 재구성 재배치에 대한 관심들도 소상공업의 경영개선을 위한 생산성 향상의 내용들이라고 볼 수 있다.

〈표-7〉 소상공업 경영자들의 창업 시 지원 희망내용 분석

항 목	응답자(명)	비율(%)
소점포 창업지원	71	49.0
입지선정과 상권분석	59	40.7
자금조달	30	20.7
구인 및 종업원관리	7	4.8
벤처기업상담	6	4.1
회계 및 실무	5	3.4
사업관련 법률과 규제	8	5.5
판로개척 및 마케팅	37	25.5
점포 재구성 및 재배치	17	11.7
생산관리	2	1.4
수출입	4	2.8

자료) 박춘엽(2000), 소상공인지원센터 이용자 만족도 연구, 중소기업연구.
주) 복수응답

또한 중소기업청(2001)에서 427개 업체를 대상으로 실시한 소상공인 실태조사를 살펴보면 사업 운영 중에 가장 큰 애로사항으로 〈표-8〉과 같이 경기침체로 인한 판매 감소의 애로점을 52.7%로 응답하고 있다.

---

12) 박춘엽(2000), 소상공인지원센터 이용자 만족도 연구, 중소기업연구.

〈표-8〉 소상공인의 사업 중 애로사항 조사표

항 목	업체수	비율(%)
동 업종 내 경쟁치열	111	26.0
경기침체로 판매 감소	225	52.7
사업 확장에 따른 자금부족	55	12.9
경험과 노하우 부족	15	3.5
기 타	21	4.9
계	427	100

자료: 중소기업청(2001), 소상공인 창업 및 경영개선자금 이용자 실태분석,
pp.19-33.

일반적으로 사업 및 경영의 가장 큰 애로사항이 판매 감소임을 볼
때, 또한 이러한 근본적인 원인이 〈표-9〉의 내용과 같이 마케팅 전략
의 부재현상으로 발단되는 사업체의 매출부진으로 본다면 소상공인의
창업 성공 결정요인을 향상시키기 위한 방향은 최초 창업단계에서부터
아이템선정 및 인테리어 그리고 서비스의 차별화와 소상공인의 직업관
을 기초로 하여 업무 만족도 및 자신의 일에 대한 소명 의식 등이 창
업 성공 결정요인에 더 많은 영향을 미친다고 볼 수 있을 것이다.

〈표-9〉 소상공업체의 마케팅 전략 보유실태 조사표

항 목	업체수	비율(%)
마케팅 전략 보유	111	26
전략 비보유	316	74
계	427	

자료: 중소기업청(2001), 소상공인 창업 및 경영개선자금 이용자 실태분석,
pp.19-33.

이러한 상황에서 소상공인의 생산성을 〈표-10〉과 같이 일본과 비교하여 보면 일본의 소규모 기업 역시 일본 국내에서 생산성과 임금 면에서 대기업과 중기업에 비교하여 높은 격차와 무급 가족종업원에 대한 높은 의존도, 높은 폐업률, 자금조달의 어려움을 겪고 있는데 이러한 일본 비교하여 한국의 소상공인 생산성 격차는 더욱 떨어지는 상황에서 이는 우리나라 소상공인들의 어려운 경영현실을 대변하여 주는 것이다.[13)]

<표-10> 소상공업체의 한일 간 생산성 및 임금격차

업 종	종업원규모	생산성격차	임금격차	자본·장비율 격차
제조업	1~3명	42	21	63
	4~9명	62	66	
	10~19명	80	84	
도매업	1~2명	41	64	
	3~4명	60		
소매업	1~2명	43	37	
	3~4명	68		

자료: 통상산업성, 「공업통계표」, 1974년
　　　통상산업성, 중소기업청 「상업실태기본조사」, 1973년
주: 중규모기업을 100으로 하였을 때

창업단계의 소상공인들을 대상으로 그들의 창업 준비 시 도움을 받은 형태별로 영업실적상의 순수익 발생한 것을 비교하여 이들이 창업 준비 시 도움을 받은 형태에 의하여 〈표-11〉과 같이 창업 성공 결정 요인의 유의한 차이가 있다고 본다.

---

13) 정수원(2001), 우리나라 소상공인 생산성 중요도에 대한 제고, 한국생산성 학회 발표 논문집.

〈표-11〉 창업준비 방법별 월 평균 순수익

항 목	업체수	순수익/투자대비(만 원)
주변사람들의 도움으로 창업	275	364
창업교육을 통한 창업	21	199
책, 언론매체를 통한 창업	21	197
창업 컨설턴트를 통한 창업	10	137
기 타	100	300
합 계	427	

자료: 중소기업청(2001), 소상공인 창업 및 경영개선자금 이용자 실태분석, pp.19-33.

또한 창업단계의 소상공인들의 창업유형별로 영업실적상의 순수익 발생한 것을 비교하여 이들이 아래의 창업 유형별로 〈표-12〉과 같이 창업 성공 결정요인의 유의한 차이가 있다고 본다.

〈표-12〉 창업유형별 월 평균 순수익

항 목	업체수	순수익/투자대비(만 원)
일반 창업	404	333
프랜차이즈 창업	23	236
합 계	427	

자료: 중소기업청(2001), 소상공인 창업 및 경영개선자금 이용자 실태분석, pp.19-33.

마지막으로 소상공인의 창업 성공 결정요인을 밝히기 위한 가장 중요한 요소로써 자금 분야이며, 정성한, 김해룡(2001)의 연구결과를 살펴보면 〈표-13〉과 같이 자금변수가 창업 성공에 미치는 결과를 회귀분석법으로 알 수 있다.

〈표-13〉 자금 조달 변수와 창업 성공 결정요인의 회귀분석 결과

자금 관련 변수	월 매출액			월 순수익		
	B	t	R^2	B	t	R^2
창업자금	0.37	3.45		0.43	4.59	
자기자본 비율	0.14	1.27		0.29	2.86	
사채 비율	0.01	0.07		−0.14	−0.93	
금융자금 비율	0.02	0.11		−0.03	−0.24	
소상공인 정책자금 비율	−0.06	−0.36		0.01	0.10	
자금 부족	−0.11	−1.01	0.28	0.05	0.56	0.53

자료: 정성한, 김해룡(2001), 소상공인 창업 성공요인에 대한 탐색적 연구, 벤 처경영 연구 pp.17-20.

2. 소상공인 창업 성공 결정요인과 성과향상을 위한 모델

　소상공인의 창업 성공 및 경영성과를 향상시키기 위해서는 기본적으로 소상공인도 기업가적 자질과 경영관을 가지고 있어야 한다. 소상공인의 경영활동이라는 것은 그 맡은 바 사회적 역할을 수행함으로써 기업목적을 달성하고 환경변화에 능동적, 전략적 적응을 하기 위해 의사결정을 하며, 이에 따라 소매전략을 형성하여 경쟁에 대처하면서 여러 가지 기업 활동을 전략적으로 전개하는 인간 산업이라 할 수 있다.[14]

　이처럼 참된 의미로서의 기업가란 기업자원의 신결합, 즉 혁신을 수행하는 사람으로서 그들은 그들 특유의 기업가정신을 발휘하여 혁신을 통해 환경변화에 적응하여 새로운 사업 영역을 개척하여 성공적인 기업을 형성하는 개척자이고 선구자이며 모험가로서의 혁신자가 가지는 정신을 가지고 기업을 운영하는 사람을 말한다. 이처럼 소상공

---

14) 정광원, 전게논문, p.11.

인들도 바람직한 경영자가 되기 위하여 다음과 같은 소매업 경영자 (store owner)로서 기업가적 자질, 기업가적 의식 및 심리, 기업가적 지식 및 기능 측면에서 다음과 같은 조건을 갖추어야 한다.15)

첫째, 기업가적 자질은 특정업종에 대한 관심과 의사결정 능력, 사업 및 업무기획 능력과 자신이 직접 지위·감독하여 기업 활동을 전개하는 전문 경영자로서의 능력 그리고 고객의 요구를 이해하고 충족시킬 수 있는 능력과 사업 경영자로서의 대인관계 형성·유지 능력을 말한다. 둘째로 기업가적 심리는 고된 일을 견딜 수 있는 의지와 목표를 실현하려는 내면적 욕구를 가지고 무모한 것을 하는 도박사가 아니라 냉철한 현실적 인간으로서 기회를 빨리 인식하고 포착하려는 감각과 자신이 가치 있고 도전적인 일을 성취하고 있다는 생각을 가지고 있어야 한다. 셋째로 기업가적 지식과 기능은 취급 상품에 관한 지식과 정확한 마케팅 및 판매기법을 가지고 판매사무 처리절차 및 재고관리를 잘 처리하고 상품과 서비스가 함께 제공되는 경우 필요로 되는 특수한 기능을 갖추고 있어야 하며 통솔능력과 인사관리기법을 보유하고 있어야 한다.

Park와 Maillie 등의 모델을 참고하여 우리나라의 현실과 적합하게 하기 위하여 소상공인 발전 및 경영개선 및 보증지원 등의 업무의 중점을 두고 있는 신용보증재단의 경영 진단모형16) 지원실적을 검토하여 소상공인의 창업 성공요인을 탐색적으로 연구한 내용은 다음과 같다. 창업의 성공 여부는 창업자 본인이 현대의 기업경영에 필수적인 재능을 얼마나 발휘하느냐에 따라 좌우되며, 이러한 재능에 해당하는

---

15) Arther h. Kuriloff, John M. Hemphill. Jr(1978), *How to Start Your Own business and Succeed*, McGraw-hill Book Company, pp.9-15.
16) 동아대 경영문제연구소(1999), 부산경제기반구축을 위한 소상공인 지원방안 연구, (재)부산신용보증재단. pp.149-179.

것이 창업의 3대 요소[17]인 창업자, 사업아이템, 자본이 필수요건이지만 이것을 종합적으로 판단하여 경영 패러다임 및 사회변화 트렌드를 포함한 환경변화에 대응하는 기민성과 스스로 변화를 창출할 수 있는 능력과 경영의 세부사항까지를 포함하는 넓은 시야와 시장에 대한 지식 등도 간과할 수 없는 요인으로 작용하는데 이러한 경영능력들을 소상공인 창업자들의 경영능력을 향상시키기 위하여 일차적으로 정규 교육기관 및 각종 창업 스쿨 등에서 제공하는 경영관련 교육이 경영자의 경영능력을 향상시키기도 하지만 그것만으로는 창업과 기업경영의 모든 부분을 충족시키지 못하고 있다[18]고 보았다.

즉 이러한 상황에서 우리나라 소상공인들의 창업 성공을 향상시키기 위한 방안으로서 소상공인의 경영성과를 최초 단계부터 성공으로 갈 수 있는지 여부에 대한 판단을 위한 예측을 위한 평가요인 및 이를 현장에서 창업 지도 시 사용할 수 있는 지도모델을 제시한다면 아래의 〈표-14〉과 같다

---

17) 류원범(2000), 창업경영의 길라잡이, 도서출판 삼보, p.20.
18) 손성호, 김종득, 최상렬(1997), 우리나라 창업교육프로그램의 개관, 동아대 경영논총, p.75.

⟨표-14⟩ 소상공인 창업 성공 결정요인과 성과 향상을 위한 모형

구 분	성과예측 및 지도방향	비 고
창업자특성 (4개 항목)	(1) 창업 동기 (2) 창업의 적정성 및 이당위성 (3) 직업관 (4) 경영관	
창업 아이템 (3개 항목)	(1) 제품의 차별성 (2) 아이템의 수명주기 (3) 사업계획 적정성	
마케팅력 (4개 항목)	(1) 사업정보 수집유무 (2) 광고 유무 (3) 고객의 친절도 (4) 점포의 인테리어 차별성	
자본 및 재무관리 건실성 (3개 항목)	(1) 소요자금 대비 자기 자본 비율 (2) 납입 자본 이익률 (3) 매출 이익률	
환경적 요인 (2개 항목)	(1) 외부기관 지원 여부 (2) 단독 및 프랜차이즈 창업	

위에 나타난 모형을 통한 창업 성공 향상을 위한 관계를 살펴보면 다음과 같이 나타난다. 이러한 성공과의 상관관계를 회귀분석을 사용하여 이를 창업성과 향상을 위한 근거로 분석을 실시하면, 종속변수가 주로 비율척도(ratio scale) 또는 등간척도(interval scale)로서 본 연구에서 종속변수로 채택된 자기자본 이익률 및 성공 정도와 독립변수로 채택된 창업자특성(EP), 창업아이템(EI), 마케팅력(MP), 재무관리 건실성(FS), 환경적 요인(ES) 등과의 인과관계를 정도가 나타나는데, 이러한 회귀분석에 따라 종속변수별로 나타난 독립변수의 설명력을 기초로 하여 가설들을 검정하는 회귀식을 제시하면 다음과 같다.

자기자본 이익률(ROE) : 창업 성공

$= \alpha_0 + \beta_1 EP + \beta_2 E_1 + \beta_3 MP + \beta_4 FS + \beta_5 ES + \varepsilon$

EP: 창업자 특성

EI: 창업아이템

MP: 마케팅력

FS: 재무관리 건실성

ES: 환경적 요인

3. 소상공인 창업성과 향상을 위한 유관기관 지원 방향 제시

가. 체계적인 소상공인의 창업 및 경영개선 지원

지역별, 업종별로 세분화된 창업 성공과 실패사례에 대한 체계적인 지도프로그램을 준비하여 창업을 준비하는 예비창업자 및 경영을 개선하고자 하는 기존 소상공인들에게 경영개선의 기회를 제공한다. 이를 위한 세부 준비사항으로 창업지도 유관기관에서는 보유인력의 전문화, 소상공인에 대한 지속적인 창업 및 경영개선 강좌개최, 지역 정보화 및 네트워크의 중심적 역할, 경영개선 및 진단지도 사업활성화를 토대로, 소상공인 이업종 간의 상호교류를 통하여 경영개선 효과가 조기에 정착화되도록 지원한다.

나. 창업, 경영자금 및 신용보증 지원의 확대

소상공인은 그들의 규모로 볼 때, 창업 시 많은 창업자금을 필요로 한다. 창업의 활성화를 위해서라도 창업자금의 원활한 지원이 이루어져야 하고, 기존 창업자에 대해서도 필요시 경영개선 지원자금을 통하여 경영개선에 도움이 있도록 한다. 창업을 하고자 하는 예비창업자 및 기존 창업자는 규모의 영세성과 높은 위험으로 금융기관으로부터 대출을 받기가 어려우므로 신용보증재원의 확충을 통해 간접적인 신용보증공급을 획기적으로 확대해야 한다.

다. 소상공인 지원 정책의 사후 관리제도 정착

소상공인 간에 정보전달과 네트워크 구축을 위해 창업자 멤버십 제도가 운영되고 지속적인 사후관리 전담팀을 구성하여 창업 성공률을 제고에 기여해야 하며 인터넷을 통한 각종정보의 제공과 소상공인 사업체들의 자체 홈페이지가 구축되도록 하여 전자상거래의 기초를 지원한다.

라. 소상공인 지원기관의 위상강화

소상공인은 국가 및 지방경제의 근원이며, 경제의 개별단위로서의 수적 중요성과 고용기회 창출효과 등 실물경제의 원천으로서 중요한 역할을 할 수 있다는 당위성에 비추어 볼 때 중앙정부와 지방자치단체는 소상공인 지원기관에 대하여 적극적으로 지원을 해 주어야 한다.

마. 유관기관의 협력체제 구축

중앙정부와 지방 자치단체는 소상공인 창업 경영기술 지원사업에 상호 유기적인 협력체제를 구축하여야 하며, 상호 통일된 정책을 시행하여야 하고, 공공연구기관의 소상공인에 대한 연구성과물의 보급이 필요하다.

바. 유통과 서비스지원 정책강화

시장이 폐쇄된 경제개발 단계에서 제조업을 국부창출의 원천으로 인식하고 한정된 자원을 효율적으로 활용하기 위해 제조업 부문에 자원을 집중적으로 투입하거나 경제성장을 달성하고 시장개방을 피할 수 없는 상태에서 기존의 제조업 지원정책을 지속적으로 고수하는 것은 피해야 하며, 유통 및 서비스업 등 소상공인의 고용비중이 높은 점을 감안하여 산업 지원정책을 소규모 자영업의 창업과 성장에 집중 지원하는 것을 필요로 한다.

Ⅳ. 결 론

우리나라의 소상공인 업체 수는 259만여 개이고, 종업원 수만 하더라도 620만 명에 달하고 있다. 이는 소상공인 분야가 국가에서 절대로 무시할 수 없는 한 분야임을 시사하고 있다고 볼 수 있다. 이와 같이 소상공인의 건실한 발전은 국가의 균형적인 발전을 도모하고, 최근과 같은 불황기에 있어서는 창업을 할 수 있는 기회를 부여하여 고용의 창출을 가져온다고 본다. 아직 우리나라는 소상공인이 운영하는 사업체에서 근무하는 종업원은 평균 2명에 불과하나, 전체 종업원 수에서 차지하는 비중은 45%를 차지할 만큼 크게 나타나고 있다. 소상공인의 또 다른 특징 중의 하나가 가족중심의 경영을 하고 있는 점이다. 이것은 소상공인이 가정의 생계와 직결되고 있으므로 소상공인들의 건전한 경영이 한 가정과 국가적인 경제적 안정을 가져오고 있음을 의미한다. 따라서 소상공인의 경제적인 안정을 위해서 국가에서는 적극적인 지원정책을 펼쳐 나가야 한다.

　소상공인은 지역경제에 대한 기여도의 비중이 높음에도 불구하고 중소기업 또는 대기업에 비교하여 관심과 지원이 낙후되어 왔었다. 금융지원과 경영지원에 있어서도 그러하다. 우리나라를 비롯하여 미국, 일본, 대만 등 각국이 소상공인 지원과 관련하여 지원정책을 수립하고 적극적으로 지원하고 있음을 볼 때, 앞으로 우리나라의 소상공인의 창업성공 및 경영성과 개선을 위한 발전적인 방향으로 나아가기 위해서는, 소상공인에 대한 대폭적인 자금지원, 신용보증업무 이외의 부가적인 서비스제공, 경영진단 지도사업 활성화, 보유인력의 전문가 양성, 소상공인에 대한 지속적인 교육훈련, 민간 컨설팅업체와의 제휴, 독자적인 재정 자립기반의 토대마련, 창업 박람회 및 전시관의 상설화 등을 제시할 수 있으며, 내부적으로는 각종 창업 및 경영 지도기관에서는 본 연구에서 제시한 창업 성공 결정요인과 성과향상 방안을 활용하여 창업을 지도할 경우 본 연구에서 유의한 것으로 나타나듯이, 향후 많은 창업 지도기관 및 경영지도 업체들이 이러한 창업 지도모델을 기본 방향으로 정하고 소상공인을 초기단계에서부터 지속적 육성관리 및 경영 지도를 실시할 경우 많은 성과가 있을 것으로 사료된다.

◗ 참고 문헌

중소기업청(2000), 소상공인 창업자금 지원제도 개선방안.

일본 중소기업청(2000), 중소기업정책.

일본 상공회의소(1995), 소규모사업자 지원촉진법의 요람.

박춘엽(1999), 2000년 이후의 소상공인지원센터의 발전방안. 중소기업청.

박상범(1998), 중소기업론, 삼영사, pp.40～42.

박동섭(1986), 중소기업론, 박영사, p.3.

정광원(1995), 소매상인의 의식구조에 관한 연구, 숙명여자대학교 경영학
　　　연구 논문집, 제3호, p.11.

권의종(1999), 중소기업 망해도 된다, 청해미디어, p.5.

박춘엽, 박영배(1998), 중소기업 경영론, 학문사, pp.32～33.

김원철(1986), 소매기업 경영론, 경문사, pp.112～113.

고중선(1991), 벤처 비즈니스 성공요인에 관한 연구, 숭실대학교 석사학
　　　위논문.

동아대 경영문제연구소(1999), 부산경제기반구축을 위한 소상공인 지원방
　　　안 연구, (재)부산신용보증재단. pp.149-179.

정수원, 서근하(2001), 우리나라 소상공인 생산성중요도에 대한 제고, 한
　　　국생산성학회 발표논문집.

중소기업청(2001), 소상공인 창업 및 경영개선자금 이용자 실태분석.

손성호, 김종득 ,최상렬(1997), 우리나라 창업교육프로그램의 개관, 동아
　　　대 경영논총, p.75.

이상석(1998), 중소기업 창업 결정요인, 중소기업 연구, 제20권 1호,
　　　pp.183-185.

류원범(2000), 창업경영의 길라잡이, 도서출판 삼보, p.20.

西村哲(1982), 消費者特性と 商業發展: Americaと 日本 流通政策, No.9, 1.

Corman, Joel and R. N. Lussier(1996), *Small Bussiness Management*,
　　　IRWIN, pp.6-7.

Feldman, L. P., Societal Adaptation(1971): A New Challenge for Marketing, *Journal of Marketing*, Vol.35, p.56.

Arther h. Kuriloff, John M. Hemphill. Jr(1978), *How to Start Your Own business and Succeed* ,McGraw-hill Book Company, pp.9 -15.

Saaty, T. I. and Vargas, I. G.(1982), *The Logic of Priorities*, Kluwer-Nijhoff Publishing.

W. R. Park, J. B. Maillie(1982), *Strategic Analysis for Venture Evalutation: The SAVE Approach to Business Decisions*, Van Nostrand Reinhold Company.

제2부

점포충성도와 종업원 서비스
그리고 DB 마케팅에 관한 연구

종업원 서비스와 점포충성도 간의 구조적 관계에 관한 연구

I. 서 론

많은 서비스기업들이 기업의 경쟁력 향상과 경영개선을 위한 고객 접점 종업원의 훈련과 교육에 대하여 지대한 관심을 가지고 있다. 점 포충성도에 있어서 종업원의 서비스 질은 다른 경쟁 기업과 서비스를 차별화시킬 수 있는 경쟁적 우월성의 핵심 원천이기도 하며, 상품의 품질지각과 더불어 점포의 지각된 가치에 영향을 미치는 중요한 결정 요인으로 보고 있다.(Puffer 1987, Sirohi et al. 1998) 이처럼 고객접점 종업원은 해당점포에 대한 첫인상을 고객의 마음속에 각인시키고 경 쟁점포와 비교하여 우월성을 판단할 수 있도록 하는 핵심인물이며, 서 비스의 품질은 서비스 전달시점에서 종업원과 고객 간의 상호작용을 통하여 고객의 지각에 의하여 결정되는 것으로 보았다.(윤성욱, 황경 미 2002, 2004, Bitner et al. 1990, 1994, Fisk et al. 1993)

그러나 최근의 연구에서는 만족이 반드시 고객 충성도로 연결되지 않는 의문점에 대하여 전환 장벽이라는 새로운 변수를 밝혀내고, 이러 한 전환 장벽과 충성도의 관계를 밝히기 위한 많은 연구가 진행되어 왔다.(Ganesan 1994, Colgate and Lang 2001) 이와 같은 연구동향을 기초로 하여 볼 때 지금까지의 종업원 서비스를 점포충성도 관점에서 구조적 관계와 역할에 대하여 살펴볼 필요성이 제기된다. 즉 기존의 종업원 서비스에 대한 연구가 고객의 재구매 행동과 종업원의 친사회적, 고객지향적 행동을 향상시키기 위한 요인규명에 초점이 맞추어져 왔지만, 본 연구는 점포충성도 관점에서 종업원의 본질적 내재요인이 고객의 평가에 미치는 영향에 관하여 새롭게 살펴보고자 한다.

　점포충성도에 관한 기존의 연구들은 점포이미지와 서비스 품질, 다양성 추구성, 대안 매력도, 전환비용 등 물질적인 속성에서 시작하여 인지, 감정, 의도 그리고 애호도에 이르기까지 고객의 인식적 개념절차에 대해서도 다양한 연구가 이루어져 왔다.(Fisk et al. 1993, Oliver 1980, Oliver and DeSarbo 1988, Oliver and Swan 1989, Oliver 1999) 서비스 기업들도 자사의 비즈니스 성과를 향상시킬 수 있는 다양한 결정요인과 개선방안을 찾고자 노력하였다. 이러한 노력들은 유형재 부문은 브랜드충성도, 무형재 부문은 서비스 충성도에 대한 연구로 나타났으며, 고객이 서비스를 이용하게 될 때 고객입장에서 얻을 수 있는 손익 요인 측면과 고객이 판단하게 되는 서비스 품질에 대한 결정요인에 대한 연구가 집중적으로 이루어져 왔다.(Dick and Basu 1994) 또한 종업원 서비스에 관한 기존 연구들은 종업원들이 업무에 대하여 느끼는 직무만족과 기업에서 제공하는 종업원에 대한 각종 지원활동이 종업원들의 친사회적 행동과 조직시민행위에 미치는 영향에 대하여 알아보고자 하였으며, 이와 더불어 종업원의 내적 반응이 표출된 행동에 대해서도 고객이 평가하는 해당점포에 대한 서비스 품질과 재구매 행동과의 상관관계를 규명하고자 하였다.(Betterncourt and Brown 1997, Bettencourt 1997) 그러나 본 연구에서는 Beckwith(1997)의 보이지 않는 판매력 요소로서 새롭게 주목을 받고 있는 서비스에 관하여 종업원의 자발적과 비자발적 서비스로 구분하고, 이러한 요인들이 상품의 가치와 더불어 어떠한 매개변수와 결정요인을 거쳐서 점포충성도에 영향을 미치는가에 대하여 살펴보고자 한다. 본 연구목적을 달성하기 위하여 고객이 지각하는 평가와 가치에 대하여 다음과 같은 의문점을 제기하고자 한다.

첫째, 종업원의 서비스는 개인 간 관계와 점포만족에 어떠한 영향을 미치는가?

둘째, 개인 간 관계와 점포만족의 관련성은 어떠한가?

셋째, 전환 장벽에 대한 역할규명으로서 전환 장벽은 개인 간 관계와 점포만족에 대하여 어떠한 영향을 받고 있는가?

넷째, 개인 간 관계와 점포만족 및 전환 장벽이 점포충성도에 미치는 영향은 어떠한가?

이를 효과적으로 알아보기 위하여 점포충성도의 개념을 기존의 재구매 및 재방문 의도와 구전효과를 묻는 방식과는 달리하여, Oliver(1999)가 연구한 통합적 관점에서 바라본 점포충성도를 토대로 하여 고객의 인식적인 차원에서 실증적으로 점포충성도를 검증하고자 한다. 이러한 연구결과는 기존의 연구자들마다 상이하게 정의하였던 고객충성도와 서비스충성도를 점포충성도 차원에서 체계적으로 재정립함과 동시에 구성요인들 간의 관계성도 새롭게 밝혀낼 수가 있을 것이다. 이처럼 점포충성도에 대한 전략적인 접근은 경영불황과 대기업에 열등한 위치에 있는 소기업들의 경영개선 및 장기적인 충성고객 확보라는 현대마케팅의 본질적 측면에서도 많은 전략적 시사점을 제시하여 주리라고 본다.

II. 이론 및 연구가설

2.1 종업원의 자발적 및 비자발적 서비스

고객접점은 진실의 순간(Moments of Truth)과 같이 고객의 입장에서 보면 해당점포와 종업원 서비스에 대하여 첫인상의 이미지를 느끼는 접점이며, 고객이 해당점포의 서비스 품질을 경험하게 되는 최초의 순간이다.(Carlzon 1987) 이러한 고객접점은 서비스기업, 종업원, 고객이라는 삼각관계의 상호작용에 의하여 발생하며, 상호 간의 조화가 적절할 때 이익효과가 창출되는 것으로 볼 수 있다. 이와 같은 고객접점 종업원의 서비스 질에 관한 연구는 서비스기업에서 고객의 자발적 행위(Customer Voluntary Performance)를 이끌어 내기 위한 고객접점 종업원의 친사회적 행동을 규명하는 데서 주목받았다.(윤만희 2000, Zeithaml et al. 1996, Bettencourt 1997)

Betterncourt and Brown(1997)은 고객접점 종업원이 서비스를 제공할 때에 직무분석서와 업무매뉴얼 등에 명기된 규정되어 있는 역할의 행동을 하는 것을 규정된 고객서비스라고 하였고, 고객에게 예외적 서비스와 특별한 관심과 보너스를 제공하여 고객을 감동시키는 것을 규정된 역할 이상의 고객서비스로 정의하였다. 따라서 본 연구에서는 서비스 기업에서 제시하는 종업원의 형식적이고 규정된 서비스를 비자발적 서비스라고 하고, 종업원의 마음에서 발현되는 서비스를 자발적 서비스라고 정의한다. 기존의 종업원 서비스에 관한 연구는 조직지원과 상사지원 및 고객참여가 종업원의 자발적인 작업개선 노력과 직무만족, 그리고 서비스 품질에 미치는 영향경로를 밝히고자 하였으며,(Betterncourt and Brown 1997, Bettencourt 1997) 더 나아가서는 종업원의 규정된 역할과 비규정된 역할이 점포애호도, 참여, 협조와 같은 고객의 자발적 행위에 미치는 영향력을 밝혀내고자 하였다.(윤만희 2000, 이용기 2001)

종업원의 서비스와 직결되는 개인 간 관계는 고객이 고객접점의 종업원에 대하여 종업원과의 내부 인간관계에 신뢰를 느끼는 정도로 정의하고 있다.(Price and Arnould 1999, Jones et al. 2000, Colgate and Lang 2001, Weun et al. 2004) 개인 간 관계는 종업원과 고객 간의 인간적 신뢰관계이기에, 고객 입장에서는 종업원이 형식적인 접객이 아닌 인격적인 감정 측면에서 보다 특별하게 대해 주는 정도가 좋은 서비스 평가로 나올 수가 있다. 최낙환(1997)은 판매원의 고객지향성에 대한 조직몰입과 적응성의 매개적 역할에 관한 연구에서 기업 차원의 시장지향성은 판매원의 고객지향성에 간접적인 영향을 주며, 기업 차원의 행동기준평가는 직접적인 효과를 미치고 있음을 밝힘으로써 종업원의 고객지향적 태도의 변화가능성과 더불어 종업원 태도가 고객에게 유의한 영향을 미칠 수 있다는 점을 간접적으로 시사하여 주었다. Martine(1993)은 고객과의 장기적 거래관계에 관한 연구에서 종업원과 고객의 상호작용에 영향을 미치는 결정요인으로서 신뢰, 대화의 빈도, 대화의 질과 유연성, 정보교환, 결속 등을 제시하였으며, 이러한 요인들이 종업원과 고객과의 장기적 거래를 위한 관계지속에 긍정적인 영향을 미침을 알아냈다.

이러한 선행연구들에서 나타난 바와 같이 종업원의 서비스는 점포충성도에 유의한 영향을 미치는 과정에서 개인 간 관계에 직접적인 영향을 미칠 것으로 보고 다음과 같은 가설을 설정하고자 한다.

H1a: 자발적인 서비스는 고객과 개인 간 관계에 긍정적인 영향을 미칠 것이다.

H2a: 비자발적인 서비스는 고객과 개인 간 관계에 긍정적인 영향을 미칠 것이다.

Dabhokar et al.(1996)은 서비스 품질을 소매점포 차원에서 더욱 세분화시킨 소매점 서비스 측정모델(Retail Service Quality)을 개발하였다. 소매점포 서비스 품질 결정요소를 물리적 외형(외관, 편의성), 신뢰성, 개인 간 상호작용, 문제 해결성, 점포정책 등의 5개 차원으로 구분하고 공변량 구조방정식 분석방식으로 소매점포 서비스를 측정하여 기존 척도들인 SEVEQUAL, SERVPERF 모형과 비교하여 모델 적합도가 우수한 척도로 나타나 주목받고 있다. 이와 더불어 SERV*OR에서는 고객처리 방법의 향상을 위한 서비스 지향성 정도를 측정하고자 하였다.(Lytle et al. 1998) 서비스 지향성은 서비스접점에서 고객과 종업원의 상호작용에서 고객이 느낀 진실의 순간처럼 고객접점 종업원의 서비스성과가 고객만족으로 직결되는 것으로 보았다.(e.g., Carlzon 1987, Lytle et al. 1998) 이처럼 소매서비스 품질을 지각된 가치와 더불어 살펴본다면 소매서비스 품질은 Gronroos(1984)의 기술적 품질과 기능적 품질로 구분할 수 있다. Sweeney et al.(1996)의 연구에 의하면 고객이 최종적으로 느끼는 서비스 성과는 서비스 공정절차를 강조하는 기능적인 품질이 기술적 품질보다 고객의 지각된 가치에 대하여 더 많은 영향을 미치는 것으로 나타났다. 이처럼 기술적 서비스 품질은 제품의 품질과 가치인식에 영향을 주었지만 고객의 재구매 의도에는 직접적인 영향을 미치지 못한 것에 비하여, 기능적 서비스 품질은 기술적 서비스 품질에도 영향을 주었고 소비자의 구매의사에도 직접적인 영향을 미치는 것으로 나타났다. 이러한 결과는 종업원의 자발적인 서비스에 대한 관심을 촉진시키는 계기가 되었다.

최근의 연구는 규정된 역할과 비규정된 역할을 하는 종업원들의 역할 수행능력이 이를 지각하는 고객들의 자발적인 참여활동, 협조, 점포 애호도 등과 같은 고객의 친사회적 행동에 미치는 상관관계를 규명하고자 하였다. 이러한 종업원의 역할 수행능력과 서비스는 종업원의 친사회성 정도와 직업에 대한 만족 등과 같은 다양한 개인적 변수들에 의하여 종업원들의 서비스 성과가 다르게 나타나는 것을 나타났다.(Bettencourt and Brown 1997, Bettencourt 1997, 윤만희 2000) 이처럼 친사회적 행동성이 높은 종업원은 서비스 자발성이 높으며, 종업원의 자발적 서비스는 서비스 전달 시 고객의 우호적인 평가를 이끌어내고 점포충성도와 더불어 판매성과를 높이는 것으로 나타났다. 이와 더불어 고객과 종업원의 관계에 있어서 종업원의 친사회적 행동 못지않게 고객의 자발적 행위도 서비스 성과에 대하여 중요한 영향을 미치기도 한다.(윤성욱, 황경미 2002, 2004, Bitner et al. 1990) 안홍복 등(2004)의 연구에서는 종업원의 대응성과 친절성이 고객의 전반적인 만족에 유의한 영향을 줌과 동시에 고객만족은 호텔의 재방문 의도와 타인에 대한 추천에도 유의한 영향을 준다는 실증결과를 제시하였다. 이와 같이 서비스를 성심성의껏 제공하는 종업원의 행위는 고객과의 개인 간 관계와 더불어 점포만족에 직접적으로 유의한 영향을 미치는 것을 알 수 있다.(Sweeney et al. 1996, Sirohi et al. 1998) 또한 결정적 사건기법을 이용한 윤성욱과 황경미(2002, 2004)의 연구에서도 종업원의 자발적 서비스뿐만 아니라 매뉴얼에 근거한 비자발적 서비스도 서비스제공자에 대한 만족에 유의한 영향을 주는 것으로 밝혀졌다. 이러한 연구결과를 토대로 종업원 서비스가 점포만족에 대하여 직접적인 영향을 미칠 것으로 보고 다음과 같은 가설을 설정하고자 한다.

H1b: 자발적인 서비스는 점포만족에 긍정적인 영향을 미칠 것이다.
H2b: 비자발적인 서비스는 점포만족에 긍정적인 영향을 미칠 것이다.

2.2 점포충성도의 선행요인으로서의 상품의 가치

상품의 가치는 제품의 우월성 또는 탁월성에 대한 소비자의 판단으로 볼 수 있으며, 이러한 평가는 소비자의 주관적인 개념으로 볼 수 있다.(Zeithaml 1988) 소비자는 구매활동에 있어서 나름대로의 기준을 가지고 상품에 대한 내적 단서를 평가하고 이를 지각된 상품의 가치로 판단하게 되며, 고객의 입장에서 지각하는 평가는 고객이 느끼는 상품의 품질과 더불어 고객이 지각하는 상품의 가격과 함께 평가받게 된다.(Richardson et al. 1994, Nguyen et al. 1998) 이와 같이 지각된 상품 가치는 상품의 구매와 소비경험에 따라서 소비자가 스스로 지각하게 되는 품질수준과 가격의 상대적 비교를 통하여 평가된 가치라고 정의할 수 있다.(Petroshius and Monroe 1987) 이러한 상품의 가치는 점포충성도의 관한 구조적인 역할에서 점포이미지에 대하여 직접적인 유의한 영향을 주며 가격과 판매촉진에 대해서도 고객의 지각된 가치의 중요한 결정요인이 됨으로써, 많은 연구자들에게 서비스 질과 더불어 고객만족의 핵심적 선행요인으로 설정되기도 하였다.(Petroshius and Monroe 1987, Richardson et al. 1994, Nguyen et al. 1998)

허경옥과 유소이(2001)는 상품과 서비스에 대한 소비자 불평행동모델 설정에서 소비자 불만을 내생적으로 간주하는 2단계 추정 방법을 사용하여, 상품과 서비스에 대하여 각각의 소비자불만 정도를 조사하여 보았다. 이 결과 제품에 대한 소비자의 불만 정도는 서비스에 대하여 불만족한 경우보다는 매우 낮았으나, 불평행동은 서비스 분야에서 불만족할 경우보다는 제품에서 불만족할 때에 더욱 적극적으로 불평행동을 하는 것으로 나타났다. 이는 소비자의 불평행동이 제품결함에 대해서는 적극적으로 행동하는 대신에 서비스에 대한 불만은 소극적인 불평행동을 한다는 연구결과이다. 이는 소비자가 유형적인 상품에 대해서는 불만족한 감정을 적극적으로 표현하여도 문제점에 관하여 객관적 입증이 용이하여 이를 쉽게 표출할 수 있지만, 무형적인 서비스는 문제점에 대한 객관적인 타당성을 입증하기가 곤란하여 불만족 감정을 쉽게 표현할 수 없으므로, 상품 불만족보다는 서비스 불만족에 대하여 고객 불만 정도가 더 높다는 점을 시사하여 준다.

조광행과 임채운(1999)은 점포충성도에 관한 연구에서 점포이미지는 소비자가 특정점포에 대하여 가지고 있는 전체적인 인상, 전체적이거나 독특한 형상과 같은 고정관념이라고 정의하였다. 점포이미지를 구성하는 결정요인으로 지각된 서비스 질과 상품 가치라는 실증결과와 더불어 지각된 상품 가치는 고객만족과 점포애호도에 영향을 미친다는 연구결과를 제시하였다. 이러한 기존 연구결과들을 토대로 상품의 가치는 점포충성도에 유의한 영향을 주는 과정에서 개인 간 관계와 점포만족에 직접적으로 영향을 미칠 것으로 보고 다음과 같은 가설을 설정하고자 한다.

H3a: 상품의 가치는 개인 간 관계에 긍정적인 영향에 미칠 것이다.
H3b: 상품의 가치는 점포만족에 긍정적인 영향에 미칠 것이다.

2.3 개인 간 관계

개인 간 관계는 앞서 논의된 바와 같이 고객과 종업원과의 인간적인 결속상태이며, 고객 입장에서는 고객접점의 순간에 고객을 좀더 특별하게 대해 주는 정도에 따라서 해당 종업원과의 개인 간 관계를 지각하게 된다. 이처럼 고객이 종업원에 대하여 내부적 인간관계에서 신뢰를 느끼는 정도를 개인 간 관계로 볼 수 있다. 서비스복구에 관한 최근 연구에서 Weun et al.(2004)은 종업원과 고객 간의 관계가 밀접할수록 서비스 실패상황을 비교적 관대하게 받아들이는 경향이 있음을 알아냈는데, 이는 개인 간 관계가 종업원과 기업에 대하여 장기적인 관계지향에 있어서 유의한 영향을 미치는 요인임을 시사하는 것이다. 이처럼 고객과 종업원 간의 관계의 질이 양호할수록 서비스 실패의 원인에 대한 긍정적인 귀인(attribution)을 하기에, 점포의 재방문 및 재구매 의도에도 긍정적인 영향을 미치는 것으로 나타났다.(윤성욱 2002, Weun et al.2004)

조광행과 임채운(1999)은 고객만족이 점포 애호도에 미치는 연구에서 고객에게 지각된 서비스의 질은 점포이미지와 고객만족에 직접적으로 유의한 영향을 미침을 알아냈다. 박정은 등(1998)은 서비스 제공자와 고객 간의 관계의 질에 따라서 고객만족과 재구매 의도가 달라짐을 확인하였다. 이러한 연구결과는 종업원의 특성이 고객과의 접촉빈도와 규범, 대화의 질, 재방문 및 구전효과 등과 같은 서비스 성과에 대하여 높은 설명력을 가지고 있음을 시사하여 주고 있다. 윤성욱과 김수배(2003)는 대기시간이 서비스 품질평가와 애호도에 미치는 영향에 관한 연구에서 서비스 접점에서 발생한 고객의 부정적인 감정은 해당점포에 대한 서비스 품질평가 및 애호도에 부정적인 영향을 미침을 밝혀냈다. 이처럼 고객에게 지각된 서비스의 질은 고객만족과 전환 장벽에 유의적인 영향을 미침과 동시에 점포의 태도, 구매의도, 구매행동과 같은 점포애호도의 중요한 결정요인이 되고 있다.

성심성의껏 서비스를 제공하는 종업원의 친절한 행위는 고객과 종업원 간의 개인 간 관계를 통하여 점포만족을 느끼게 한다. 이처럼 점포만족은 종업원과 고객의 상호작용인 개인 간 관계와 더불어 발생하며, 장기적으로 고객과의 거래관계를 지속시켜 줌과 동시에 재방문 의도와 타인에 대한 추천에 대하여 유의한 영향을 줌을 알 수 있다. 이러한 기존 연구결과를 토대로 개인 간 관계는 점포만족, 전환 장벽, 점포충성도에 직접적인 영향을 미칠 것으로 보고 다음과 같은 가설을 설정하고자 한다.

H4a: 개인 간 관계는 점포만족에 긍정적인 영향을 미칠 것이다.
H4b: 개인 간 관계는 전환 장벽에 긍정적인 영향을 미칠 것이다.
H4c: 개인 간 관계는 점포충성도에 긍정적인 영향을 미칠 것이다.

2.4 점포만족

점포만족에 관한 기존의 연구들을 살펴보면 대체적으로 두 가지 형태로 구분된다. 첫 번째는 소비경험의 결과로서 기대성과 불일치 여부와 구매 후 평가와 같은 소비평가 과정으로 보는 것과, 두 번째는 제품을 사용한 후에 느끼는 감성적 반응과 인지적 반응에 대한 심리적인 결과물 관점에서 보는 것이다.(Oliver 1980, Oliver and DeSarbo 1988, Oliver 1999) 이처럼 점포충성도는 고객이 기대한 서비스를 종업원에 의하여 실제로 수행된 서비스 성과와 비교하거나, 서비스와 점포를 이용하면서 누적된 고객만족과 점포 간의 상호작용에 관한 실증적 연구로서 서비스 품질측정과 점포충성도에 대하여 많은 연구결과들이 제시되었다.(Dick and Basu 1994, Oliver and DeSarbo 1988) 제미경과 김효정(2000)은 미용실 이용 후의 긍정적 감정상태가 고객만족에 가장 큰 영향을 미치는 변수임을 밝혀냈고, 그 다음이 신뢰성, 부정적 감정상태, 반응 및 확신성의 순으로 나타났다. 여기에 반하여 소비자의 개인적 특성은 고객만족에는 영향을 미치지 못한다는 흥미로운 연구결과를 제시하였다. 소비자들이 느끼는 점포만족에는 소비자의 학력과 성별항목에 관한 관심도는 점포만족에 영향에 미치지 못하는 것으로 나타나, 점포만족과 서비스결과에 대하여 감정적 차원의 접근을 할 필요성을 제기하여 주는 연구결과로 본다.

이처럼 점포만족은 소비자가 구매경험으로 느꼈던 서비스로 인한 지각된 가치로 구매의 전 단계로서, 이것은 고객의 인지와 감정의 요소로 구성되어 있는 것으로 볼 수 있다. 점포만족의 목표는 고객과의 장기적 거래관계이고, 점포만족은 구매의도에 긍정적인 영향을 미치는 것으로 알 수 있다. 이러한 고객과 판매자의 입력과 성과에 대한 결과물이 공정성과 우선 선호도를 거쳐서 만족으로 연결되며 만족은 재구매 의도로 직결되는 것으로 보았다.(Fornell 1992, Bitner et al. 1990, Oliver and Swan 1989) 이 과정에서 점포만족도가 높은 기업이 얻을 수 있는 혜택은 기존고객의 충성도 향상, 가격 민감도의 감소, 기존고객 이탈방지, 마케팅 실패비용 감소, 신규고객 창출비용 감소, 기업명성 향상과 같은 효과가 있음을 규명하였다.(Fornell 1992, Oliver 1999, 조광행, 박봉규 1999) 김철민(2002)은 서비스 충성도에 관한 연구에서 상품가치와 서비스 질은 서비스 만족과 점포충성도에 직접적인 영향을 미침을 밝혔다. 이러한 연구결과를 토대로 소비자의 점포에 대한 만족이 점포에 대한 지각된 가치와 더불어 전환 장벽과 점포충성도에 직접적인 영향을 미칠 것으로 보고 다음과 같은 가설을 설정하고자 한다.

H5a: 점포에 대한 만족은 전환 장벽에 긍정적인 영향을 미칠 것이다.

H5b: 점포에 대한 만족은 점포충성도에 긍정적인 영향을 미칠 것이다.

2.5 전환 장벽과 점포충성도

전환장벽은 기존 거래선과 거래를 단절하고 변경하는 데 따르는 어려움으로서 경제적, 시간적, 심리적 비용과 같은 전환비용으로 설명할 수 있다.(Jones et al. 2000) 만족한 고객 모두가 충성고객이 되지 못하는 것과 불만족한 고객이 타 점포로 전환행위를 하지 않는 이유에 대하여 전환 장벽이라는 장애요인을 밝혀내고, 전환 장벽과 충성도의 관계를 밝히기 위한 많은 연구가 계속되어 왔다. 이러한 전환 장벽은 거래비용, 심리적 비용, 시간적 비용과 같은 전환비용으로 인하여 발생하는 것으로 보았다.(Dick and Basu 1994, Ganesan 1994, Colgate and Lang 2001) 이처럼 전환 장벽은 거래선에 대한 관계의 유지 및 종결에 영향을 미침과 동시에 제품과 서비스 전환을 설명함에 있어서 유용한 변수로 볼 수 있으며, 점포충성도의 부분에 있어서 점포충성도의 개념화에 대한 관점과 정의는 연구자들마다 다양하게 제시되어 왔다. 기존의 연구에서 점포충성도를 연구하는 방식은 대체적으로 두 가지로 방법으로 구분할 수 있다. 첫째는 업종 및 업체에 대한 점포충성도 비율을 측정하는 비례산술식 방법이다. 이것은 BPS복합 측정척도(Budget ratio, Patronage ratio, Switching ratio)로서 구매예산비율, 단골고객비율, 전환비율을 측정하여 비율을 복합한 것으로서 점포충성도 비율로 각 업종별로 기준점을 설정하는 방식이다.(e.g., Laaksonen 1993, Knox and Denison 2000) 다른 연구방식은 점포충성도를 설명하는 특성변수 탐색과 사회경제적 특성 및 지역 애호도 등의 특성변수와 추가요인을 발굴하여 점포충성도 대한 설명력을 알아보는 방식으로 초점이 맞추어져 있다.(e.g., Sirgy and Samli 1985, Sirohi et al. 1998) Oliver(1999)는 점포충성도를 성과에 대한 평가방식과 인지적 관점을 통합한 인지적 충성도, 감정적 충성도, 의도적 충성도과 더불어 새롭게 행동속성 차원에서의 행위적 충성도를 추가한 네 단계의 충성도로 보아야 한다고 주장하였다. 인지적 충성도는 과거와 현재의 외부적 환경에서 현재와 미래의 인간행동을 연결하는 앎과 지식에 대한 차원이며, 감정적 충성도는 어떤 대상과 상황에 대하여 고객들이 가지는 호감과 비호감 그리고 호의적과 비호의적 척도로 표현될 수 전반적인 감정이다. 이러한 점포에 대한 전반적인 감정은 점포에 대한 긍정적인 태도로 표현될 수 있다. 의도적 충성도는 어떤 일을 하고자 는 고객의 몰입 정도 및 재구매 의도로 볼 수 있다. 마지막으로 행위적 충성도는 구매하는 과정에서 생길 수 있는 장애를 극복하고 실제로 구매행동을 실시하는 단계로 볼 수 있다. 이와 같이 Oliver(1999)는 점포충성도가 최초단계의 인지, 감정, 의도, 행동 차원의 단계별 순서를 거치면서 하위 충성도는 상위단계의 충성도와 연결되면서 점차적으로 발전되는 것으로 보았다. 본 연구에서는 이러한 점포충성도가 단계별로 나타나는 지각, 인지, 태도의 과정에 대하여 장애반응을 일으키는 전환 장벽이 점포충성도에 대해서도 직접적인 영향을 미칠 것으로 보고 다음과 같은 가설을 설정하고자 한다.

H6: 전환 장벽은 점포충성도에 긍정적인 영향에 미칠 것이다.

이상에서 언급한 각 개념들 간의 관계를 토대로 그림을 나타내면 〈그림-1〉과 같다.

<그림-1> 연구모형 및 가설

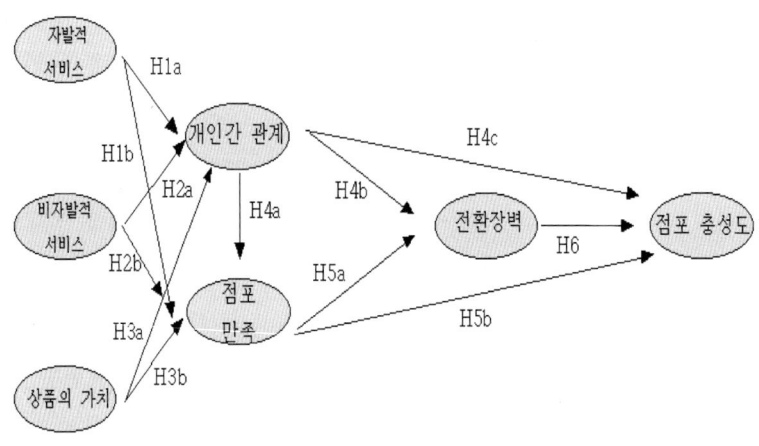

Ⅲ. 실증연구

3.1 연구대상의 선정 및 자료수집

종업원 서비스가 점포충성도에 미치는 영향을 알기 위하여, 종업원의 인적서비스가 고객의 재구매 행동에 직접적으로 영향을 미치는 업종을 선택하고자 하였다. 이러한 연구의 목적을 위하여 BPS복합 측정척도에 의한 결과가 슈퍼마켓 및 식품 분야의 점포충성도 범위보다 높은 의류 쇼핑몰을 선정하였으며, 조사 기간은 2003년 11월부터 12월 말까지 실시하였다. 부산 지역에 소재한 의류쇼핑몰 4개 점을 방문한 고객들을 주 대상으로 하여 소비자가 경험한 의류점 종업원의 자발적 서비스와 비자발적 서비스 경험을 기초로 하여 해당 의류점의 점포충성도에 답하도록 하였다. 배부한 설문지는 총 300부였으며, 이 가운데 250부가 회수되었으며 이 중에서 설문지의 응답이 성실하지 못한 응답자는 제외한 총 239부가 가설검증을 위한 분석에 이용되었다. 239명의 응답자의 특징을 살펴보면, 성별분포는 남자 90명(37.7 %), 여자 149명(62.3%)이었다. 학력은 고졸 및 대재 이상이 171명(71.5%)으로 가장 많았으며, 연령별 분포는 20~29세 이하 90명(37.7%)이 높은 비율을 차지하였다. 이러한 남녀 및 연령에 대한 비율이 인구 통계적으로 쇼핑몰 의류점을 이용하는 소비자 측면에서 편의 없이 표본 되었음을 알 수 있다.

3.2 변수의 조작적 정의 및 측정

변수의 조작적 정의와 측정은 기존에 신뢰성과 타당성이 검증된 척도를 해당 개념에 적합하도록 수정하여 사용하였다. 이들 척도는 각각 Likert 5점 척도에 의하여 측정되었으며 척도 정제 후 분석에 사용된 최종항목은 다음과 같다.

3.2.1 종업원의 자발적 및 비자발적 서비스

종업원의 자발적인 서비스는 고객에 대한 종업원의 마음에서 우러나오는 행동이 서비스로 나타난 것으로 점포에서 제시하는 형식적인 규정된 서비스를 넘어선 종업원이 자발적으로 서비스를 하는 것에 대한 고객이 느끼는 특별한 서비스 정도로 정의를 하였다.(Betterncourt and Brown 1997, Bettencourt 1997) 그리고 비자발적 서비스는 종업원 의지와는 상관이 없이 점포에서 정하여 준 업무규정과 친절서비스 매뉴얼에 따라 실시하는 서비스의 정도로 정의하였다. 이를 측정하기 위한 조작적 정의는 Organ(1998) 및 Bettencourt and Brown(1997)의 연구에서 사용된 문항을 의류점 점포 서비스에 적합하도록 수정하여 사용하였다. 종업원의 비자발적인 서비스에 대한 설문의 내용은 다음과 같다. 1) 이 매장의 종업원은 정해진 표준절차에 따라 서비스를 행한다. 2) 이 매장의 종업원은 고객이 기대한 서비스를 잘 수행한다. 3) 이 매장의 종업원은 자신이 해야 할 서비스를 제대로 수행하고 있다. 종업원 자발적 서비스에 대하여 사용된 설문의 내용은 다음과 같다. 1) 이 매장의 종업원은 고객이 기대한 이상으로 고객을 돕는다. 2) 이 매장의 종업원은 고객이 요청한 도움 이상의 것이라도 기꺼이 행한다. 3) 이 매장의 종업원은 규정에 맞지 않더라도 고객만족을 위해서라면 기꺼이 행한다.

3.2.2 개인 간 관계

개인 간 관계는 고객접점 서비스를 제공하는 종업원과 고객 간의 인간적인 결합(Personal Bonds)의 강도크기로 정의하였다. 이를 측정하기 위하여 Jones et al.(2000)와 Colgate and Lang(2001) 그리고 Price and Arnould(1999)의 연구에서 사용된 문항을 개인 간 관계에 적합하도록 수정하였으며 설문의 내용은 다음과 같다. 1) 나는 이 매장에서 나와 개인적 유대관계가 있는 판매원이 있다고 생각한다. 2) 이 매장의 직원들은 나와 개인적 유대관계를 가지려고 노력한다. 3) 나는 이 매장의 직원을 인간적으로 좋아한다.

3.2.3 상품의 가치

상품의 가치는 고객이 의류점을 방문하였을 때 고객이 느끼는 상품의 품질과 고객이 인지하는 상품의 가격으로 정의하였다. 이를 측정하기

위한 조작적 정의로는 Petroshius and Monroe(1987), 그리고 Nguyen
and Leblanc(1998)의 연구에서 사용된 문항을 상품의 가치에 적합하도
록 수정하였으며 설문의 내용은 다음과 같다. 1) 전반적으로 이 매장의
상품 가격은 적당하다. 2) 전반적으로 이 매장의 상품은 가격에 비해 품
질이 좋은 편이다. 3) 이 매장에서의 쇼핑은 돈이 아깝지 않다.

3.2.4 점포만족

점포만족은 고객이 점포를 방문하였을 때 해당점포의 속성들에 대하
여 유형과 무형에 대하여 고객이 평가한 가치를 점포만족으로 정의하
였으며, 이를 측정하기 위한 조작적 정의로서 Jones et al.(2000)와
Nguyen and Leblanc(1998)의 연구에서 사용된 척도를 점포만족에 적
합하도록 수정하였으며 설문의 내용은 다음과 같다. 1) 전반적으로 볼
때 이 매장에 어느 정도 만족하십니까? 2) 이 매장에서의 쇼핑은 얼마나
즐겁습니까? 3) 이 매장은 얼마나 호감이 갑니까? 4) 이 매장에서 쇼핑
할 때 행복합니까? 5) 이 매장의 서비스에 대해서 얼마나 만족합니까?

3.2.5 전환 장벽

전환장벽은 기존 거래선과 거래를 단절하고 변경하는 데 따르는 어
려움으로써 경제적, 시간적, 심리적 장벽으로 정의하였다. 이를 측정하
기 위하여 Ganesan(1994)과 Colgate and Lang(2001)이 개발한 척도를
수정하여 사용하였다. 질문내용은 경제적 손실, 심리적 부담, 노력비용,
시간적인 비용 등에 대한 요인들을 의류점 상황에 맞도록 수정하였으
며 설문의 내용은 다음과 같다. 1) 다른 쇼핑몰에서 쇼핑하기에는 시간

적, 금전적, 노력적 측면에서 많은 비용이 들 것이다. 2) 다른 쇼핑몰에서는 이 쇼핑몰만큼 좋은 서비스를 받을 수 있을지 확신이 들지 않는다. 3) 다른 쇼핑몰을 이용하는 것은 마음에 내키지 않는 일이다.

3.2.6 점포충성도

점포의 충성도는 고객이 점포에 대하여 느끼는 점포이미지, 추천도, 재방문 의도, 그리고 재방문 빈도 등으로 나타날 수 있다. 이러한 점포충성도의 경로는 Oliver(1999)의 연구에 따르면 인지적 충성도, 감정적 충성도, 의도적 충성도, 행위적 충성도로 나타난다. 본 연구에서는 충성도를 고객이 해당점포에 대하여 거래행위를 현재뿐만 아니라 다음에도 지속적으로 이용하고자 하는 의도라고 정의하였다. 이를 측정하기 위한 조작적 정의로 Price and Arnould(1999)의 연구에서 사용된 척도를 다음과 같이 의류점 상황에 맞도록 수정하였으며 설문의 내용은 다음과 같다. 1) 나는 이 매장의 단골고객이 되고 싶다. 2) 나는 우선적으로 이 매장을 이용하고 싶다.

3.3 신뢰성과 타당성 검증

본 연구에서 사용된 측정 항목들의 내적 일관성을 알아보기 위하여 Cronbach's alpha분석을 실시하였다. α계수는 비자발적 서비스와 개인 간 관계에서 α를 저하시키는 각각 1개의 변수를 제거하였다. 확인적 요인분석 과정에서 단일 차원성을 저해하는 자발적 서비스, 상품의 질, 전환 장벽의 3개의 척도를 추가로 정제하였다. 최종 측정개념에 대한 Cronbach's α는 자발적 서비스(4개 항목) 0.74, 비자발적 서비스(3

개 항목) 0.78, 상품의 질(3개 항목) 0.71, 개인 간 관계(5개 항목) 0.78, 점포만족(5개 항목) 0.84, 전환 장벽(4개 항목) 0.74, 점포충성도 (2개 항목) 0.75로 나타났으며, 개념당 항목수가 평균 3문항임을 고려할 때 측정 항목들 간의 내적 일관성은 큰 문제가 없는 것으로 나타났다. 구체적인 개념별 측정 항목 및 신뢰도는 다음의 〈표-1〉과 같다.

〈표-1〉 신뢰도 분석결과

항 목		측 정 항 목 수				연구단위 신뢰도 (Cronbach's α)
		최 초	신뢰성 분석결과	타당성 분석결과	최 종	
종업원	자발적	4	4	3	3	0.74
	비자발적	4	3	3	3	0.78
상품의 가치		5	5	3	3	0.71
개인 간 관계		4	3	3	3	0.78
점포만족		5	5	5	5	0.84
전환 장벽		4	4	3	3	0.74
점포충성도		3	3	2	2	0.75

또한 사용된 변수들 간의 타당성 검증을 위해서 신뢰성 분석 후 각 연구 개념별로 확인적 요인분석을 실시하여 단일 차원성을 저해하는 자발적 서비스에서 1개, 상품의 질에서 2개 그리고 점포충성도에서 1개의 변수를 제거하였다. 척도 정제 절차는 Anderson and Gerbing(1988)이 주장한 2단계 접근방식에 따라 수행하였으며, 척도 정제 과정을 거쳐 3개 항목을 제외한 모든 항목의 상관관계 자료를 PRELIS를 통하여 구한 다음 이를 확인적 요인분석을 위한 기초 자료로 이용하였다.

집중 타당성을 검증하기 위하여 측정 항목의 요인 적재 값과 t 값을 검증한 결과 모든 측정 항목은 $p < 0.01$ 수준에서 모두 유의한 것으로 나타나 연구모델에서 제시하고 있는 측정 항목들이 집중 타당성을 확보하고 있는 것으로 확인되었다. 그리고 판별 타당성을 검증하기 위한 모델간의 비교는 두 잠재변수 간의 상관관계를 자유롭게 추정하도록 하는 비제약모델과 두 잠재변수 간의 상관관계를 1로 제약한 제약모델을 비교하였다. 21개 모든 쌍에 대한 비교에서 두 모델의 χ^2 값의 차이는 $p < 0.05$ 수준에서 임계치인 $\chi^2(1) = 3.84$를 모두 넘는 것으로 확인되었으며, 모든 쌍에서 제약모델이 비제약모델보다 χ^2 값이 더 큰 것으로 나타나 각 연구 개념이 판별 타당성을 확보한 것으로 확인되었다. 척도들의 집중 타당성과 판별 타당성을 검증하고 각 단계별로 최적상태를 도출하기 위하여 적합도를 평가하였다. 측정모델에 대한 분석결과 모델의 적합도는 $\chi^2 = 266.38(df = 188)$, RMSEA$= 0.042$, NFI$= 0.89$, NNFI$= 0.95$, CFI$= 0.96$, GFI$= 0.91$, AGFI$= 0.88$, RMR$= 0.038$ 등으로 나타나 전반적인 지수들의 모델 적합도는 구조모형을 분석하는 데 무리가 없는 것으로 나타났다. 이상과 같이 각 연구 개념의 평균과 표준편차 및 상관관계 등을 살펴본 결과는 다음의 〈표-2〉와 같다.

〈표-2〉 구성개념 간 상관관계 분석

구 분	평균	편차	1	2	3	4	5	6	7
1. 개인 간 관계	2.02	1.15	1.00						
2. 점포만족도	3.10	0.67	0.36**	1.00					
3. 전환 장벽	2.26	1.07	0.38**	0.19**	1.00				
4. 점포충성도	2.87	0.87	0.34**	0.79**	0.66**	1.00			
5. 비자발적 서비스	2.79	0.74	0.40**	0.56**	0.17**	0.55**	1.00		
6. 상품의 가치	2.88	0.71	0.26**	0.64**	0.13*	0.63**	0.33**	1.00	
7. 자발적 서비스	2.53	0.87	0.76**	0.45**	0.30**	0.44**	0.54**	0.29**	1.00

**: $p < 0.01$. *: $p < 0.05$

3.4 연구가설 검증결과

본 연구의 가설을 검증하기 위하여 Lisrel 8.30을 이용하여 공분산 구조 모델을 분석하였다. 분석결과 연구모형의 적합도 지표는 $\chi^2 = 282.22$ (df=194), RMSEA=0.044, NFI=0.82, NNFI=0.91, CFI=0.92, GFI=0.90, AGFI=0.87 등으로 나타나 전반적인 지수들의 모델 적합도는 양호한 것 으로 본다.

〈그림-2〉 경로계수 추정결과

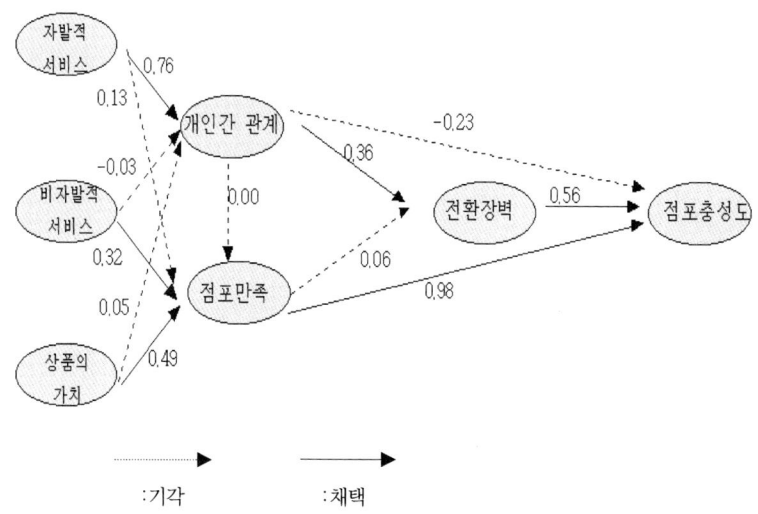

가설 1에서 종업원의 서비스를 자발적 및 비자발적 서비스로 구분하 여 세부적인 역할과 경로를 검증하고자 하였다. 이를 위하여 자발적 서 비스가 개인 간 관계 및 점포만족에 긍정적인 영향을 미칠 것이라고 가설을 설정하였다. 가설 H1a의 종업원의 자발적 서비스는 고객과 개인 간 관계에 유의적인 정(+)의 효과를 미치는 것으로 나타나 가설은 지지되었다. 가설 H1b의 종업원의 자발적인 서비스는 점포만족에 긍정적인 영향을 미칠 것이라는 가설은 기각되었다. 이러한 결과는 자발적인 서비스에 대한 새로운 역할을 규명하여 준 것으로서 절차와 행동을 중시하는 기능적 서비스와 같은 자발적인 서비스는 개인 간 관계에는 유의한 영향을 주지만 점포만족에는 영향을 미치지 못하는 것으로 나타났다. 이는 의류쇼핑몰을 이용하는 고객의 의식실태가 해당점포에 대한 만족과 개인 간 관계에 대해서는 각각의 다른 인식을 가지는 것으로 본다. 즉 고객들이 지각하는 종업원의 자발적인 서비스는 해당점포의 만족과는 별도의 개념으로 구분하여 고객과 종업원과의 개인적인 일이라는 인식을 가지고 있으며, 이러한 개인 간 관계가 반드시 점포만족으로 이어지지 않는다는 흥미로운 사실을 보여 주었다.

가설 2에서는 종업원의 비자발적 서비스가 개인 간 관계 및 점포만족에 긍정적인 영향을 미칠 것이라고 가설을 설정하였다. 그러나 가설 H2a의 종업원의 비자발적 서비스는 고객과 개인 간 관계에는 유의적인 정(+)의 효과를 미치지 못하는 것으로 나타나 가설은 기각되었다. 가설 H2b의 종업원의 비자발적인 서비스는 점포만족에 긍정적인 영향을 미칠 것이라는 가설은 지지되었다. 이러한 결과를 살펴볼 때 기술적 서비스와 같은 비자발적 서비스는 개인 간의 관계에 영향을 미치지 못하지만, 해당점포의 종업원들이 점포의 업무수행에 관련된 규정된 종업원의 업무를 나름대로 수행하고 있다는 면에서는 문제가 없다고 인식함으로써 비자발적인 서비스가 점포만족에 유의한 영향을 미치는 결과가 나온 것으로 추정된다.

가설 3에서는 상품의 가치가 개인 간 관계 및 점포만족에 긍정적인 영향을 미칠 것이라고 가설을 설정하였다. 그러나 가설 H3a는 가설설

정과는 달리 상품의 가치가 고객과 개인 간 관계에 유의적인 정(+)의
효과를 미치지 못하는 것으로 나타나 가설은 기각되었다. 가설 H3b의
상품의 가치가 점포만족에 긍정적인 영향을 미칠 것이라는 가설은 지
지되었다. 이와 같은 가설 3의 검증결과는 상품의 가치에 대한 개인 간
관계와 점포만족에 대한 분석으로서 점포만족에 상품의 가치가 유의하
게 영향을 미침을 알 수 있다. 하지만 종업원과 고객 간의 세밀한 감동
의 전달이 필요한 개인 간 관계에 물질적 개념인 상품의 가치가 영향을
미칠 수 없다는 것에 대한 반증이기도 하다. 이러한 결과는 조광행과
임채운(1999) 연구결과와 같이 상품의 가치와 지각된 서비스의 질은
점포이미지와 점포만족에 긍정적인 영향을 준 결과와 대체적으로 일치
하였으며, 종업원의 서비스와 개인 간 관계와 점포만족과의 경로와 구
조적 역할에 대해서는 기존 연구에 없었던 새로운 사실을 밝혀 주었다.

　가설 4에서는 개인 간 관계가 점포만족도, 전환 장벽 그리고 점포
충성도에 긍정적인 영향을 미칠 것이라고 가설을 설정하였다. 예측과
달리 가설 H4a의 개인 간 관계가 점포만족과의 관계는 점포만족에 유
의적인 정(+)의 효과를 미치지 못하는 것으로 나타났다. 가설 H4b의
개인 간 관계는 전환 장벽에 긍정적인 영향을 미칠 것이라는 가설을
검증한 결과는 유의한 영향을 미치는 것으로 나타나 가설이 지지되었
다. 그러나 가설 H4c의 개인 간 관계가 점포충성도와 관계는 점포충
성도에 유의적인 정(+)의 효과를 미치지 못하는 것으로 나타나 가설
은 기각되었다. 이러한 결과는 소비자들이 해당 의류쇼핑몰 종업원과
고객과의 개인 간 관계가 좋은 것과 점포만족 및 점포충성도에 대해
서는 별도의 다른 개념의 인식을 한다고 볼 수 있으며, 또한 점포 전
환 행위 시에 개인 간 관계는 전환 장벽에 유의적인 영향을 미친다는
의미 있는 결과가 나왔다. 이러한 연구결과는 이인구 등(2000)의 연구

에서 개인 간 관계는 지각된 전환 장벽에 유의한 영향을 미친다는 연구결과와 대체로 일치하였으며, 개인 간 관계가 점포충성도에 직접적으로 연결되지 않는 것은 현대인의 개인주의 소비성향에 대한 특징의 일면을 보여 주는 흥미로운 연구결과라 본다.

가설 5에서는 점포만족이 전환 장벽과 점포충성도에 긍정적인 영향을 미칠 것이라고 가설을 설정하였다. 연구가설의 예측과는 달리 가설 H5a의 점포만족이 전환 장벽에 유의한 영향을 미치지 못하는 것으로 나타났다. 그러나 가설 H5b의 점포만족이 점포충성도에 긍정적인 영향을 미칠 것이라는 가설은 지지되었다. 이처럼 점포만족이 전환 장벽에 대하여 유의한 영향을 미치지 못하는 결과는 조광행과 박봉규(1999) 연구결과와는 상반된 것으로서 향후에 추가적인 실증연구의 필요성을 보여 주고 있다.

가설 6에서는 전환 장벽이 점포충성도에 긍정적인 유의한 정(+)의 영향을 미칠 것이라는 가설 H6은 채택되었다. 이러한 결과는 이인구 등(2000)의 연구결과와 일치하는 것으로서 특히 여기서 주목할 내용은 전환 장벽이 높을수록 점포충성도가 높아지는 것으로서 전환 장벽이 점포충성도에 직접적인 영향과 중요한 역할을 하고 있다는 점을 시사하고 있다. 이러한 구조 모델에 따른 연구결과를 요약하면 다음의 〈표-3〉과 같다.

〈표-3〉 각 가설의 분석결과

가 설	경 로	경로계수	표준오차	t 값	채택여부
H1a	자발적 서비스→개인 간 관계	0.76	0.21	3.55**	채택
H1b	자발적 서비스→점포만족도	0.13	0.25	0.54	기각
H2a	비자발적 서비스→개인 간 관계	−0.03	0.17	−0.17	기각
H2b	비자발적 서비스→점포만족도	0.32	0.11	2.99**	채택
H3a	상품의 가치→ 개인 간 관계	0.05	0.13	0.42	기각
H3b	상품의 가치→ 점포만족	0.49	0.09	5.32**	채택
H4a	개인 간 관계→ 점포만족	0.00	0.19	0.01	기각
H4b	개인 간 관계→ 전환 장벽	0.36	0.10	3.54**	채택
H4c	개인 간 관계→ 점포충성도	−0.23	0.12	−1.84	기각
H5a	점포만족→ 전환 장벽	0.06	0.08	0.68	기각
H5b	점포만족→ 점포충성도	0.98	0.23	4.20**	채택
H6	전환장벽 → 점포충성도	0.56	0.17	3.40**	채택

**:$p < 0.01$수준에서 유의함

Ⅳ. 결론 및 전략적 시사점

4.1 연구결과 및 전략적 시사점

본 연구는 관계적 관점에서 종업원 서비스와 상품의 가치에 대하여 점포충성도를 유발하거나 매개역할을 하는 변수들의 구조적 관계를 규명하고자 하는 것이었다. 이를 위하여 종업원의 자발적 서비스는 개인 간 관계와 전환 장벽을 통하여 점포충성도를 유발시키는 요소라는 것을 확인하였다. 또한 비자발적 서비스는 상품의 질과 같이 점포만족을 거쳐서 곧바로 점포충성도에 영향을 미치는 요소임을 확인하였다.

이 과정에서 전환 장벽을 결정하는 요소로서 점포만족은 유의하지 않고 개인 간 관계만이 전환 장벽에 유의한 영향을 미친다는 흥미로운 사실을 발견하였다. 이러한 연구결과와 더불어 본 연구는 다음과 같은 전략적 시사점을 제공하여 준다.

첫째, 종업원 서비스에 관한 기존의 연구들은 대체적으로 두 가지 관점에서 이루어져 왔다. 첫 번째 관점은 종업원 직무만족과 종업원에 대한 각종 지원활동들이 종업원의 친사회적 행동과 조직시민행동에 미치는 영향을 알아보기 위한 연구이며, 두 번째 관점은 종업원 서비스를 제공받은 고객들이 해당점포에 대하여 지각하게 되는 서비스 품질과 재구매 행동에 영향을 미치는 반응과정들을 모델화하였다.(Betterncourt and Brown 1997, Bettencourt 1997, 윤만희 2000) 하지만 본 연구에서는 종업원 서비스를 고객에게 지각된 종업원의 행동속성 차원과 점포충성도와의 구조적 관계와 역할 차원에서 규명하고자 하였다. 이는 종업원 서비스를 설명함에 있어서 친사회적 행동이론(Bettencourt 1997)과 조직시민 행위이론(Organ 1988) 등과 같은 기존 연구들에서 다루지 않았던 새로운 영향요인(e.g., 개인 간 관계, 전환 장벽, 점포만족, 점포충성도)들을 제시하여 구조적 관계와 매개역할을 밝혔다는 점에서 이론적인 공헌을 하였다고 볼 수 있다.

둘째, 이 연구는 종업원과 고객 간에 생길 수 있는 관계 차원의 현상을 다루는 연구(Organ 1988, Bettencourt 1997)에서 종업원의 서비스를 점포충성도 차원에서 발생할 수 있는 현상들을 설명할 수 있도록 확장 발전시켰다는 점이다. 윤만희(2000)와 이용기(2001)는 종업원 서비스를 향상시키기 위한 조직지원과 상사의 지원역할 또는 종업원 서비스가 고객의 애호도, 참여, 협조와 같은 자발적 행동을 유발시키는 원인 요소에 대하여 규명하고 있지만 본 연구에서는 이를 확장하여 종업원 서비스를 점포충성도에 이르기까지의 매개변수와 구조적 역할과 현상들을 밝히는 데 기여했다는 점이다.

셋째, 마케팅 분야에서 소기업 및 소규모 점포충성도에 대한 연구들은 외국에서는 상당히 많은 연구들이 이루어져 왔지만, 국내에서는 이와 같은 연구들이 거의 이루어지지 못한 실정이다. 고객과 직접적인 상호작용을 통하여 서비스 품질을 결정하고 기업의 경쟁적 우월성의 핵심원천인 종업원의 역할을 고려하여 볼 때, 이러한 연구는 향후 마케팅 분야에서 종업원과 점포충성도에 대한 관심들을 증대시키는 계기가 될 수 있을 것이라고 본다.

마지막으로 본 연구에서는 전환 장벽에 대하여 새로운 사실을 밝혀 주었다. 전환 장벽에 대한 기존의 연구들은 기존 거래선과 거래를 단절하는 데 따르는 어려움으로서 경제적, 시간적, 심리적 비용을 전환 비용 차원에서 주로 이루어졌다.(Ganesan 1994, Jones et al. 2000, 조광행, 박봉규 1999, 조광행, 임채운 1999) 최근의 전광호 등(2003)의 연구에서도 영업사원의 이직의도에 있어서 관계투자는 전환비용에 유의한 관계를 미치나 인적관계는 전환비용에 영향을 미치지 못하는 것을 주장하였다. 그러나 본 연구에서 점포만족이 반드시 전환 장벽에 대하여 유의한 영향을 주는 것은 아니며, 개인 간 관계는 전환 장벽에 유의한 영향을 미치고 전환 장벽은 점포충성도에 유의한 영향을 주는 새로운 사실을 실증적으로 밝혔다. 따라서 종업원들이 고객과 직접적인 상호관계를 통하여 만들어낸 개인 간 관계는 고객만족과 점포충성도를 이끌어내는 데 중요한 역할을 하고 있음을 밝혀냈다.

이상과 같은 전략적 시사점을 살펴볼 때 본 연구결과는 영업현장에서 사용할 수 있는 다음과 같은 실무적인 시사점도 제공하여 준다.

첫째, 기존 연구들은 종업원의 서비스에 대하여 고객만족을 향상시

키기 위한 차원에서 조직지원, 상사지원과 고객의 자발적 행위를 유도
시키는 변수들을 제시하여 왔다. 하지만 본 연구에서는 고객만족 개념
에서 더욱 발전시켜 점포충성도에 도달하기 위한 점포만족과 종업원
과 고객의 개인 간 관계, 그리고 단골고객의 타 점포에 대한 전환을
억제하는 전환 장벽을 만들어내는 요소들을 규명하고자 하였다. 종업
원 자발적 서비스행동은 친사회적 행동과 같이 개인 간 관계와 전환
장벽에 직접적인 유의한 영향을 주었다. 비자발적 서비스는 개인 간
관계에 영향을 미치지 못하고 점포만족에만 직접적인 영향을 주었다.
이는 소매점포의 서비스 질과 지각된 가치 등에서 기술적 서비스 품
질은 성과만을 중시하여 상품의 품질과 가치 인식에는 직접적인 영향
을 주어도 소비자들의 구매의도에는 미치지 못하고, 기능적인 서비스
품질은 기술적 서비스 품질을 통하여 간접적으로 소비자에게 제품지
식 등과 더불어 성과를 인식시켜서 소비자의 구매의도를 확장시키는
것과 같다는 것이다.

　이러한 종업원 서비스에 대한 관리자의 인식은 다음과 같이 바뀌어
야 한다. 지금까지의 종업원에 대한 평가가 관리자 입장에서 바라본
각각의 종업원에 대한 매출실적 비교평가와 같은 눈에 보이는 계량적
평가에 치중하였다면 향후 종업원 평가 및 지도에서는 종업원의 행위
적 실적평가(Behavioral Performance Evaluation)로 확대할 필요성이
있음을 제시하여 주고 있다. 물론 이러한 종업원의 행위적 실적을 평
가할 시에는 종업원의 관리자 입장에서 바라본 시각이 아니라 고객의
평가 관점에서 평가하여야 함을 분석척도와 더불어 실증적으로 반증
하여 주었다고 본다.

　둘째, 본 연구를 통하여 종업원 서비스와 상품의 가치는 개인 간
관계와 점포만족 그리고 전환 장벽과 더불어 점포충성도와 구조적 관

계가 실증적으로 유의성이 있음을 확인할 수 있었다. 여기에서 밝혀진 흥미로운 사실은 고객의 점포충성도 형성에서 유형적인 부분은 상품의 가치이며, 무형적인 부분은 종업원 서비스이지만 이러한 종업원 서비스가 비자발적인 규정에 의한 강제적인 업무지침으로서 행하는 서비스만으로는 성공적인 점포충성도를 이루어 낼 수는 없다는 것이다. 종업원을 지도 관리함에 있어서 공식적인 업무지침과 매뉴얼만으로는 종업원의 행동지침과 역할을 모두 규정하지는 못하지만, 종업원의 규정된 역할 이상으로 종업원 스스로가 자발적인 서비스를 실시하도록 유도하여야 한다는 것이다. 이를 위하여 종업원 관리자들은 종업원이 자발적으로 규정역할 이상으로 서비스를 할 수 있도록 하기 위한 필수적 선행요건이라고 할 수 있는 기업 자체의 내부마케팅 시스템 등을 개발하고 구축할 필요가 있다고 본다.

셋째, 지금까지의 충성도에 대한 연구는 연구자들마다 다소 상이하게 서비스 충성도 및 고객 충성도 등으로 연구가 이루어져 왔으나, 이러한 모호한 개념을 Oliver(1999)의 연구에 기초하여 보다 체계적인 형태로 재정립하였다는 데 그 의의가 크다고 볼 수 있다. 특히 이러한 충성도에 대하여 효과적으로 밝히기 위하여 의류점을 선정하여, 고객접점 종업원의 자발적 서비스와 비자발적 서비스와 더불어 상품의 가치가 개인 간 관계와 점포만족 그리고 전환 장벽이라는 매개변수를 통하여 점포충성도에 도달한다는 것을 밝혀냈다.

마지막으로는 본 연구에서는 가설을 도출하여 검증을 하지는 않았지만 사후분석을 통하여 알아본 결과 세 가지 독립변수가 점포충성도에 이르는 직접 및 간접효과에 대해서는 종업원의 자발적 서비스가 12%, 종업원의 비자발적 서비스가 33%, 상품의 가치가 49%로서 점포충성도에 대하여 각각의 간접효과를 미치고 있음을 실증적으로 밝혀냈다. 이러한 실증적인 검증결과를 토대로 관리자는 종업원 서비스를 상품의 가치 못지않게 고객들이 해당점포에 대한 강한 점포충성도를 가질 수 있도록 관리하여야 할 것이며, 또한 종업원 입장에서도 이러한 서비스를 자발적으로 자연스럽게 연출하고자 하는 노력이 필요할 것이다.

이상과 같은 연구결과들을 종합하여 보면 고객접점 종업원 즉 의류쇼핑몰에서의 판매원은 의류상품의 지식과 같은 기술적 서비스와 규정된 서비스를 실시하는 것 못지않게 규정 이상의 친절한 접객 매뉴얼과 자발적 마음을 가지고 고객에 대하여 좀더 진지한 개인적인 관심을 가질 수 있도록 하여야 한다. 고객입장에서는 의류점 판매원의 전문지식이나 판매기술 못지않게 규정된 역할 이상의 자발적 서비스에 대하여 인간적인 개인 간 관계를 느끼게 된다면 이것이 타 점포로 전환하고자 하는 심리에 대하여 전환 장벽 설치효과와 점포충성도를 획득함에 있어서 유의한 영향을 미치게 된다. 이처럼 종업원 교육 시에 종업원이 고객에게 일방적인 단방향 서비스를 실시하는 것보다 판매원과 고객이 서로 더욱 친밀한 관계를 느낄 수 있는 양방향 의사소통의 중요성을 강조하여야 한다. 고객접점 종업원은 고객에 대하여 기능적이면서도 자발적인 서비스를 실시하고, 고객이 즐거워하는 기쁨을 종업원들도 역으로 양방향 차원에서 직접 느낄 수 있도록 육성되어야 한다. 이러한 노력의 결과는 많은 신규고객 창출 못지않은 단골고객의 타 점포로 이탈방지를 위한 전환 장벽 설치효과와 쇼핑몰 내의 많은 경쟁점포들 중에서 독보적이면서도 강한 점포충성도를 획득하는 데 많은 도움을 줄 것이라고 본다.

4.2 연구의 한계점 및 향후 연구방향

이상과 같은 이론적, 실무적 기여와 마케팅 시사점에도 불구하고 본 연구의 한계점과 향후 연구방향을 정리하면 다음과 같다.

첫째는 주요 결정변수 선정의 한계점이다. 점포충성도 결정요인에는 매우 다양한 변수들이 내재하고 있다. 이러한 측면에서 다양성추구, 대안매력도, 즐거움 추구 등과 같은 다양한 가치를 물어보는 추가 변수 대하여 폭넓게 살펴볼 필요가 있었다. 또한 종업원의 서비스에 대한 개념도 조직 및 상사지원 그리고 직무만족과 작업노력 등에서 더 나아가 눈에 보이는 친절, 태도, 공손함 그리고 대기시간의 최소화 등의 다양한 요인변수가 존재하고 있는데 이러한 변수들을 포함한 종합적 관점에서 연구하였으면 보다 더 많은 전략적 시사점이 나왔으리라 여겨진다.

둘째는 본 연구에서 제시된 가정들의 관계와 구성개념과의 경로를 보다 더 정교화할 필요가 있다고 본다. 이를 위하여 점포 특성에 맞는 소비자 성향 및 소비자 관여도와 같은 상황변수를 도입하여 조절효과 등을 살펴볼 필요가 있다. 관여도의 차이와 같은 다양한 상황의 변화에 따라서 매개변수들 간의 관계 및 선행변수들과의 관계에도 변화가 있을 것이며 다양한 시사점들이 나타나리라 본다.

마지막으로 본 연구는 의류점만을 대상으로 설문조사를 실시하였다는 단점을 가지고 있다. 비록 이러한 의류점들이 점포충성도 차원에서는 BPS복합 측정척도(Budget, Patronage, Switching)에 의한 결과가 슈퍼마켓 및 식품 분야의 점포충성도의 45%의 범위보다 높은 60%의 수치를 보인 의류업종을 선정하였지만, 다양한 소매 점포들을 대표하는 업종의 표본이라고 하기에는 외적 타당성이 떨어진다고 본다. 따라서 본 연구에서의 개념적 모형에 대한 설명력이 높다 하더라도 소매업 전체에 대하여 일반화시키기에는 부족함이 많으므로, 이러한 문제점을 해결하기 위하여 다른 서비스 및 소매업태에서 대표업종들을 선택하여 보다 더 다양한 표본을 이용한 반복연구와 비교분석이 필요하다고 본다.

◑ 참고 문헌

김철민(2002), "서비스충성도의 결정요인에 관한 연구", **마케팅관리연구**, 7(2), 87-115.

박정은, 이성호, 채서일(1998), "서비스 제공자와 소비자 간의 관계에 질이 만족과 재구매 의도 관계에 미치는 조정역할에 관한 탐색적 연구", **마케팅연구**, 13(4), 119-139.

안흥복, 권기정, 이미숙(2004), "호텔기업의 서비스 품질, 고객만족 및 고객반응의 관련성 분석", **경영연구**, 19(1), 163-186.

윤만희(2000), "서비스 접점종업원 지원이 고객의 서비스 품질 평가에 미치는 영향", **경영학 연구**, 29(2), 65-83.

윤만희(2000), "서비스종업원 조직시민행위의 사회교환론적 선행변수와 서비스 품질에 관한 연구: 종업원 분석수준", **경영학연구**, 29(4), 23-47.

윤성욱(2002), "The Role of Relationship Quality in the Case of Service Failure", **경영연구**, 17(1), 181-199.

윤성욱, 김수배(2003), "의료서비스접점에서의 대기시간이 서비스 품질평가와 애호도에 미치는 영향", **한국마케팅저널**, 5(1), 1-22.

윤성욱, 황경미(2002), "CIT를 이용한 서비스 실패와 복구에 관한 연구", **한국마케팅저널**, 4(4), 1-27.

윤성욱, 황경미(2004), "서비스 복구형태가 고객관계에 미치는 영향: 음식점을 대상으로 한 CIT 접근", **소비자학 연구**, 15(1), 135-158.

이인구, 김종배, 이문규(2000), "지각된 서비스 품질, 소비자 태도, 재이용의도 사이의 인과 관계 모형", **한국마케팅저널**, 2(3), 44-63.

이용기(2001), "고객접점 종업원의 친사회적 행위에 대한 고객지각이 종업원 서비스 품질 평가, 고객만족과 고객의 자발적 행위에 미치는 영향", **마케팅연구**, 16(3), 105-125.

제미경, 김효정(2000), "미용실 이용고객의 서비스 품질 결정요인과 고객만족", **소비문화연구**, 3(2), 177-196.

조광행, 박봉규(1999), "점포충성도에 대한 전환 장벽과 고객만족의 영향력에 대한 실증적 연구", **경영학연구**, 28(1), 127-149.

조광행, 임채운(1999), "고객만족 및 전환 장벽이 점포애호도에 미치는 효과에 관한 연구", **마케팅연구**, 14(1), 47-74.

전광호, 김재욱, 모순래(2003), "영업사원 이직의도의 관계론적 선행변수에 관한 연구", **마케팅연구**, 제18권 제2호, 95-122.

최낙환(1997), "판매원의 고객지향성에 대한 조직몰입과 적응성의 매개적 역할", **마케팅연구**, 12(4), 43-65.

허경옥, 유소이(2001), "제품과 서비스의 소비자 불만 및 소비자불평행동 결정요인 분석: 2단계 추정방법의 응용", **소비문화연구**, 4(2), 57-83.

Anderson, J. C. and D. W. Gerbing(1988), "Structure Equation Modeling in Practice: A Review and Recommended Two-Step Approach", *Psychological Bulletin*, 103(3), 411-423.

Beckwith, H.(1997), Selling The Invisible, Warner Books, Inc., New York.

Bettencourt, L. W.(1997), "Customer Voluntary Performance: Customers As Partners In Service Delivery", *Journal of Retailing*, 73(3), 383-406.

Bettencourt, Lance W.and Stephen W. Brown(1997), "Contact

Employees: Relationships Among Workplace Fairness, Job Satisfaction and Prosocial Service Behaviors", *Journal of Retailing*, 73(3), 39–61.

Bitner, M. J., B. H. Booms, and M. S. Tetreault(1990), "The Service Encounter: Diagnosing Favorable and Unfavorable Incidents", *Journal of Marketing*, 54(January), 71–84.

Bitner, M. J., B. H. Booms, and L. A. Mohr(1994), "Critical Service Encounters: The Employee's Viewpoint", *Journal of Marketing*, 58(October), 95–106.

Carlzon, J.(1987), Moments of Truth, Cambrige, MA: Ballinger Publishing Company.

Colgate, M. and B. Lang(2001), "Switching Barriers in Consumer Markets: An Investigation of the Financial Services Industry", *Journal of Consumer Marketing*, 18(4), 332–347.

Dabhokar, P. D., D. I. Thorpe, and J. O. Rentz(1996), "A Measure of Service Quality for Retail Store: Scale Development and Validation", *Journal of the Academy of Marketing Science*, 24(1), 3–16.

Dick, A. S. and K. Basu(1994), "Customer Loyalty: Toward an Integrated Conceptual Framework", *Journal of the Academy of Marketing Science*, 22(2), 99–113.

Ganesan, S.(1994), "Determinants of Long–term Orientation in Buyer –Seller Relationship", *Journal of Marketing*, 58(April), 35–47.

Gronroos, Christian(1984), "A Service Quality Model and It's Marketing Implications", *European Journal of Marketing*, 18(4), 36–44.

Fisk, R. P., S. W. Brown, and M. J. Bitner(1993), "Tracking the Evolution of the Service Marketing Literature", *Journal of Retailing*, 69(1), 61–103.

Fornell, C.(1992), "A National Customer Satisfaction Barometer

Evolution of the Service Marketing Literature", *Journal of Retailing*, 69(1), 61-103.: The Swedish Experience, "Journal of Marketing, 56(January), pp.6-21.

Jones, M., D. L. Mothersbaugh, and S. E. Beatty(2000), "Switching Barriers and Repurchase Intentions in Services", *Journal of Retailing*, 76(2), 259-274.

Laaksonen, M.(1993), "Retail Patronage Dynamics: Learning About Daily Shopping Behavior in Contexts of Changing Retail Structures", *Journal of Business Research*, 28(2), 3-174.

Lytle, R. S., P. W. Hom and M. P. Mokwa(1998), "SERV*OR: A Managerial Measure of Organizational Service-Orientation", *Journal of Retailing*, 74(4), 455-489.

Knox, S. D. and T. J. Dension(2000), Store Loyalty: Its Impact on Retail Revenue, *Journal of Retailing and Consumer Services*, 7, 33-45.

Martine, S.(1993), "Maintaining Relationship with Customer: Some Critical Factors", *Enhancing Knowledge Development in Marketing*, *AMA*: 21-27.

Nguyen, N. and G. Leblanc(1998), "The Mediating Role of Corporate Image on Customers Retention Decisions", *International Journal of Bank Marketing*, 16(2), 52-65.

Oliver, R. L(1980), "A Cognitive Model of the Antecedents and Consequences of Satisfaction Decisions", *Journal of Marketing Research*, 17, 460-469.

Oliver, R. L. and W. S. DeSarbo(1988), "Response Determinants in Satisfaction Judgements", *Journal of Consumer Research*, 14, 495-507.

Oliver, R. L., and J. E. Swan(1989), "Consumer Perceptions of Interpersonal Equity and Satisfaction in Transactions: A Field

Survey Approach", *Journal of Marketing*, 53(April), 21 – 35.

Oliver, R. L.(1999), "Whence Consumer Loyalty", *Journal of Marketing*, 63(Special Issue), 33 – 44.

Organ, Dennis W.(1988), Organizational Citizenship Behavior: The Good Soldier Syndrome, Lexington Books, MA: Lexington.

Petroshius, S. M. and K. B. Monroe(1987), "Effect of Product – Line Pricing Characteristics on Product Evaluations", *Journal of Consumer Research*, 13(March), 511 – 519.

Price, L. L. and E. J. Arnould(1999), "Commercial Friendships: Service Provider – Client Relationships in Context", *Journal of Marketing*, 63(October), 38 – 56.

Puffer, S. M.(1987), "Prosocial Behavior, Noncompliant Behavior, and Work performance Among Commission Salespeople", *Journal of Applied Psychology*, 72, 615 – 621.

Richardson, P. S., A. S. Dick, and A. K. Jain(1994), "Extrinsic and Intrinsic Cue Effects on Perceptions of Store Brand Quality", *Journal of Marketing*, 58(October), 28 – 36.

Sirgy, M. J. and A. C. Samli(1985), "A Path Analytic Model of Store Loyalty Involving Self – Concept, Store Image, Geographic Loyalty, and Socioeconomic Status", *Journal of the Academy of Marketing Science*, 12(Summer), 265 – 291.

Sirohi, N, E., W. Mclaughlin, and D. R. Wittink(1998), "A Model of Consumer Perceptions and Store Loyalty Intentions for a Supermarket Retailer", *Journal of Retailing*, 74(2), 223 – 245.

Sweeney, J. C., G. N. Soutar, and L. W. Johnson(1996), "Retail Service Quality and Perceived Value", *Journal of Retailing and Consumer Services*, 4(1), 39 – 48.

Weun, S., S. E. Beatty, M. A. Jones(2004), "The Impact of Service Failure Severity on Service Recovery Evaluations and Post –

Recovery Relationships", *Journal of Services Marketing*, 18(2), 133−146.

Zeithaml, V. A.(1988), "Consumer Perceptions of Price, Quality and Value", *Journal of Marketing*, 52(July), 12−18.

Zeithaml, V. A., L. L. Berry, and A. Parasuraman(1996), "The Behavioral Consequences of Service Quality", *Journal of Marketing*, 60(April), 31−46.

고객접점 서비스와 점포충성도의
상호순차적 영향관계에 관한 연구

I. 서 론

오늘날 기업경영에 있어서 고객만족을 경영의 최대과제로 삼고 있다. 그러나 예를 들어 경쟁하는 2개의 소매점포가 있고, 이 경쟁 소매점포의 연간 판매량과 연간 고객 수가 동일하다고 가정할 때 소매점포들의 경쟁력을 차이 나게 하는 핵심역량은 무엇일까? 이에 대한 답변으로 고객충성도(Customer Loyalty)가 부각되고 있다. 격심한 불황기와 경쟁상황에서 기업의 생존경쟁은 극심할 수밖에 없으며, 기업들은 나름대로 고객들을 충성 고객화하는 방안들을 모색하고 있다. 이처럼 기존고객들의 중요성은 기존고객의 5% 이탈방지는 기업의 이익률을 25~85%까지 향상시킨다는 연구결과에서 볼 수 있듯이 기존고객들을 유지하는 것은 재무구조 향상에 있어서 중요성은 매우 높다고 할 수 있다.(Reichheld and Sasser; 1990)

고객 충성도에 대한 지금까지의 연구는 만족과 서비스 질에 대한 경로분석과 상관관계 탐색에서 점차 발전하여, 장기간 기업 비즈니스에서 최대의 이익을 제공하는 경로로써 새로운 충성도 결정요인을 찾아내고자 하고 있다. 하지만 아직까지의 고객충성도에 대한 연구는 서비스적 관점과 고객만족을 매개변수로 한 고객의 재구매 의도 및 행동이라는 단일 항목으로 된 종속변수에 대하여 제한적 의미의 충성도에 대한 연구만이 이루어져 왔었지만 이제는 고객충성도를 점포충성도 관점에서 새롭게 살펴볼 필요가 있다. 점포충성도에 관한 기존의 연구들은 점포이미지와 서비스 품질, 다양성 추구성, 대안 매력도, 전환비용 등 물질적인 속성에서 시작하여 인지, 감정, 의도 그리고 애호도에 이르기까지 고객의 인식적 개념절차에 대해서도 다양한 연구가 이루어져 왔다.(Fisk et al. 1993, Oliver 1980, Oliver and DeSarbo 1988, Oliver and Swan 1989, Oliver 1999) 그러나 현 상황에서 요구하는 점포충성도에 관한 연구는 단순한 서비스 품질과 고객지향성 그리고 재구매 의도만을 물어보는 방식과 고객만족과 지각된 품질 및 가치에 관한 변수들의 상관관계를 밝히는 방식에서 좀더 나아가야 할 필요가 있다고 본다.

본 연구에서는 이러한 고객접점 종업원의 심리적 상태를 연구의 시발점으로 보고, 이들의 서비스행동과 심리적 표현이 점포충성도에 미치는 영향을 알아보고자 한다. 이를 위하여 고객접점 서비스를 Betterncourt and Brown (1997)이 정의한 종업원의 내적 심리적 반응이 표출된 행동으로써 자발적 및 비자발적인 서비스로 규정할 수 있는 제한된 서비스를 제공하는 종업원과 특별한 서비스를 제공하는 종업원에 대하여 고객이 지각하는 평가가 점포충성도(Store Loyalty)에 대하여 어떠한 영향을 미치는가를 알아보고자 한다. 본 연구목적을 달성하기 위하여 고객이 지각하는 평가와 가치에 대하여 다음과 같은 의문점을 제기하고자 한다.

첫째, 고객접점의 서비스는 개인 간 관계와 점포만족에 어떠한 영향을 미치는가?

둘째, 개인 간 관계와 점포만족의 관련성은 어떠한가?

셋째, 점포만족은 인지적 충성도, 감정적 충성도, 의도적 충성도, 행위적 충성도에 대하여 어떠한 영향을 주고 있는가?

넷째, 인지적, 감정적, 의도적, 행위적 충성도의 상호순차적인 관계와 영향은 어떠한가?

이를 효과적으로 알아보기 위하여 점포충성도의 개념을 기존의 재구매 및 재방문 의도와 구전효과를 묻는 방식과는 달리하여, Oliver(1999)가 연구한 통합적 관점에서 바라본 점포충성도를 토대로 하여 고객의 인식적인 차원에서 실증적 점포충성도를 검증하고자 한다. 이와 같은 고객접점의 서비스유형이 점포충성도에 미치는 영향에 관한 연구는 기존의 연구자들마다 상이하게 정의하였던 고객충성도와 서비스충성도를 점포충성도 차원에서 체계적으로 재정립함과 동시에 서비스기업의 경영개선 및 장기적인 단골고객 획득에 대하여 마케팅 측면에서 상당히 많은 전략적 시사점을 제시하여 주리라고 본다.

Ⅱ. 이론적 고찰

1. 고객접점의 서비스

고객접점은 진실의 순간(Moments of Truth)과 같이 고객이 점포와 종업원에 대하여 첫인상의 이미지를 느끼는 접점이며, 실제적인 서비스 품질을 경험하게 되는 최초의 순간이다.(Carlzon 1987) 고객접점은 서비스기업, 종업원, 고객이라는 삼각관계의 상호작용에 의하여 발생하며, 이처럼 상호 간의 조화가 적절할 때 이익효과가 창출되는 것으로 볼 수 있다. 이와 같은 고객접점의 서비스 질에 관한 연구는 서비스기업에서 고객의 자발적 행위(Customer Voluntary Performance)를 이끌어 내기 위한 고객접점 종업원의 친사회적 행동을 규명하는 데서 주목받았다.(윤만희 2000, Zeithaml et al. 1996, Bettencourt 1997)

점포충성도를 소매 서비스 품질(Retail Service Quality)과 관련한 연구들을 살펴보면, 소매 서비스 품질은 기술적 품질(technical quality)과 기능적 품질(functional quality)을 구분할 수 있으며, 고객이 최종적으로 느끼는 서비스 성과는 공정절차를 강조하는 예절동작 측면이 강한 기능적인 품질이 고객에게 유의한 영향을 미치는 것으로 되어 있다. 이것은 기술적 서비스 품질은 제품품질과 가치인식에는 유의하였으나, 고객의 재구매 의도에는 직접적인 영향을 미치지 못하였고, 기능적인 서비스 품질은 기술적 서비스 품질에 영향을 주고 또한 소비자의 구매의사에 간접적인 영향을 미침을 알 수 있었다.(Gronroos 1984, Sweeney, Soutar and Johnson 1996)

이러한 기존 연구들을 바탕으로 많은 연구자들이 고객접점 서비스 제공자들의 특별한 서비스 또는 규정된 한정된 서비스만 제공하는 서비스 성과 및 행동결과에 대한 동기들을 규명하고자 하였다. Betterncourt and Brown(1997)은 고객접점 종업원이 서비스를 제공할 때에 직무분석서와 업무매뉴얼 등에 명기된 규정되어 있는 역할의 행동을 하는 것을 규정된 고객서비스라고 하였고, 고객에게 예외적 서비스와 특별한 관심과 보너스를 제공하여 고객을 감동시키는 것을 규정된 역할 이상의 고객서비스로 정의하였다. 따라서 본 연구에서는 서비스 기업에서 제시하는 종업원의 형식적이고 규정된 서비스를 비자발적 서비스라고 하고, 종업원의 마음에서 발현되는 서비스를 자발적 서비스라고 정의한다. 기존의 종업원 서비스에 관한 연구는 조직지원과 상사지원 및 고객참여가 종업원의 자발적인 작업개선 노력과 직무만족, 그리고 서비스 품질에 미치는 영향경로를 밝히고자 하였으며,(Betterncourt and Brown 1997, Bettencourt 1997) 최근 국내에서는 종업원의 규정된 역할과 비규정된 역할이 점포애호도, 참여, 협조와 같은 고객의 자발적 행위에 미치는 영향력을 밝혀내고자 하였다.(윤만희 2000, 이용기 2001)

종업원의 서비스와 직결되는 개인 간 관계는 고객이 고객접점의 종업원에 대하여 종업원과의 내부 인간관계에 신뢰를 느끼는 정도로 정의하고 있다.(Price and Arnould 1999, Jones et al. 2000, Colgate and Lang 2001, Weun et al. 2004) 개인 간 관계는 종업원과 고객 간의 인간적 신뢰관계이기에, 고객 입장에서는 종업원이 형식적인 접객이 아닌 인격적인 감정 측면에서 보다 특별하게 대해 주는 정도가 좋은 서비스 평가로 나올 수가 있다. 최낙환(1997)은 판매원의 고객지향성에 대한 조직몰입과 적응성의 매개적 역할에 관한 연구에서 기업 차원의 시장지향성은 판매원의 고객지향성에 간접적인 영향을 주며, 기업 차원의 행동기준평가는 직접적인 효과를 미치고 있음을 밝힘으로써 종업원의 고객지향적 태도의 변화가능성과 더불어 종업원 태도가 고객에게 유의한 영향을 미칠 수 있다는 점을 간접적으로 시사하여 주었다. Martine(1993)은 고객과의 장기적 거래관계에 관한 연구에서 종업원과 고객의 상호작용에 영향을 미치는 결정요인으로서 신뢰, 대화의 빈도, 대화의 질과 유연성, 정보교환, 결속 등을 제시하였으며, 이러한 요인들이 종업원과 고객과의 장기적 거래를 위한 관계지속에 긍정적인 영향을 미침을 알아냈다.

이러한 선행연구들에서 나타난 바와 같이 종업원의 서비스는 점포충성도에 유의한 영향을 미치는 과정에서 개인 간 관계에 직접적인 영향을 미칠 것으로 보고 다음과 같은 가설을 설정하고자 한다.

H1a: 자발적인 서비스는 개인 간 관계에 긍정적인 영향을 미칠 것이다.

H2a: 비자발적인 서비스는 개인 간 관계에 긍정적인 영향을 미칠 것이다.

Dabhokar et al.(1996)은 서비스 품질을 소매점포 차원에서 더욱 세분화시킨 소매점 서비스 측정모델(Retail Service Quality)을 개발하였다. 소매점포 서비스 품질 결정요소를 물리적 외형(외관, 편의성), 신뢰성, 개인 간 상호작용, 문제 해결성, 점포정책 등의 5개 차원으로 구분하고 공변량 구조방정식 분석방식으로 소매점포 서비스를 측정하여 기존 척도들인 SEVEQUAL, SERVPERF 모형과 비교하여 모델 적합도가 우수한 척도로 주목받고 있다. 이와 더불어 SERV*OR에서는 고객처리 방법의 향상을 위한 서비스 지향성 정도를 측정하고자 하였다.(Lytle et al. 1998) 서비스 지향성은 서비스접점에서 고객과 종업원의 상호작용에서 고객이 느낀 진실의 순간처럼 고객접점 종업원의 서비스성과가 고객만족으로 직결되는 것으로 보았다.(e.g., Carlzon 1987, Lytle et al. 1998) 이처럼 소매서비스 품질을 지각된 가치와 더불어 살펴본다면 소매서비스 품질은 Gronroos(1984)의 기술적 품질과 기능적 품질로 구분할 수 있다. Sweeney et al.(1996)의 연구에 의하면 고객이 최종적으로 느끼는 서비스 성과는 서비스 공정절차를 강조하는 기능적인 품질이 기술적 품질에 비하여 서비스성과에 더 영향을 주는 것으로 나타났다. 이처럼 기술적 서비스 품질은 제품의 품질과 가치인식에 영향을 주었지만 고객의 재구매 의도에는 영향을 미치지 못한 것에 비하여, 기능적 서비스 품질은 기술적 서비스 품질에도 영향을 주었고 소비자의 구매의사에도 직접적인 영향을 미치는 것으로 나타났다. 이러한 결과는 종업원의 자발적인 서비스에 대한 관심을 촉진시키는 계기가 되었다.

최근의 연구는 규정된 역할과 비규정된 역할을 하는 종업원들의 역할 수행능력이 이를 지각하는 고객들의 자발적인 참여활동, 협조, 점포 애호도 등과 같은 고객의 친사회적 행동에 미치는 상관관계를 규명하고자 하였다. 이러한 종업원의 역할 수행능력과 서비스는 종업원의 친사회성 정도와 직업에 대한 만족 등과 같은 다양한 개인적 변수들에 의하여 종업원들의 서비스 성과가 다르게 나타나는 것을 나타났다.(Bettencourt and Brown 1997, Bettencourt 1997, 윤만희 2000) 이처럼 친사회적 행동성이 높은 종업원은 서비스 자발성이 높으며, 종업원의 자발적 서비스는 서비스 전달 시 고객의 우호적인 평가를 이끌어내고 점포충성도와 더불어 판매성과를 높이는 것으로 나타났다. 이와 더불어 고객과 종업원의 관계에 있어서 종업원의 친사회적 행동 못지않게 고객의 자발적 행위도 서비스 성과에 대하여 중요한 영향을 미치기도 한다.(윤성욱, 황경미 2002, 2004, Bitner et al. 1990) 안홍복 등(2004)의 연구에서는 종업원의 대응성과 친절성이 고객의 전반적인 만족에 유의한 영향을 줌과 동시에 고객만족은 호텔의 재방문 의도와 타인에 대한 추천에도 유의한 영향을 준다는 실증결과를 제시하였다. 이와 같이 서비스를 성심성의껏 제공하는 종업원의 행위는 고객과의 개인 간 관계와 더불어 점포만족에 직접적으로 유의한 영향을 미치는 것을 알 수 있다.(Sweeney et al. 1996, Sirohi et al. 1998) 또한 결정적 사건기법을 이용한 윤성욱과 황경미(2002, 2004)의 연구에서도 종업원의 자발적 서비스뿐만 아니라 매뉴얼에 근거한 비자발적 서비스도 서비스제공자에 대한 만족에 유의한 영향을 주는 것으로 밝혀졌다. 이러한 연구결과를 토대로 종업원 서비스가 점포만족에 대하여 직접적인 영향을 미칠 것으로 보고 다음과 같은 가설을 설정하고자 한다.

H1b: 자발적인 서비스는 점포만족에 긍정적인 영향을 미칠 것이다.
H2b: 비자발적인 서비스는 점포만족에 긍정적인 영향을 미칠 것이다.

2. 개인 간 관계

개인 간 관계는 앞서 논의된 바와 같이 고객과 종업원과의 인간적인 결속상태이며, 고객 입장에서는 고객접점의 순간에 고객을 좀더 특별하게 대해 주는 정도에 따라서 해당 종업원과의 개인 간 관계를 지각하게 된다. 서비스복구에 관한 최근 연구에서 Weun et al.(2004)은 종업원과 고객 간의 관계가 밀접할수록 서비스 실패상황을 비교적 관대하게 받아들이는 경향이 있음을 알아냈는데, 이는 개인 간 관계가 종업원과 기업에 대하여 장기적인 관계지향에 있어서 유의한 영향을 미치는 요인임을 시사하는 것이다. 이처럼 고객과 종업원 간의 관계의 질이 양호할수록 서비스 실패의 원인에 대한 긍정적인 귀인(attribution)을 하기에, 점포의 재방문 및 재구매 의도에도 긍정적인 영향을 미치는 것으로 나타났다.(윤성욱 2002, Weun et al.2004)

조광행과 임채운(1999)은 고객만족이 점포애호도에 미치는 연구에서 고객에게 지각된 서비스 질은 점포이미지와 고객만족에 직접적으로 유의한 영향을 미침을 알아냈다. 박정은 등(1998)은 서비스 제공자와 고객 간의 관계의 질에 따라서 고객만족과 재구매 의도가 달라짐을 확인하였다. 이러한 연구결과는 종업원의 특성이 고객과의 접촉빈도와 규범, 대화의 질, 재방문 및 구전효과 등과 같은 서비스 성과에 대하여 높은 설명력을 가지고 있음을 시사하여 주고 있다. 윤성욱과 김수배(2003)는 대기시간이 서비스 품질평가와 애호도에 미치는 영향에 관한 연구에서 서비스 접점에서 발생한 고객의 부정적인 감정은 해당점포에 대한 서비스 품질평가 및 애호도에 부정적인 영향을 미침을 밝혀냈다. 이처럼 고객에게 지각된 서비스의 질은 고객만족과 전환장벽에 유의적인 영향을 미침과 동시에 점포의 태도, 구매의도, 구매행동과 같은 점포애호도의 중요한 결정요인이 되고 있다.

　성심성의껏 서비스를 제공하는 종업원의 친절한 행위는 고객과 종업원 간의 개인 간 관계를 통하여 점포만족을 느끼게 한다. 이처럼 점포만족은 종업원과 고객의 상호작용인 개인 간 관계와 더불어 발생하며, 장기적으로 고객과의 거래관계를 지속시켜 줌과 동시에 재방문 의도와 타인에 대한 추천에 대하여 유의한 영향을 줌을 알 수 있다. 이러한 기존 연구결과를 토대로 개인 간 관계는 점포만족, 전환 장벽, 점포충성도에 직접적인 영향을 미칠 것으로 보고 다음과 같은 가설을 설정하고자 한다.

H3: 개인 간 관계는 점포만족에 긍정적인 영향을 미칠 것이다.

3. 점포만족

　점포만족에 관한 기존의 연구들을 살펴보면 대체적으로 두 가지 형태로 구분된다. 첫 번째는 소비경험의 결과로서 기대성과 불일치 여부와 구매 후 평가와 같은 소비평가 과정으로 보는 것과, 두 번째는 제품을 사용한 후에 느끼는 감성적 반응과 인지적 반응에 대한 심리적인 결과물 관점에서 보는 것이다.(Oliver 1980, Oliver and DeSarbo 1988, Oliver 1999) 이처럼 점포충성도는 고객이 기대한 서비스를 종업원에 의하여 실제로 수행된 서비스 성과와 비교하거나, 서비스와 점포를 이용하면서 누적된 고객만족과 점포 간의 상호작용에 관한 실증적 연구로서 서비스 품질측정과 점포충성도에 대하여 많은 연구결과들이 제시되었다.(Dick and Basu 1994, Oliver and DeSarbo 1988) 제미경과 김효정(2000)은 미용실 이용 후의 긍정적 감정상태가 고객만족에 가장 큰 영향을 미치는 변수임을 밝혀내었고, 그 다음이 신뢰성, 부정적 감정상태, 반응 및 확신성의 순으로 나타났다. 여기에 반하여 소비자의 개인적 특성은 고객만족에는 영향을 미치지 못한다는 흥미로운 연구결과를 제시하였다. 소비자들이 느끼는 점포만족에는 소비자의 학력과 성별항목에 관한 관심도는 점포만족에 영향에 미치지 못하는 것으로 나타나, 점포만족과 서비스결과에 대하여 감정적 차원의 접근을 할 필요성을 제기하여 주는 연구결과라 본다.

이처럼 점포만족은 소비자가 구매경험으로 느꼈던 서비스로 인한 지각된 가치로 구매의 전 단계로서, 이것은 고객의 인지와 감정의 요소로 구성되어 있는 것으로 볼 수 있다. 점포만족의 목표는 고객과의 장기적 거래관계이고, 점포만족은 구매의도에 긍정적인 영향을 미치는 것으로 알 수 있다. 이러한 고객과 판매자의 입력과 성과에 대한 결과물이 공정성과 우선 선호도를 거쳐서 만족으로 연결되며 만족은 재구매 의도로 직결되는 것으로 보았다.(Fornell 1992, Bitner et al. 1990, Oliver and Swan 1989) 이 과정에서 점포만족도가 높은 기업이 얻을 수 있는 혜택은 기존고객의 충성도 향상, 가격 민감도의 감소, 기존고객 이탈방지, 마케팅 실패비용 감소, 신규고객 창출비용 감소, 기업명성 향상과 같은 효과가 있음을 규명하였다.(Fornell 1992, Oliver 1999, 조광행, 박봉규 1999) 김철민(2002)은 서비스 충성도에 관한 연구에서 상품가치와 서비스 질은 서비스 만족과 점포충성도에 직접적인 영향을 미침을 밝혔다. 이러한 연구결과를 토대로 소비자의 점포에 대한 만족은 점포에 대한 지각된 가치와 더불어 점포충성도에 직접적인 영향을 미칠 것으로 보고 다음과 같은 가설을 설정하고자 한다.

H4a: 점포에 대한 만족은 인지적 점포충성도에 긍정적인 영향을 미칠 것이다.

H4b: 점포에 대한 만족은 감정적 점포충성도에 긍정적인 영향을 미칠 것이다.

H4c: 점포에 대한 만족은 감정적 점포충성도에 긍정적인 영향을 미칠 것이다.

H4d: 점포에 대한 만족은 감정적 점포충성도에 긍정적인 영향을 미칠 것이다.

4. 상호순차적 점포충성도

소기업(small companies)에 대한 최근의 연구를 살펴보면 소기업의 기업적 성과와 경쟁력 향상에 대한 효율성에 초점이 맞추어져 왔다.(Bruce, Cooper and Vazquez 1999) 이러한 노력에도 불구하고 소기업들은 그들의 비즈니스 성과를 향상시키기 위하여 점포이미지, 상품가치, 서비스 향상 등과 같은 결정요인들을 찾고자 하지만 아직까지는 점포충성도에 대한 관점에서의 연구는 부족한 실정이다. 기업과 점포들은 자사의 경쟁력을 향상시키기 위한 방법으로서 일반소비자들이 특정기업과 점포에 대한 애호도를 향상시키기 위한 노력을 하게 되며, 이러한 고객충성도(customer loyalty)는 브랜드충성도(brand loyalty), 서비스충성도(service loyalty), 점포충성도(store loyalty), 납품업체 충성도(vendor loyalty)로 구분하여 볼 수 있다.(Dick, Basu, 1994) 이 중에서 점포충성도의 속성을 알아내기 위한 연구는 점포이미지부분과 상품의 가치, 서비스의 품질, 다양성 추구성, 대안 매력도, 전환비용 등 물질적인 속성에서, 인지, 감정, 의도 그리고 재구매 행동에 이르기 까지의 인식적인 절차에 대하여 다양한 연구가 이루어져 왔다.(Fisk et al. 1993, Oliver 1999)

이처럼 점포충성도에 관한 연구는 점포이미지에 주안점을 두고 해 당점포의 가격, 진열, 인사관리, 분위기, 서비스, 품질 등의 요소를 결 정요인으로 보고, 점포 경영자와 종업원의 점포 운영기법, 점포 외관, 인격적인 서비스, 판매촉진 전략, 가격 비교성, 상품의 품질 등을 방문 고객의 해당점포에 대한 인식된 가치로 전환시켜서 이러한 인식된 가 치가 점포충성도에 직접적으로 연결되는 것으로 보았다. 그러나 이러 한 메커니즘에서 서비스 부문이 점포의 이미지 형성에 결정적인 중요 한 요소로 작용하지 않고, 고객들의 눈에 보이는 가격과 판매촉진 등 이 점포충성도에 직접적으로 연결되는 인식된 가치에 대하여 직접적 인 결정요소로 작용하는 것으로 보았다. 그러나 점포이미지가 점포충 성도에 미치는 설명력을 알기 위하여 회귀분석을 한 결과 15~20% 내외이며, 사회경제적 특성 및 지역애호도 등을 추가요인을 포함시 켜도 변량이 30% 미만을 설명하는 것으로 나타났다.((James, Durand and Dreves 1976, Sirgy and Samli 1985, Sirohi, Mclaughlin and Wittink 1998)

이러한 분석을 통하여 기존 연구들에서 간과되어 온 고객접점 종업 원의 서비스가 점포충성도에 어느 정도의 영향력을 미치는가를 알아 봄과 동시에, 점포충성도의 개념을 단순한 재구매 의도 및 재방문 의 도와 구전효과를 묻는 단일항목에서 벗어나고, Oliver et al.(1988,

1989)이 탐색적으로 연구한 점포충성도를 기초로 하여 과연 실증적으로 인지적, 감정적, 의도적, 행동적 충성도 단계로 검정하여 볼 필요가 있다. Oliver(1999)는 점포충성도를 성과에 대한 평가방식과 인지적 관점을 통합한 인지적 충성도, 감정적 충성도, 의도적 충성도과 더불어 새롭게 행동속성 차원에서의 행위적 충성도를 추가한 네 단계의 충성도로 보아야 한다고 주장하였다. 인지적 충성도는 과거와 현재의 외부적 환경에서 현재와 미래의 인간행동을 연결하는 앎과 지식에 대한 차원이며, 고객이 해당점포와 서비스에 대하여 경쟁업체와 비교하여 선호할 수 있게 만드는 가장 낮은 단계의 충성도이다. 감정적 충성도는 어떤 대상과 상황에 대하여 고객들이 가지는 호감과 비호감 그리고 호의적과 비호의적 척도로 표현될 수 전반적인 감정으로서 고객이 해당점포와 서비스를 이용 한 후에 느끼게 되는 만족도가 누적되어 대상에 대하여 좋은 감정 및 태도로 개념화된 것이다. 이러한 점포에 대한 전반적인 감정은 점포에 대한 긍정적인 태도로 표현될 수 있다. 의도적 충성도는 어떤 일을 하고자는 고객의 몰입 정도 및 재구매 의도로 볼 수 있다. 의도적 충성도는 감정적 충성도 다음의 충성도로서 3단계에 속하는 개념으로써 점포와 서비스를 사용한 후에 느끼는 긍정적인 감정의 반복된 경험의 결과로 인하여 형성된 것으로 소비자는 이를 통하여 강한 재구매 의도를 나타나게 된다. 마지막으로 행위적 충성도는 구매하는 과정에서 생길 수 있는 장애를 극복하고 실제로 구매행동을 실시하는 단계로 볼 수 있다. 소비자는 이 단계를 통하여 제품에 대하여 강한 몰입과 재구매 의도를 강한 실천적 행동으로 바꾸자고 노력한다. 이와 같이 Oliver(1999)는 점포충성도가 최초단계의 인지, 감정, 의도, 행동 차원의 단계별 순서를 거치면서 하위 충성도는 상위단계의 충성도와 연결되면서 점차적으로 발전되는 것으로

보았다. 본 연구에서는 이러한 점포충성도가 단계별로 나타나는 지각, 인지, 태도 과정의 점포충성도에 대해서도 직접적인 영향을 미칠 것으로 보고 다음과 같은 가설을 설정하고자 한다.

H5a: 인지적 점포충성도는 감정적 점포충성도에 긍정적인 영향에 미칠 것이다.

H5b: 감정적 점포충성도는 의도적 점포충성도에 긍정적인 영향에 미칠 것이다.

H5c: 의도적 점포충성도는 행위적 점포충성도에 긍정적인 영향에 미칠 것이다.

H5d: 인지적 점포충성도는 의도적 점포충성도에 긍정적인 영향에 미칠 것이다.

H5e: 인지적 점포충성도는 행위적 점포충성도에 긍정적인 영향에 미칠 것이다.

H5f: 감정적 점포충성도는 행위적 점포충성도에 긍정적인 영향에 미칠 것이다.

Ⅲ. 연구가설의 설정

1. 연구모형

이상에서 언급한 내용을 토대로 〈그림-1〉과 같은 연구모형 및 가설을 설정하였다.

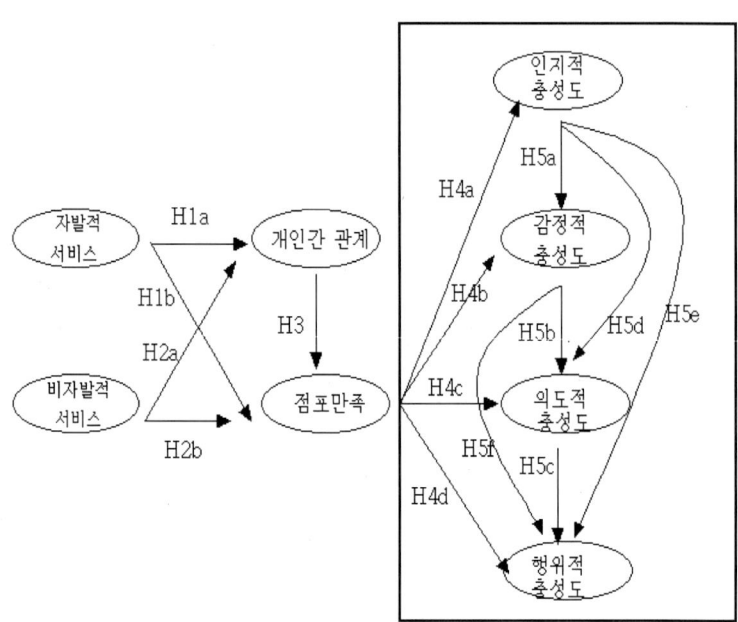

〈그림-1〉 연구모형 및 가설

2. 변수의 조작적 정의 및 측정

변수의 조작적 정의와 측정은 기존에 신뢰성과 타당성이 검증된 척도를 해당 개념에 적합하도록 수정하여 사용하였다. 이들 척도는 각각 Likert 5점 척도에 의하여 측정되었으며 척도 정제 후 분석에 사용된 최종항목은 다음과 같다.

1) 종업원의 자발적 및 비자발적 서비스

종업원의 자발적인 서비스는 고객에 대한 종업원의 마음에서 우러

나오는 행동이 서비스로 나타난 것으로 점포에서 제시하는 형식적인
규정된 서비스를 넘어선 종업원이 자발적으로 서비스를 하는 것에 대
한 고객이 느끼는 특별한 서비스 정도로 정의를 하였다.(Betterncourt
and Brown 1997, Bettencourt 1997) 그리고 비자발적 서비스는 종업
원 의지와는 상관이 없이 점포에서 정하여 준 업무규정과 친절서비스
매뉴얼에 따라 실시하는 서비스의 정도로 정의하였다. 이를 측정하기
위한 조작적 정의는 Organ(1998) 및 Bettencourt and Brown(1997)의
연구에서 사용된 문항을 의류점 점포 서비스에 적합하도록 수정하여
사용하였다. 종업원의 비자발적인 서비스에 대한 설문의 내용은 다음
과 같다. 1) 이 매장의 종업원은 정해진 표준절차에 따라 서비스를 행
한다. 2) 이 매장의 종업원은 고객이 기대한 서비스를 잘 수행한다.
3) 이 매장의 종업원은 자신이 해야 할 서비스를 제대로 수행하고 있
다. 종업원 자발적 서비스에 대하여 사용된 설문의 내용은 다음과 같
다. 1) 이 매장의 종업원은 고객이 기대한 이상으로 고객을 돕는다.
2) 이 매장의 종업원은 고객이 요청한 도움 이상의 것이라도 기꺼이
행한다. 3) 이 매장의 종업원은 고객을 도울 방안을 다방면으로 찾는
다. 4) 이 매장의 종업원은 규정에 맞지 않더라도 고객만족을 위해서
라면 기꺼이 행한다. 5) 이 매장의 종업원은 마음에서 우러나오는 서
비스를 실시한다.

2) 개인 간 관계

개인 간 관계는 고객접점 서비스를 제공하는 종업원과 고객 간의
인간적인 결합(Personal Bonds)의 강도크기로 정의하였다. 이를 측정
하기 위하여 Jones et al.(2000)와 Colgate and Lang(2001) 그리고

Price and Arnould(1999)의 연구에서 사용된 문항을 개인 간 관계에 적합하도록 수정하였으며 설문의 내용은 다음과 같다. 1) 나는 이 매장에서 나와 개인적 유대관계가 있는 판매원이 있다고 생각한다. 2) 이 매장의 직원들은 나와 개인적 유대관계를 가지려고 노력한다. 3) 나는 이 매장의 직원을 인간적으로 좋아한다. 4) 이 매장의 직원은 나에게 특별한 대우를 하는 것 같다. 5) 이 매장의 직원은 내가 무엇을 원하는지 잘 알고 있다.

3) 점포만족

점포만족은 고객이 점포를 방문하였을 때 해당점포의 속성들에 대하여 유형과 무형에 대하여 고객이 평가한 가치를 점포만족으로 정의하였으며, 이를 측정하기 위한 조작적 정의로서 Jones et al.(2000)와 Nguyen and Leblanc(1998)의 연구에서 사용된 척도를 점포만족에 적합하도록 수정하였으며 설문의 내용은 다음과 같다. 1) 전반적으로 볼 때 이 매장에 어느 정도 만족하십니까? 2) 이 매장에서의 쇼핑은 얼마나 즐겁습니까? 3) 이 매장은 얼마나 호감이 갑니까? 4) 이 매장에서 쇼핑할 때 행복합니까? 5) 이 매장의 서비스에 대해서 얼마나 만족합니까?

4) 점포충성도

점포의 충성도는 고객이 점포에 대하여 느끼는 점포이미지, 추천도, 재방문 의도, 그리고 재방문 빈도 등으로 나타날 수 있다. 이러한 점포 충성도의 경로는 Oliver(1999)의 연구에 따르면 인지적 충성도, 감정적 충성도, 의도적 충성도, 행위적 충성도로 나타난다. 본 연구에서는 충성도를 고객이 해당점포에 대하여 거래행위를 현재뿐만 아니라 다음에도 지속적으로 이용하고자 하는 의도라고 정의하였다. 이를 측정하기 위한 조작적 정의로 Price and Arnould(1999)의 연구에서 사용된 척도를 다음과 같이 의류점 상황에 맞도록 수정하였으며 설문의 내용은 인지적, 감정적, 의도적, 행위적 충성도로 구분하였다. 인지적 충성도는 다음과 같다. 1) 이 매장에 대하여 좋은 평판을 가지고 있다. 2) 이 매장은 좋은 인상을 주는 매장이다. 3) 이 매장은 이용하고 싶은 분위기가 난다 4) 이 매장의 분위기는 세련되었다. 감정적 충성도는 다음과 같다. 1) 나는 이 매장을 다른 사람에게 추천하고 싶다. 2) 이 매장의 좋은 점들을 다른 사람에게 홍보하고 싶다. 3) 이 매장에서 불편한 경험을 다른 사람에게 알리고 싶다(R). 의도적 충성도는 다음과 같다. 1) 이 매장의 가격이 오르더라도 계속 이용할 것이다. 2) 나는 다음에도 이 매장을 이용하고 싶다 3) 나는 이 매장의 단골고객이 되고 싶다. 행위적 충성도는 다음과 같다. 1) 나는 이 매장의 단골고객이 되고 싶다. 2) 나는 우선적으로 이 매장을 이용하고 싶다.

Ⅳ. 연구결과 및 토의

1. 표본의 일반적인 특성

고객접점의 종업원서비스가 점포충성도에 미치는 영향을 알기 위하여, 종업원의 인적서비스가 고객의 재구매 행동에 직접적으로 영향을 미치는 업종을 선택하고자 하였다. 이러한 연구의 목적을 위하여 유명 브랜드 체인의류점을 선정하였으며, 조사 기간은 2003년 4월부터 5월 말까지 실시하였다. 부산과 서울의 의류매장 4개 점을 방문한 고객들을 주 대상으로 하여 소비자가 경험한 의류점 종업원의 자발적 서비스와 비자발적 서비스 경험을 기초로 하여 해당 의류점의 점포충성도에 답하도록 하였다. 배부한 설문지는 총 200부였으며, 이 가운데 180부가 회수되었으며 이 중에서 설문지의 응답이 성실하지 못한 응답자는 제외하고 분석에는 총 165부가 이용되었다. 165명의 응답자의 특징을 살펴보면 다음과 같다.

〈표-1〉 점포충성도 응답자의 일반적인 특성

변 수	개 수	퍼센트(%)
응답자의 성별		
남	62	37.6%
여	101	61.2%
응답자의 학력 수준		
고졸 이하 및 대재	68	71.7%
대 졸	15	22.4%
대학원졸	17	3.3%
응답자의 연령		
만 20세 미만	2	1.2%
만 20세 이상 30세 미만	62	37.6%
만 30세 이상 40세 미만	50	30.3%
만 40세 이상 50세 미만	46	27.9%
만 50세 이상	3	1.8%
총 계	165	100.0%

응답자의 성별분포는 남자 62명(37.6%), 여자 101명(61.2%)이었다. 연령별 분포는 10대 2명(1.2%), 20~29세 이하 62명(37.6%), 30~39

세 이하 50명(30.3%), 40~49세 이하 46명(27.9%), 50~59세 이하 3
명(1.8%)이었다. 이러한 남녀 및 연령에 대한 비율이 인구통계학적으
로 의류점을 이용하는 소비자 측면에서 편의 없이 표본 되었음을 알
수 있다.

2. 신뢰성과 타당성 검증

본 연구에서 설정된 연구모형을 검정하기 위하여 신뢰성과 타당성
분석은 SPSS 10.0을 이용하였다. 자발적 서비스, 개인 간 관계, 고객
만족, 점포충성도의 측정 항목들의 내적 일관성을 알아보기 위하여
Cronbach's alpha분석을 실시하였다. a계수는 자발적 서비스(3개 항
목) 0.84, 비자발적 서비스(5개 항목) 0.80, 개인 간의 관계(5개 항목)
0.87, 고객만족(4개 항목) 0.87, 인지적 점포충성도(3개 항목) 0.81, 감
정적 점포충성도(2개 항목) 0.81, 행동적 점포충성도(2개 항목) 0.75,
재구매 의도(2개 항목) 0.85 등으로 측정변수들 모두 0.7 이상을 나타
내므로 측정 항목들 간의 내적 일관성은 높은 것으로 판단할 수 있다.
또한 본 연구에서 사용된 변수들 간의 타당성 검증을 위해서는 탐색
적 요인분석을 실시하였다.

이를 위하여 고객접점 서비스 개념항목, 만족관련 개념항목, 점포충
성도 개념으로 구분하여 각각 요인분석을 실시하였다. 아이겐 값(eigen
value)이 1 이상 요인적재량이 0.5 이상인 값을 요인으로 추출하였으며,
측정 항목에 대하여 주성분분석(principal component analysis)을 실시
한 후에 변수들이 한 요인에 몰리도록 하기 위하여 kaiser 정규화가 있
는 직각회전(varimix)방식을 적용하였다. 분석결과 고객접점 서비스
관련 결정변수들에 대해서는 자발적 서비스 및 비자발적 서비스로, 만

족관련 결정요인 변수로는 개인 간 관계와 점포만족도가 5개 요인으로 추출되었다. 이들 5개 요인은 전체 충성도 변량의 65.93%를 설명하였다. 점포충성도의 개념은 인지적, 감정적, 의도적, 행위적 충성도와 같이 4개의 요인으로 추출되었으며, 이들 4개의 요인은 전체 충성도의 변량에 76.99%를 설명하고 있다. 이와 같은 변량을 보게 되면 본 연구에서 사용한 측정도구들의 신뢰도와 내적 타당도는 〈표-2〉와 같이 양호한 것으로 인정될 수 있다.

〈표-2〉 신뢰도 및 타당도 분석결과

구 분	변수항목		요인 부하량					연구단위 신뢰도
	잠재변수	관측변수	요인1	요인2	요인3	요인4	요인5	(Cronbach's α)
고객접점 서비스 변수	자발적 서비스	EMV3	.839					.84
		EMV4	.824					
		EMV2	.678					
	비자발적 서비스	EMR2		.725				.80
		EMR4		.703				
		EMR5		.692				
		EMR3		.655				
		EMR1		.622				
만족관련 변수	개인 간 관계	IPR2			.865			.83
		IPR1			.775			
		IPR4			.759			
		IPR3			.706			
		IPR5			.592			
	점포 만족도	SAT2				.852		.87
		SAT1				.826		
		SAT3				.773		
		SAT4				.729		

구 분	변수항목		요인 부하량				연구단위 신뢰도
	잠재변수	관측변수	요인6	요인7	요인8	요인9	(Cronbach's α)
점포 충성도 변수	인지적 충성도	LOYC7	.833				.81
		LOYC5	.760				
		LOYC6	.700				
		LOYC3	.587				
	감정적 충성도	LOYA3		.848			.81
		LOYA2		.819			
	의도적 충성도	LOYI2			.834		.75
		LOYI3			.719		
	재구매 행동	LOYB2				.894	.85
		LOYB3				.834	

이와 같은 탐색적 요인분석 후 Lisrel 8.30의 Maximum likehood estimate를 이용한 각 연구 개념별 척도에 대한 평균과 표준편차 및 상관관계 등을 살펴본 결과는 다음의 〈표-3〉과 같다.

〈표-3〉 구성개념 간 상관관계 분석

구 분	평균	편차	1	2	3	4	5	6	7	8
1. 개인 간 관계	2.02	1.15	1.00							
2. 점포만족도	3.10	0.67	0.33**	1.00						
3. 인지적 충성도	3.17	0.68	0.23**	0.68**	1.00					
4. 감정적 충성도	3.06	0.87	0.20**	0.61**	0.59**	1.00				
5. 의도적 충성도	2.91	0.76	0.22**	0.65**	0.52**	0.55**	1.00			
6. 행위적 충성도	3.06	0.90	0.20**	0.59**	0.48**	0.35**	0.50**	1.00		
7. 비자발적 서비스	2.79	0.74	0.20**	0.37**	0.25**	0.22**	0.24**	0.22**	1.00	
8. 자발적 서비스	2.53	0.87	0.31**	0.47**	0.32**	0.29**	0.31**	0.28**	0.30**	1.00

**: $p < 0.01$. *: $p < 0.05$

3. 연구가설 검증결과 및 토의

본 연구의 전체 구조모델을 검증하기 위하여 Lisrel 8.30 통계패키지를 이용하였다. 분석결과 연구모형의 적합도 지표는 $\chi^2 = 34.13$, df = 12, p = 0.0019, GFI = 0.95, AGFI = 0.86, RMSEA = 0.099, RMR = 0.036, NFI = 0.93, NNFI = 0.89, CFI = 0.95 등으로 나타나 전반적인 지수들의 모델 적합도는 양호한 것으로 평가할 수 있다.

<그림 - 2> 경로계수 추정결과

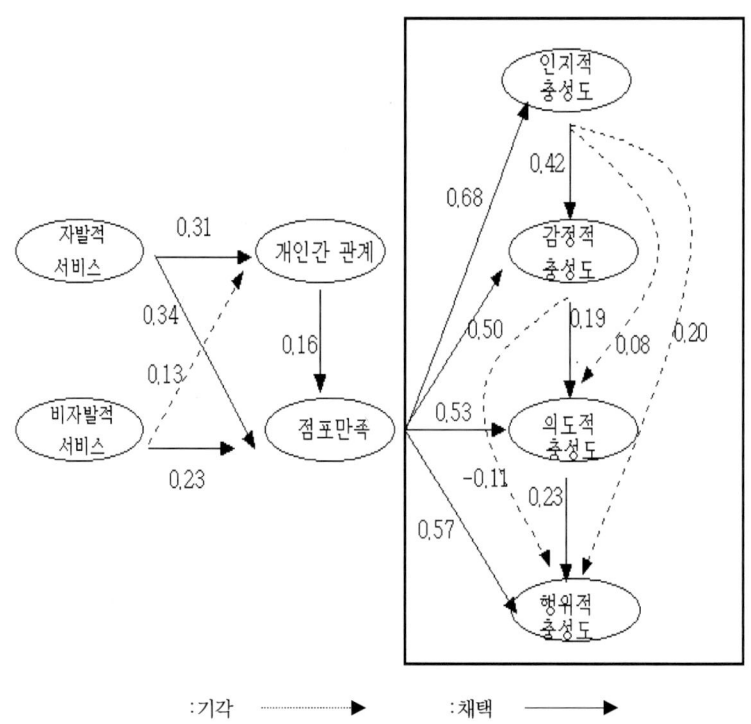

가설 1에서 고객접점의 서비스를 자발적 및 비자발적 서비스로 구분하여 세부적인 역할과 경로를 검증하고자 하였다. 이를 위하여 자발적 서비스가 개인 간 관계 및 점포만족에 긍정적인 영향을 미칠 것이라고 가설을 설정하였다. 가설 H1a의 종업원의 자발적 서비스는 고객과 개인 간 관계에 유의적인 정(+)의 효과를 미치는 것으로 나타났으며, 또한 가설 H1b의 종업원의 자발적인 서비스는 점포만족에 긍정적인 영향을 미칠 것이라는 가설도 채택되었다. 이러한 결과는 자발적인 서비스에 대한 새로운 역할을 규명하여 준 것으로서 절차와 행동을 중시하는 기능적 서비스와 같은 자발적인 서비스는 개인 간 관계와 점포만족에 모두 유의한 영향을 미치는 것으로 나타났다. 이는 의류점을 이용하는 고객의 의식실태가 점포에 대한 만족과 개인 간 관계에 대해서는 똑같은 인식을 가지는 것이라 본다. 이러한 결과는 조광행과 임채운 (1999) 연구결과와 같이 상품의 가치와 지각된 서비스의 질은 점포이미지와 점포만족에 긍정적인 영향을 준 결과와 대체적으로 일치하였으며, 종업원의 서비스의 개인 간 관계와 점포만족과 경로와 구조적 역할에 대해서는 기존 연구에 없었던 새로운 사실을 밝혀 주었다.

가설 2에서는 종업원의 비자발적 서비스가 개인 간 관계 및 점포만족에 긍정적인 영향을 미칠 것이라고 가설을 설정하였다. 그러나 가설 H2a의 종업원의 비자발적 서비스는 고객과 개인 간 관계에는 유의적인 정(+)의 효과를 미치지 못하는 것으로 나타나 가설은 기각되었지만, 가설 H2b의 종업원의 비자발적인 서비스는 점포만족에 긍정적인 영향을 미칠 것이라는 가설은 지지되었다. 이러한 결과의 흥미로운 점은 기술적 서비스와 같은 비자발적 서비스는 개인 간의 관계에 영향을 미치지 못하지만, 해당점포의 종업원들이 점포의 업무수행에 관련된 규정된 종업원의 업무를 나름대로 수행하고 있다는 면에서는 문제가 없다고 인식함으로써 비자발적인 서비스가 점포만족에 유의한 영향을 미치는 결과가 나온 것으로 추정된다. 이러한 연구결과는 기존 연구들이 개인의 서비스 품질은 쇼핑 만족도에 유의한 영향을 미치고 전환비용, 타 점포의 매력성, 개인 간 관계 등의 상호작용성의 변수에는 유의한 영향을 미치지 못한다는 연구들과 달리 고객접점 서비스 측면의 흥미로운 점을 시사하여 주었다.(e.g., 김철민 2002, 김철민, 조광행 2004, 윤성욱,서근하 2004)

가설 3은 개인 간 관계가 점포만족에 긍정적인 영향을 미칠 것이라고 가설을 설정하였다. 검증 결과 개인 간의 관계와 점포만족에 대한 가설인 H3의 가설은 채택되었다. 따라서 해당 의류점의 종업원과 개인 간 관계가 좋을수록 소비자들은 의류점에 대한 점포만족도가 좋아지게 된다고 볼 수 있다. 이러한 결과는 조광행과 박봉규(1999)의 연구결과와 같이 상품의 가치와 지각된 서비스의 질은 점포이미지와 점포만족에 긍정적인 영향을 준 결과와 대체적으로 일치하였으나, 고객접점 종업원의 서비스유형에 대한 개인 간 관계와 점포만족과의 경로와 구조적 역할에 대해서는 기존 연구에 없었던 새로운 사실을 밝혀 주었다.

가설 4에서는 점포만족도가 인지적, 감정적, 의도적, 행위적 점포충성도에 긍정적인 영향을 미칠 것이라고 가설을 설정하였다. 검증결과 점포만족도가 점포충성도에 미치는 영향에 관한 가설 H4a, H4b, H4c, H4d의 4개 가설은 모두 채택되었다. 즉 점포만족도는 인지적, 감정적, 행위적, 의도적 점포충성도에 유의한 영향을 미치는 것으로 나타났다. 이러한 결과는 소비자들이 해당의류점을 이용하게 될 때 고객접점 서비스는 개인 간 관계(H1a)와 점포만족(H4)을 거쳐서 충성도의 4가지 단계별 유형에 대하여 모두 영향을 미치는 것으로 나타나 만족과 점포충성도와 관계를 알 수 있었다.

가설 5는 점포충성도 간의 상호순차적인 영향관계에 대하여 알아보고자 하였다. 이를 위하여 점포충성도가 인지적 단계로부터 시작하여 감정적, 의도적, 행위적 충성도에 도달하는 4단계 과정의 절차적인 흐름에 관한 가설인 H5a, H5b, H5c이 검증결과 3개의 가설은 모두 채택되었다. 이를 통하여 인지적 충성도는 감정적 충성도에 유의한 영향을 미치고, 감정적 충성도는 의도적 충성도에, 그리고 의도적 충성도는 재구매 행동에 단계적 누적절차를 통하여 상호순차적인 영향을 미침을 알 수 있다. 이는 만족한 점포에 대하여 고객의 지각은 인지, 감정, 의도적 충성도의 단계적 절차를 통하여 재구매 행동으로 나아가는 것으로 해석할 수 있다. 그러나 충성도 간의 상호순차적인 관계를 규명하기 위하여 설정한 인지적 충성도는 의도적, 행위적 충성도에 직접적인 영향을 미칠 것이라는 가설 H5d, H5e는 기각되었다. 이러한 결과는 각 단계의 충성도가 단계별로 인지적, 감정적, 행위적 충성도의 절차를 통하여 최초의 낮은 단계 충성도로 시작하여 점차적으로 높은 수준의 충성도로 상호순차적인 형태로 발전하며, 낮은 단계의 충성도가 성공적으로 누적이 되어야만 상위개념의 충성도가 형성된다는 사실들을 새롭게 규명하여 주었다.

이러한 구조 모델에 따른 연구결과를 요약하면 다음의 〈표-4〉와 같다.

<표-4> 각 가설의 분석결과

가 설		경 로	경로 계수	표준 오차	t 값	채택 여부
H1a	γ11	자발적 서비스→개인 간의 관계	0.31	0.09	3.54**	채택
H1b	γ21	자발적 서비스→점포만족도	0.34	0.07	4.93**	채택
H2a	γ12	비자발적 서비스→개인 간의 관계	0.13	0.09	1.46	기각
H2b	γ22	비자발적 서비스→점포만족도	0.23	0.07	3.29**	채택
H3	γ21	개인 간 관계→ 점포만족	0.16	0.06	2.64**	채택
H4a	β32	점포만족→ 인지적 점포충성도	0.68	0.06	12.04**	채택
H4b	β42	점포만족→ 감정적 점포충성도	0.50	0.10	4.73**	채택
H4c	β52	점포만족→ 의도적 점포충성도	0.53	0.09	5.60**	채택
H4d	β62	점포만족→ 행위적 점포충성도	0.57	0.13	4.40**	채택
H5a	β43	인지적 점포충성도→ 감정적 점포충성도	0.42	0.11	4.01**	채택
H5b	β54	감정적 점포충성도→ 의도적 행동	0.19	0.067	2.90**	채택
H5c	β65	의도적 점포충성도→ 재구매 행동	0.23	0.10	2.34*	채택
H5d	β53	인지적 점포충성도→ 의도적 점포충성도	0.08	0.09	0.84	기각
H5e	β63	인지적 점포충성도→ 행위적 점포충성도	0.20	0.12	1.69	기각
H5f	β64	감정적 점포충성도→ 의도적 점포충성도	−0.11	0.09	−1.25	기각

다중다승 상관치(Squared Multiple Correlations for Structural Equations)
η1: 0.11 η2: 0.31 η3: 0.47 η4: 0.43 η5: 0.46 η6: 0.39

*: $p < 0.05$수준에서 유의함
**:$p < 0.01$수준에서 유의함

V. 결론 및 향후 연구방향

1. 연구결과 및 전략적 시사점

본 연구에서는 서비스제공자와 고객과 상호관계인 고객접점의 서비스가 점포충성도에 미치는 영향을 알아보기 위하여 고객서비스를 자발적 서비스와 비자발적인 서비스로 구분하여 점포충성도에 대하여 어떠한 영향을 미치는가에 대하여 알아보고자 하였다. 본 연구는 이러한 점포충성도의 상호순차적인 영향관계 규명을 통하여 점포충성도 개념발전에 이론적으로 기여하고, 기업의 실무적 전략 수립에 도움이 되고자 하였다. 이를 위해 관련된 기존 연구를 검토하고 연구문제 해결을 위한 가설을 설정하여 이를 실증 분석한 결과로 얻어진 전략적 시사점은 다음과 같다.

첫째, 종업원 서비스에 관한 기존의 연구들은 대체적으로 두 가지 관점에서 이루어져 왔다. 첫 번째 관점은 종업원 직무만족과 종업원에 대한 각종 지원활동들이 종업원의 친사회적 행동과 조직시민행동에 미치는 영향을 알아보기 위한 연구이며, 두 번째 관점은 종업원 서비스를 제공받은 고객들이 해당점포에 대하여 지각하게 되는 서비스 품질과 재구매 행동에 영향을 미치는 반응과정들에 관한 연구이다.(Betterncourt and Brown 1997, Bettencourt 1997, 윤만희 2000) 하지만 본 연구에서는 종업원 서비스를 고객에게 지각된 종업원의 행동속성 차원과 점포충성도와의 구조적 관계와 역할 차원에서 규명하고자 하였다. 이는 고객접점 종업원 서비스를 설명함에 있어서 친사회적 행동이론(Bettencourt 1997)과 조직시민 행위이론(Organ 1988) 등과 같은 기존 연구들에서 다루지 않았던 새로운 영향요인(e.g., 개인 간 관계, 인지적, 감정적, 의도적, 행위적 점포충성도)들을 제시하여 이들 변수 간 구조적 관계와 매개역할을 밝혔다는 점에서 이론적인 공헌을 하였다고 볼 수 있다.

둘째, 이 연구는 종업원과 고객 간에 생길 수 있는 관계 차원의 현상을 다루는 연구(Organ 1988, Bettencourt 1997)에서 종업원의 고객접점 서비스를 점포충성도 차원에서 발생할 수 있는 현상들을 설명할 수 있도록 확장 발전시켰다는 점이다. 윤만희(2000)와 이용기(2001)는 종업원 서비스를 향상시키기 위한 조직지원과 상사의 지원역할 또는 종업원 서비스가 고객의 애호도, 참여, 협조와 같은 자발적 행동을 유발시키는 원인 요소에 대하여 규명하고 있지만 본 연구에서는 이를 확장하여 종업원 서비스를 점포충성도에 이르기까지의 구조적 역할과 현상들을 밝히는 데 기여했다는 점이다.

셋째, 마케팅 분야에서 소기업 및 소규모 점포충성도에 대한 연구들은 외국에서는 상당히 많은 연구들이 이루어져 왔지만, 국내에서는 이와 같은 연구들이 거의 이루어지지 못한 실정이다. 고객과 직접적인 상호작용을 통하여 서비스 품질을 결정하고 기업의 경쟁적 우월성의 핵심원천인 종업원의 역할을 고려하여 볼 때, 이러한 연구는 향후 마케팅 분야에서 종업원과 점포충성도에 대한 관심들을 증대시키는 계기가 될 수 있을 것이라고 본다.

마지막으로 본 연구에서는 점포충성도의 상호순차적인 영향 관계에 대하여 새로운 사실을 밝혀 주었다. 점포충성도에 대한 기존의 연구들은 재방문 의도, 재구매 의도를 측정하는 단일 개념의 결정요인에 대한 인과 관계 분석이었지만, 본 연구는 Oliver(1999)의 이론을 토대로 하여 점포충성도가 인지적, 감정적, 의도적, 행위적 충성도로 발전할 수 있다고 보았다. 이러한 충성도 결정요인들의 발전단계와 상호순차적인 영향관계 분석은 향후 점포충성도에 관한 각종 분석모형의 설정에 있어서 이론적 토대를 제공할 것이라 본다.

이상과 같은 전략적 시사점을 살펴볼 때 본 연구결과는 영업현장에서 사용할 수 있는 다음과 같은 실무적인 시사점도 제공하여 준다.

첫째, 기존 연구들은 종업원의 서비스에 대하여 고객만족을 향상시키기 위한 차원에서 조직지원, 상사지원과 고객의 자발적 행위를 유도시키는 변수들을 규명하고자 하였다. 하지만 본 연구에서는 고객만족 개념에서 점포충성도에 도달하기 위한 점포만족과 종업원과 고객의 개인 간 관계, 그리고 인지적, 감정적, 의도적, 행위적 점포충성도와의 상호순차적인 관계를 규명하고자 하였다. 종업원 자발적 서비스행동은 친사회적 행동과 같이 개인 간 관계와 점포만족에 유의한 영향을 주었으나, 비자발적 서비스는 개인 간 관계에 영향을 미치지 못하고 점포만족에만 유의한 영향을 주었다. 이는 현대인의 업무지향적인 특성을 나타내는 것으로 고객접점의 서비스가 비자발적이더라도 업무규정에는 적합한 서비스라고 인식된다면 고객은 점포만족을 느낀다는 흥미로운 사실을 밝혀 주었다. 그러나 서비스가 점포만족에 미치는 설명력을 살펴보면 비자발적인 서비스는 25%임에 비하여 자발적 서비스는 40%의 설명력을 나타냄으로써 향후 자발적 서비스에 대한 추가적 역할과 새로운 매개변수와의 관계를 살펴볼 필요성을 제기하여 주었다.

둘째, 본 연구를 통하여 고객접점 서비스와 개인 간 관계와 점포만족 그리고 단계별 점포충성도와 상호순차적인 구조적 관계가 유의함을 실증적으로 확인할 수 있었다. 여기에서 밝혀진 흥미로운 사실은 고객의 점포충성도 형성에서 유형적인 부분은 상품의 가치이며, 무형적인 부분은 종업원의 자발적, 비자발적 서비스이지만 이러한 종업원 서비스가 비자발적인 규정에 의한 강제적인 업무지침으로서 행하는 서비스만으로는 고객과의 개인 간 관계를 통한 성공적인 점포충성도를 이루어 낼 수는 없다는 것이다. 이러한 연구결과는 종업원을 지도 관리함에 있어서 공식적인 업무지침과 매뉴얼만으로는 종업원의 행동지침과 역할에 관하여 전부를 규정하지는 못하지만, 종업원의 규정된 역할 이상으로 종업원 스스로가 자발적인 서비스를 실시하도록 유도하여야 한다는 것을 실증적으로 시사하여 준다. 이를 위하여 종업원 관리자들은 고객접점 종업원이 자발적으로 규정역할 이상으로 서비스를 할 수 있도록 하기 위한 필수적 선행요건이라고 할 수 있는 기업 자체의 내부마케팅 시스템 등을 개발하고 구축할 필요가 있다고 본다.

셋째, 지금까지의 충성도에 대한 연구는 연구자들마다 다소 상이하게 서비스 충성도 및 고객 충성도 등으로 연구가 이루어져 왔으나, 이러한 모호한 개념을 Oliver(1999)의 연구에 기초하여 보다 체계적인 형태로 재정립하였다는 데 그 의의가 크다고 볼 수 있다. 특히 이러한 충성도에 대하여 효과적으로 밝히기 위하여 의류점을 선정하여, 고객 접점 종업원의 자발적 서비스와 비자발적 서비스와 더불어 개인 간 관계와 점포만족이 인지, 감정, 의도적 단계별 충성도를 통하여 낮은 단계의 충성도가 누적이 되면 점차 높은 단계로 상호순차적인 절차에 의하여 최종적인 점포충성도에 도달하는 것을 고객접점 서비스 차원에서 새롭게 밝혀냈다. 또한 이 과정에서 점포만족도가 인지, 감정, 의도, 행위적 충성도에 직접적인 영향을 미치며, 이러한 영향력은 각 충성도 요소들의 간접적인 10~20% 효과보다 월등하게 높은 60% 이상의 설명력을 나타냄으로써 충성도 발전에 큰 기여를 하고 있음이 밝혀졌다. 따라서 점포 운영자들은 우선적으로 방문고객들의 고객만족을 위한 다양한 정책수립과 실행에 관심을 가져야 할 것이다.

넷째, 단계별 점포충성도 변수들인 인지적, 감정적, 의도적, 행위적 충성도의 다중자승 상관계수들은 살펴보면 각각 .47, .43, .46, .39 등으로 비교적 높게 나타나 점포충성도에 대한 높은 설명력을 보여 주고 있으며, 또한 단계별 충성도가 순차적으로 다음 단계를 거치지 않고는 차상위 충성도 개념으로 나갈 수 없는 상호순차적인 영향관계에 있다는 흥미로운 사실을 새롭게 밝혀 주었다. 이러한 결과는 고객의 점포 충성도가 인지적 충성도부터 시작된다는 것으로써 고객에게 판촉을 위한 각종 마케팅전략 수립 시 단순히 경품제공, 이벤트 행사와 같은 감정적인 재구매 의도의 증가를 위한 행사 못지않게, 점포 본래의 브랜드 충성도 확보를 위한 인지적 차원에서의 차별화가 우선되어야 한다는 사실을 보여준다.

마지막으로는 본 연구에서는 가설을 도출하여 검증을 하지는 않았지만 사후분석을 통하여 알아본 결과 고객접점의 서비스 변수가 점포충성도에 이르는 직접 및 간접효과에 대해서는 종업원의 자발적 서비스가 27%, 종업원의 비자발적 서비스가 17%로서 점포충성도에 대하여 각각의 간접효과를 미치고 있음을 실증적으로 밝혀냈다. 이러한 실증적인 검증결과를 토대로 관리자는 종업원 서비스를 상품의 가치 못지않게 고객들이 해당점포에 대한 강한 점포충성도를 가질 수 있도록 관리하여야 할 것이며, 또한 종업원 입장에서도 이러한 서비스를 자발적으로 자연스럽게 연출하고자 하는 노력이 필요하다고 본다. 이상과 같은 연구결과들을 종합하여 보면 고객접점 종업원 즉 의류점에서의 판매원은 의류상품의 지식과 같은 기술적 서비스와 규정된 서비스를 실시하는 것 못지않게 규정 이상의 친절한 접객 매뉴얼 이상의 자발적 마음을 가지고 고객에 대하여 좀더 진지한 개인적인 관심을 가질 수 있도록 하여야 한다. 이를 통하여 고객접점 종업원들은 고객에 대하여 기능적이면서도 자발적인 서비스를 실시하면서도, 역으로 고객이 즐거워하는 기쁨을 종업원들도 양방향 차원에서 직접 느낄 수 있도록 육성되어야 한다. 이러한 노력의 결과는 신규고객 창출 못지않은 단골고객의 타 점포로 이탈방지를 위한 전환 장벽 설치효과와 기존의 많은 경쟁점포들 중에서 독보적이면서도 강한 점포충성도를 획득하는 데 많은 도움을 줄 것이라고 본다.

2. 연구의 한계점 및 향후 연구방향

이상과 같은 이론적, 실무적 기여와 마케팅 시사점에도 불구하고 본 연구의 한계점과 향후 연구방향을 정리하면 다음과 같다.

첫째는 주요 결정변수 선정의 한계점이다. 점포충성도 결정요인에는 매우 다양한 변수들이 내재하고 있다. 이러한 측면에서 다양성추구, 대안매력도, 즐거움 추구 등과 같은 다양한 가치를 물어보는 추가변수 대하여 폭넓게 살펴볼 필요가 있었다. 또한 종업원의 서비스에 대한 개념도 조직 및 상사지원 그리고 직무만족과 작업노력 등에서 더 나아가 눈에 보이는 친절, 태도, 공손함 그리고 기업 서비스교육의 집중화, 형식화, 조직지원 등의 다양한 요인변수가 있으며 이러한 변수들을 포함한 종합적 관점에서 연구하였으면 보다 더 많은 전략적 시사점이 나왔으리라 여겨진다.

둘째는 본 연구에서 제시된 가정들의 관계와 구성개념과의 경로를 보다 더 정교화할 필요가 있다고 본다. 이를 위하여 점포 특성에 맞는 소비자 성향 및 소비자 관여도와 같은 상황변수를 도입하여 조절효과 등을 살펴볼 필요가 있다. 관여도의 차이와 같은 다양한 상황의 변화에 따라서 매개변수들 간의 관계 및 선행변수들과의 관계에도 변화가 있을 것이며 다양한 시사점들이 나타나리라 본다.

마지막으로 본 연구는 의류점만을 대상으로 설문조사를 실시하였다는 단점을 가지고 있다. 비록 이러한 의류점들이 점포충성도 차원에서는 BPS복합 측정척도(Budget, Patronage, Switching)에 의한 결과가 슈퍼마켓 및 식품 분야의 점포충성도의 45%의 범위보다 높은 60%의 수치를 보인 의류업종을 선정하였지만, 다양한 소매 점포들을 대표하는 업종의 표본이라고 하기에는 외적 타당성이 떨어진다고 본다. 따라서 본 연구에서의 개념적 모형에 대한 설명력이 높다 하더라도 소매업 전체에 대하여 일반화시키기에는 부족함이 많으므로, 이러한 문제점을 해결하기 위하여 다른 서비스 및 소매업태에서 대표업종들을 선택하여 보다 더 다양한 표본을 이용한 반복연구와 비교분석이 필요하다고 본다.

◑ 참고 문헌

김철민(2002), "서비스충성도의 결정요인에 관한 연구", 마케팅관리연구, 7(2), 87-115.

김철민, 조광행(2004), "인터넷 쇼핑몰에서의 소비자 충성도(e-충성도) 분석모형", 경영학연구, 33(2), 100-125.

박정은, 이성호, 채서일(1998), "서비스 제공자와 소비자 간의 관계에 질이 만족과 재구매 의도 관계에 미치는 조정역할에 관한 탐색적 연구", 마케팅연구, 13(4), 119-139.

안흥복, 권기정, 이미숙(2004), "호텔기업의 서비스 품질, 고객만족 및 고객반응의 관련성 분석", 경영연구, 19(1), 163-186.

윤만희(2000), "서비스 접점종업원 지원이 고객의 서비스 품질 평가에 미치는 영향", 경영학 연구, 29(2), 65-83.

윤만희(2000), "서비스종업원 조직시민행위의 사회교환론적 선행변수와 서비스 품질에 관한 연구: 종업원 분석수준", 경영학연구, 29(4), 23-47.

윤성욱(2002), "The Role of Relationship Quality in the Case of Service Failure", 경영연구, 17(1), 181-199.

윤성욱, 김수배(2003), "의료서비스접점에서의 대기시간이 서비스 품질평가와 애호도에 미치는 영향", 한국마케팅저널, 5(1), 1-22.

윤성욱, 황경미(2002), "CIT를 이용한 서비스 실패와 복구에 관한 연구", 한국마케팅저널, 4(4), 1-27.

윤성욱, 황경미(2004), "서비스 복구형태가 고객관계에 미치는 영향: 음식점을 대상으로 한 CIT 접근", 소비자학 연구, 15(1), 135-158.

이인구, 김종배, 이문규(2000), "지각된 서비스 품질, 소비자 태도, 재이용 의도 사이의 인과관계 모형", 한국마케팅저널, 2(3), 44-63.

이용기(2001), "고객접점 종업원의 친사회적 행위에 대한 고객지각이 종업원 서비스 품질평가, 고객만족과 고객의 자발적 행위에 미치는 영향", 마케팅연구, 16(3), 105-125.

제미경, 김효정(2000), "미용실 이용고객의 서비스 품질결정요인과 고객만족", 소비문화연구, 3(2), 177-196.

조광행, 박봉규(1999), "점포충성도에 대한 전환 장벽과 고객만족의 영향력에 대한 실증적 연구", 경영학연구, 28(1), 127-149.

조광행, 임채운(1999), "고객만족 및 전환 장벽이 점포애호도에 미치는 효과에 관한 연구", 마케팅연구, 14(1), 47-74.

전광호, 김재욱, 모순래(2003), "영업사원 이직의도의 관계론적 선행변수에 관한 연구", 마케팅연구, 제18권 제2호, 95-122.

최낙환(1997), "판매원의 고객지향성에 대한 조직몰입과 적응성의 매개적 역할", 마케팅연구, 12(4), 43-65.

허경옥, 유소이(2001), "제품과 서비스의 소비자 불만 및 소비자불평행동 결정요인 분석: 2단계 추정 방법의 응용", 소비문화연구, 4(2), 57-83.

Anderson, J. C. and D. W. Gerbing(1988), "Structure Equation Modeling in Practice: A Review and Recommended Two-Step Approach", *Psychological Bulletin*, 103(3), 411-423.

Beckwith, H.(1997), Selling The Invisible, Warner Books, Inc., New York.

Bettencourt, L. W.(1997), "Customer Voluntary Performance: Customers As Partners In Service Delivery", *Journal of Retailing*, 73(3), 383-406.

Bettencourt, Lance W.and Stephen W. Brown(1997), "Contact Employees: Relationships Among Workplace Fairness, Job Satisfaction and Prosocial Service Behaviors", *Journal of Retailing*, 73(3), 39–61.

Bitner, M. J., B. H. Booms, and M. S. Tetreault(1990), "The Service Encounter: Diagnosing Favorable and Unfavorable Incidents", *Journal of Marketing*, 54(January), 71–84.

Bitner, M. J., B. H. Booms, and L. A. Mohr(1994), "Critical Service Encounters: The Employee's Viewpoint", *Journal of Marketing*, 58(October), 95–106.

Bruce, M., R. Copper, and D. Vazquez(1999), "Effective Design Management for Small Business", *Design Studies*, 20, 297–315.

Carlzon, J.(1987), Moments of Truth, Cambrige, MA: Ballinger Publishing Company.

Colgate, M. and B. Lang(2001), "Switching Barriers in Consumer Markets: An Investigation of the Financial Services Industry", *Journal of Consumer Marketing*, 18(4), 332–347.

Dabhokar, P. D., D. I. Thorpe, and J. O. Rentz(1996), "A Measure of Service Quality for Retail Store: Scale Development and Validation", *Journal of the Academy of Marketing Science*, 24(1), 3–16.

Dick, A. S. and K. Basu(1994), "Customer Loyalty: Toward an Integrated Conceptual Framework", *Journal of the Academy of Marketing Science*, 22(2), 99–113.

Ganesan, S.(1994), "Determinants of Long–term Orientation in Buyer –Seller Relationship", *Journal of Marketing*, 58(April), 35–47.

Gronroos, Christian(1984), "A Service Quality Model and It's Marketing Implications", *European Journal of Marketing*, 18(4), 36–44.

Fisk, R. P., S. W. Brown, and M. J. Bitner(1993), "Tracking the

Evolution of the Service Marketing Literature", *Journal of Retailing*, 69(1), 61 – 103.

Fornell, C.(1992), "A National Customer Satisfaction Barometer Evolution of the Service Marketing Literature", *Journal of Retailing*, 69(1), 61 – 103.: The Swedish Experience, "Journal of Marketing, 56(January), pp.6 – 21.

Jones, M., D. L. Mothersbaugh, and S. E. Beatty(2000), "Switching Barriers and Repurchase Intentions in Services", *Journal of Retailing*, 76(2), 259 – 274.

Laaksonen, M.(1993), "Retail Patronage Dynamics: Learning About Daily Shopping Behavior in Contexts of Changing Retail Structures", *Journal of Business Research*, 28(2), 3 – 174.

Lytle, R. S., P. W. Horn and M. P. Mokwa(1998), "SERV*OR: A Managerial Measure of Organizational Service – Orientation", *Journal of Retailing*, 74(4), 455 – 489.

Knox, S. D. and T. J. Dension(2000), Store Loyalty: Its Impact on Retail Revenue, *Journal of Retailing and Consumer Services*, 7, 33 – 45.

Martine, S.(1993), "Maintaining Relationship with Customer: Some Critical Factors", *Enhancing Knowledge Development in Marketing, AMA*: 21 – 27.

Nguyen, N. and G. Leblanc(1998), "The Mediating Role of Corporate Image on Customers Retention Decisions", *International Journal of Bank Marketing*, 16(2), 52 – 65.

Oliver, R. L(1980), "A Cognitive Model of the Antecedents and Consequences of Satisfaction Decisions", *Journal of Marketing Research*, 17, 460 – 469.

Oliver, R. L. and W. S. DeSarbo(1988), "Response Determinants in Satisfaction Judgements", *Journal of Consumer Research*, 14, 495

-507.

Oliver, R. L., and J. E. Swan(1989), "Consumer Perceptions of Interpersonal Equity and Satisfaction in Transactions: A Field Survey Approach", *Journal of Marketing*, 53(April), 21-35.

Oliver, R. L.(1999), "Whence Consumer Loyalty", *Journal of Marketing*, 63(Special Issue), 33-44.

Organ, Dennis W.(1988), Organizational Citizenship Behavior: The Good Soldier Syndrome, Lexington Books, MA: Lexington.

Petroshius, S. M. and K. B. Monroe(1987), "Effect of Product-Line Pricing Characteristics on Product Evaluations", *Journal of Consumer Research*, 13(March), 511-519.

Price, L. L. and E. J. Arnould(1999), "Commercial Friendships: Service Provider-Client Relationships in Context", *Journal of Marketing*, 63(October), 38-56.

Puffer, S. M.(1987), "Prosocial Behavior, Noncompliant Behavior, and Work performance Among Commission Salespeople", *Journal of Applied Psychology*, 72, 615-621.

Richardson, P. S., A. S. Dick, and A. K. Jain(1994), "Extrinsic and Intrinsic Cue Effects on Perceptions of Store Brand Quality", *Journal of Marketing*, 58(October), 28-36.

Reichheld, F. and W. Sasser(1990), "Zero Defections: Quality Comes to Services", Harvard Business Review, 68(5), 105-111.

Sirgy, M. J. and A. C. Samli(1985), "A Path Analytic Model of Store Loyalty Involving Self-Concept, Store Image, Geographic Loyalty, and Socioeconomic Status", *Journal of the Academy of Marketing Science*, 12(Summer), 265-291.

Sirohi, N. E., W. Mclaughlin, and D. R. Wittink(1998), "A Model of Consumer Perceptions and Store Loyalty Intentions for a Supermarket Retailer", *Journal of Retailing*, 74(2), 223-245.

Sweeney, J. C., G. N. Soutar, and L. W. Johnson(1996), "Retail Service Quality and Perceived Value", *Journal of Retailing and Consumer Services,* 4(1), 39−48.

Weun, S., S. E. Beatty, M. A. Jones(2004), "The Impact of Service Failure Severity on Service Recovery Evaluations and Post−Recovery Relationships", *Journal of Services Marketing,* 18(2), 133−146.

Zeithaml, V. A.(1988), "Consumer Perceptions of Price, Quality and Value", *Journal of Marketing,* 52(July), 12−18.

Zeithaml, V. A., L. L. Berry, and A. Parasuraman(1996), "The Behavioral Consequences of Service Quality", *Journal of Marketing,* 60(April), 31−46.

DB 마케팅 발전을 위한 전자상거래 e-충성도의 구조방정식 모형에 관한 연구: 온라인 쇼핑몰의 e-점포이미지 매개역할을 중심으로

Ⅰ. 서 론

전자상거래 기술의 급속한 발달로 인해 제조업체 및 유통업체를 포함한 많은 기업들은 그들의 사업방식을 근본적으로 바꾸고 있으며, 특히 인터넷 쇼핑몰은 기존의 전통적 소매업과 크게 차별화되는 특징을 가지고 있다. 인터넷 쇼핑몰에서의 제품검색 엔진은 전통 소매업에서의 판매사원 서비스를 대체하며, 웹상의 제품 디렉터리(directory)는 전통 소매업의 판매대를 대신하는 역할을 한다. 이러한 온·오프라인의 차이점은 첫째, 시간적인 면에서 전통적 소매업은 개점 및 폐점시간의 제약을 받으나, 인터넷 쇼핑몰은 24시간 영업이 가능하다. 둘째, 가격비교성에 있어서 전통 소매업의 경우에는 소비자들이 가격비교를 위해 직접 여러 점포를 방문해야 했으나, 인터넷 쇼핑의 경우에는 쇼핑몰 가격비교 사이트를 활용하여 소비자들이 쉽고 빠르게 쇼핑몰들의 가격을 비교할 수 있다. 셋째는 전자상거래가 오프라인에 비하여 상대적으로 시장진입이 쉽다는 점과 판매자와 소비자 간의 정보의 불균형성이 낮다는 점으로 인해, 인터넷 쇼핑몰들 간의 경쟁은 갈수록 치열해지고 있다.

특히, 인터넷 및 정보통신기술의 혁신은 기존 시장을 완전경쟁 상태로 변화시키고 있으며, 그 결과 인터넷 시장은 고객확보의 어려움과 더불어서 낮은 수익률을 초래하고 있다.(Srinivasan et al. 2002, Peterson 1997) 이와 같은 상황에서 전자상거래가 전통적 소매업에 비해 소비자 충성도의 확보가 어렵고 중요성이 높음에도 불구하고, 현재까지 인터넷 쇼핑몰에 있어서 소비자의 e-충성도에 관한 연구들은 그다지 많이 이루어지지 않고 있다. 또한 기존의 인터넷 쇼핑에 관한 최근의 논문들조차도 충성도보다는 쇼핑몰에 대한 고객만족에 관한 연구에 초점을 맞추고 있으며, 내용 면에서도 기초적인 수준에서 머무르고 있는 실정이다. 앞으로 국내 전자상거래 시장의 급속한 발달을 고려할 때, 앞으로는 인터넷 전자상거래의 성공요인을 분석하기 위하여 소비자의 e-충성도와 이를 매개하는 각종 변수들의 구조적 모형에 대한 연구의 필요성이 제기되고 있다.

현재 데이터베이스 마케팅은 최종 성과로 볼 수 있는 e-충성도를 발견하기 위한 e-CRM 프로세스로 발전하는 단계에 있다. 소비자의 각종 정보를 효율적으로 마이닝하기 위해서는 e-충성도 단서발견 차원에서 기존 오프라인 변수들과 온라인의 각종 변수들이 전자상거래에서 어떻게 작용하는가에 대한 새로운 발견과 역할규명을 필요로 하고 있다. 이처럼 e-CRM은 인터넷 전자상거래에서 고객관계 관리를 의미하며, 고객에 대한 각종 데이터베이스를 구축하여 다양한 마이닝 기법을 통하여 고객의 소비동향과 구매성과를 예측하고자 한다. 하지만 현재 대부분 기업들이 고객에 대한 데이터베이스가 없거나, 혹은 있다고 하여도 데이터베이스 내에 가치 있는 정보가 극히 드문 우리나라의 현실을 보았을 때 이제는 데이터베이스만을 구축해서는 효과적인 고객정보관리가 되지 않는다는 문제점을 보여 주고 있다. 이러한 문제점을 해결하기 위하여 데이터베이스 마케팅은 고객조사에서 시작되어 해당기업의 고객에 대한 인구통계학적 특성과 라이프스타일, 쇼핑몰을 대상으로 하는 제품과 서비스를 사용하는 비율, 이들을 통해서 소비자들이 만족하고자 하는 욕구는 무엇이며 해당기업에서 제공하는 판촉수단과 어느 정도의 상관관계가 있는지에 대한 연구로서 고객을 단기적인 업적인 아닌 장기적인 관점에서 고객 평생가치를 도입한 e-CRM과 소매마케팅에 관심을 가져야 한다. 최근에는 점포충성도를 e-충성도로 전환시키기 위한 연구과정에서 e-점포이미지가 데이터베이스 마케팅의 발전적인 모델로 제시되고 있다.(박찬욱 1999, 김홍범, 문혜영 2000, 최정환, 이유재 2003, 박찬욱 2004)

이러한 연구방향은 온라인 쇼핑몰의 홈페이지를 개선하고 판매상품을 선정하고 서비스를 제공함에 있어서, 만족한 고객이 재구매를 하지 않고 오히려 타 쇼핑몰로 전환하는 고객의 이탈률을 최대로 줄일 수 있는 단서를 발견할 수 있기 때문이다. Reichheld and Sasser(1990)는 12개 산업을 대상으로 실증 분석한 결과, 고객이탈률의 5% 감소노력은 이익률을 25~85%까지 높이는 효과를 가져올 수 있음을 밝히고 있다. 따라서 인터넷 쇼핑몰에 있어서의 e-충성도 확보는 전통 소매업에 비해 그 중요성이 매우 높으며, 소비자 충성도와 전환 장벽 확보를 통한 고객이탈 방지 및 고객유지율 증대 노력을 극대화하는 것은 인터넷 쇼핑몰의 생존과 경쟁우위 강화를 위해서 매우 필요한 조치라고 하겠다.

따라서 본 연구는 e-충성도 모형에서 설명력 증가를 위한 결정변수의 추가와 기업의 전략적 목표로서 기본적 패러다임도 만족에서 충성도로 전환됨과 동시에 기존 연구들에서 간과되어 온 e-점포이미지가 어떠한 경로와 결정요인을 거쳐 e-충성도에 영향력을 미치는가에 대하여 구조방정식 모형분석을 통하여 다음과 같은 의문점을 알아보고자 한다.

첫째, 제품가치와 서비스의 질은 e-점포이미지와 점포만족 그리고 전환 장벽에 어떠한 영향을 미치는가?

둘째, e-점포이미지는 점포만족과 전환 장벽의 관련성은 어떠한가?

셋째, 전환 장벽에 대한 역할규명으로서 전환 장벽은 e-점포이미지와 점포만족에 대하여 어떠한 영향을 받고 있는가?

넷째, e-점포이미지와 점포만족 및 전환 장벽은 e-충성도에 어떤 구조적 영향을 미치는가?

이와 같은 e-충성도에 대한 전략적인 접근토대 마련은 온라인 쇼핑몰의 경영환경 개선 및 장기적인 단골고객 획득이라는 현대 인터넷 마케팅의 본질적 측면에서도 상당히 많은 전략적 시사점을 제시하여 주리라고 본다.

II. 이론적 고찰

1. 데이터베이스 마케팅 발전방법으로서 e-CRM과 e-충성도 결정변수에 관한 가설

① 데이터베이스 마케팅의 발전방향으로서 e-CRM 및 e-CEM

e-CRM은 전자상거래 고객이라는 대상을 관리의 핵심주체로 하는 업무 전체를 범위로 하며, e-비즈니스 기업의 이익과 가치를 고객과의 장기적인 관계를 통하여 획득하고자 하는 마케팅기법으로서 고객의 e-충성도를 높임으로써 이익을 극대화하고자 한다. 현대 기업마케터들은 기업과 고객 양쪽을 만족시키기 위하여 고객과 관련된 정밀한

데이터베이스 자료를 추출하고 분석하지만 이는 마케터의 적은 경험과 좁은 시장으로 유추한 단편적 지식이라는 한계점을 나타내고 있다.(최정환, 이유재 2003, 홍승표, 강회일, 이동일 2002, 박찬욱 2004)

김홍범과 문혜영(2000)은 호텔의 고객정보지향성과 데이터베이스 마케팅 실행에 관한 연구에서 호텔관리자들의 고객정보지향성이 높을수록 고객의 불평데이터와 고객정보시스템을 통하여 이탈가능 고객관리와 우량고객의 유지 및 관리활동 정도가 상관분석법으로 통계적으로 유의한 상관관계가 있음을 밝혔다. 박찬욱(1999)은 한국 내 32종류의 은행들을 대상으로 데이터베이스마케팅의 실행수준에 영향을 미치는 요인들에 관한 연구에서, 은행 DB담당자들의 DB 마케팅관련 전문성 정도, 다이렉트 마케팅의 실행수준, 마케팅지향성과 같은 장기적인 관점의 보유 정도와 데이터베이스 마케팅과의 실행수준과 상관관계를 알아보고자 하였으며, 이를 위하여 자질과 관점이 높은 직원과 낮은 직원으로 이분화하여 T-TEST를 한 결과 관점의 보유 정도가 높은 직원이 실행수준에서도 높음을 통계적으로 유의함을 밝혔다. 이러한 기존 연구들은 데이터베이스 마케팅 도입기에 각종 환경영향요인들과 인과관계를 밝히는 데 많은 기여를 하였지만, 독립변수의 설정이 단순하거나, DB 마케팅 실행 정도와 선행요인들의 상관관계가 지나치게 높게 나타나고 있기 때문에 오히려 초기 연구자들 자체에서도 선행요인들의 타당성(validity)에 대한 의문점이 많이 제시되었다. 이러한 문제점을 해결하기 위하여 보다 데이터베이스 마케팅의 e-충성도 분야는 더욱 엄격한 통계분석방법을 통하여, 명백히 구분되는 개념의 요인추출과 단순 상관관계의 분석을 넘어서 최종성과에 대한 구체적 설명력 제시와 구조적 모형수립을 위한 진일보된 연구가 필요한 것임을 알 수 있다.(박찬욱 1999, 김홍범, 문혜영 2000, 박찬욱 2004, 김철민,

조광행 2004)

이와 같은 데이터베이스 마케팅의 한계점은 연구접근 방법에 있어서 데이터베이스 마케팅의 선행 원인요소를 밝히는 초기단계의 연구 수준에 머물러 있으며, 아직까지 최종 성과물로 볼 수 있는 경영성과와 비교하여 유의성을 도출함에 있어서도 연구결과가 일천하기 때문이다. 즉 기존의 DB 마케팅이 ROI를 통한 단기적인 프로그램을 통하여 고객정보가 실질적으로 고객 수익성과 기업의 수익성을 제고시켰지만, 고객 데이터는 획기적으로 증가하고 있는 상황에서, 데이터베이스 마케팅이 기존에 수행하던 단기적인 수익을 위한 일회적인 데이터베이스 마케팅 방식으로는 고객의 생애를 연장하고 고객의 생애 전체에 관여하기에는 한계점에 도달하였다. 이러한 연유는 객관적인 기업의 경영성과와 비교할 만한 척도의 개발과 상관관계의 유추기법이 부족하기 때문이다.(최정환, 이유재 2003)

이러한 데이터베이스 마케팅의 한계점을 극복하고 발전하기 위한 나아갈 방향으로서 e-CRM은 첫째는 기존의 데이터베이스 마케팅은 단지 DM 반응도 향상과 같은 미세한 목표들을 관리하였다면 e-CRM은 고객과 접하는 프로세스 전체의 효과 및 효율성을 추구하여야 한다. 둘째는 전사적인 고객중심사상과 업무시스템의 통합된 법 기능적인 프로세스가 되어야 한다. 셋째는 e-CRM은 데이터 마이닝, OLAP, 텍스트 마이닝, 웹 마이닝과 같은 진보된 정보기술을 바탕으로 고객 분석과 구매행동 예측결과에 대응하기 위한 방법들을 지속적으로 개발하여야 한다. 또한 기존 데이터를 처리하면서 e-충성도를 발견하기 위한 새로운 관점의 분석방법들과 각종 척도들을 개발할 필요성이 제기되고 있다. 마이닝(Mining)은 데이터 웨어하우스 또는 통합 데이터베이스에 축적된 데이터를 활용하는 기술로서 방대한 양의 데이터 속에서 쉽게 발견

되지 않는 유용한 정보를 찾아내는 과정으로 정의할 수 있다. 예를 들어서 빨간색 승용차는 사고가 많다 그러므로 이를 보험요율산정에 반영하여야 된다는 결론을 도출할 수 있으며, 편의점에서 소비자들이 맥주와 기저귀를 동시에 구입한다는 사실처럼 눈에 보이지 않는 각종 인식과 생각들을 데이터 마이닝을 통하여 구체화하고 계량화와 정성화를 하여야 할 필요성이 제기되고 있다. 이처럼 고객성향을 분석할 때 고객은 제품이 아니라 경험을 구비한다는 측면에서도 e-CEM을 주목하여야 필요성이 있다. 고객은 이성이 아니라 감동적 차원에서 접근해야 한다는 측면이다. 즉 e-CEM은 인터넷 전자상거래에서 판매상품의 기능적 특징이나 개선사항뿐만 아니라 고객의 의사결정, 구매, 사용과정에 전반적인 초점을 맞추고 있으므로, 고객경험관리는 지속적으로 고객을 만족시키는 동시에 이익을 창출할 수 있는 온라인 상품과 서비스를 창출하는 데 도움이 되기 때문이다.(Schmitt 2003)

이러한 각종 마이닝 기법을 통할 때 새로운 개념의 척도와 변수의 발견하고자 하는 노력들은 온라인 쇼핑몰의 e-점포이미지의 역할에 대하여 구조방정식 모형으로 이론적 근거를 규명하는 것으로서 e-충성도 연구에 중요한 이론적 토대를 제공할 것이라 본다.(김철민, 조광행 2004)

② e-충성도 관점

전자상거래를 위한 인터넷 시장에서 소비자들의 충성도를 'e-충성도(e-loyalty)'라고 한다. 앞서 서술한 것처럼 인터넷 시장은 매장과 관련한 인적요소 및 물적 시설이 존재하지 않는 상황에서 기존의 전통시장과는 구조적 특징이 다르기 때문에, 인터넷 쇼핑몰에서 소비자의 e-충성도 개념 또한 달라져야 한다. 일반적으로 소비자충성도는 특정

220

제품이나 기업에 대한 고객의 선호태도와 행위를 말하는데, 인터넷 쇼핑몰과 같은 전자상거래에서 e-충성도는 특정 웹 사이트에 대한 재방문 태도 및 행위로서 개념화될 수 있을 것이다.(Reichheld and Schefter 2000) 비록 최근의 몇몇 연구들이 e-충성도에 대해 개념화를 하고는 있지만 구체적인 측정지표들에 대한 일관된 접근이 이루어지지 않고 있는 실정이다. 따라서 본 연구에서는 인터넷 쇼핑몰에서 뿐만 아니라 전통적 시장에서의 오프라인 충성도에 관한 연구까지를 포함하여 소비자 충성도에 관한 기존 연구들을 종합적으로 비교 정리하고 이를 통해 본 연구의 관점을 도출하고자 한다.

e-비즈니스 기업과 점포 사업자들은 자사의 경쟁력을 향상시키기 위한 방법으로서 일반소비자들의 특정 기업과 점포에 대한 애호도를 향상시키기 위한 노력을 하게 되며, 이러한 고객충성도(Customer Loyalty)는 브랜드충성도(Brand Loyalty), 서비스충성도(Service Loyalty), 점포충성도(Store Loyalty), 납품업체 충성도(Vendor Loyalty)로 구분하여 볼 수 있다.(Dick and Basu 1994) 이 중에서 점포충성도의 속성을 알아내기 위한 연구는 점포이미지부분과 상품의 가치, 서비스의 품질, 다양성 추구속성, 대안 매력도, 전환비용 등 물질적인 속성에서 시작하여 인지, 감정, 의도, 그리고 재구매 행동에 이르기까지의 인식적인 절차에까지 다양한 연구가 이루어져 왔다.(e.g., Parasuraman, Zeithaml and Berry 1988, Bitner et al. 1990, Cronin and Taylor 1992, Ganesan 1994, Oliver 1999, Jones et al. 2000, 윤성욱 2002, 서근하 등 2004, 윤성욱, 서근하 2004)

일반적으로 e-충성도에 대한 연구는 서비스의 질과 제품가치에 대한 소비자의 애호도 측정과 e-점포충성도의 새로운 매개변수 발굴에 대한 연구로 크게 구분할 수 있다. 애호도 측정에 대한 연구는 기존의 상품품질, 서비스 질, 관계의 질, 가격지각 등에 대한 개별적 개념연구로 소매믹스의 통합적 접근방식으로서 연구모형을 제시하는 방향이며, 후자는 e-소비자충성도를 도출하기 위하여 타 쇼핑몰 매력도, 상호작용성, 다양성향 등에 초점을 두고 e-충성도에 미치는 구성요소와 영향분석에 관한 연구이다. 이러한 연구들은 분석방법에 있어서도 가격, 상품 구색, 판매원, 분위기, 서비스, 품질에 관한 점포이미지의 구성요소가 점포태도와 점포만족, 단골행위와 같은 점포성과에 대한 단순 설명력 분석을 넘어서 전자상거래에 있어서 e-점포이미지의 새로운 변수에 대하여 진일보한 연구방식이 필요한 상황임을 보여 주고 있다.(e.g., James et al. 1976, Srinivasan et al. 2002, 조광행, 임채운 1999, 김정희 2002, 윤성욱, 서근하 2004)

이와 같은 연구결과를 살펴볼 때 전자상거래에서의 e-충성도의 결정요인은 오프라인과 마찬가지로 제품 가치와 서비스의 질 두 가지로 구분하여 볼 수 있다. 전자는 고객이 유형적인 제품에 대하여 지각하는 가치이며, 후자는 고객이 느끼는 무형의 가치이다. 상품가치는 최초 가격이라는 단서에 대한 물리적 차이를 가격 지각이라는 지각의 범주화에 인지시키는 것이다. 가격 지각은 상품 가치의 단서가 되어 점포충성도에 영향을 미친다고 볼 수 있다. 인터넷쇼핑몰에서의 서비스란 인터넷 사이트에서의 상품 판매와 관련된 무형적 활동으로 정의될 수 있으며, 서비스 품질이란 소비자가 이러한 서비스에 대해 느끼는 전반적인 우월성으로 정의될 수 있다.(Petroshius and Monroe 1987, Sirohi et al. 1998, Zeithaml 1988)

서비스의 질에 관한 고객의 지각을 측정한다는 것은 서비스의 무형적 특성으로 인하여 객관적인 측정이 어려운 실정이다. 그러나 서비스의 질에 관한 기존 연구들을 살펴보면 최초 개발된 보이지 않는 판매력 요소인 10가지 개념으로 시작하여 유형성, 신뢰성, 응답성, 확신성, 공감성으로 표현되는 SERVEQUAL방식도 기대성과 불일치 패러다임으로서 부적절한 서비스 현실과 경험적 순환과정의 모듈에서 벗어나기가 어렵다고 보았다. 그래서 고객이 지각한 서비스 점수로 서비스 품질을 측정하는 SERVPERF 모형과, 속성에 대한 기대를 이상점들로 인식되는 기대와 지각된 성과에서 불일치성에 대한 해결점으로서 평가된 성과(Evaluated Performance: EP)모형과 규범화된 품질(Normed Quality: NQ)모형을 비교한 이상점 모형 등으로 지속적으로 발전을 거듭하여 왔다.(e.g., Parasuraman et al. 1988, Cronin and Taylor 1992, Teas 1993)

SERV*OR에서는 고객처리 방법의 향상을 위한 다양한 서비스 지향성 정도를 측정하며, 이러한 서비스 지향성은 서비스접점에서 고객과 종업원의 상호작용에서 고객이 느낀 진실의 순간처럼 고객접점 종업원의 서비스성과가 고객만족으로 직결되는 것으로 보았다.(Carlzon 1987, Lytle et al. 1998) 이처럼 종업원 서비스는 고객접점 순간에 고객 처리법과 서비스능력을 향상시키면 고객에게 서비스적 권위를 가지고 신뢰성과 신속성 그리고 효율적으로 서비스를 전달할 수 있는 역할자임을 밝혀냈다.(Parasuraman et al. 1988, Bitner et al. 1990, Bitner et al. 1994) 이러한 서비스 품질을 점포충성도 차원에서 소매점포로 더욱 세분화시킨 소매점 서비스측정모델(Retail Service Quality)은 소매점포 서비스 품질 결정요소를 물리적 외형(외관, 편의성), 신뢰성, 개인 간 상호작용, 문제해결성, 점포정책 등의 5개 차원으로 구분하고 공변량 구조방정식 분석으로 소매 점포서비스를 측정하여 기존의 타 척도들과 비교하여 SEVEQUAL, SERVPERF 모형보다는 모델 적합도가 우수한 척도로 주목받고 있다.(Dabhokar et al. 1996)

인터넷 쇼핑몰에서 상품가치란 전자상거래를 통하여 판매되는 제품의 우월성 또는 탁월성에 대한 소비자의 판단과 상품으로부터 얻는 효용과 지불되는 비용 간의 차이에 대한 평가로 볼 수 있다.(Zeithaml 1988) 인터넷 쇼핑몰에서 상품의 질은 전자상거래를 통하여 소비자에게 객관적이고 실제적으로 판단되는 상품의 가치로서 소비자는 주관적 개념으로 상품품질의 내적 단서를 평가하게 되며 이를 지각된 제품의 질로 보게 된다. 고객의 입장에서 지각하는 상품의 가치는 고객이 느끼는 상품품질과 고객이 인지하는 상품가격으로 평가된다.(Petroshius and Monroe 1987, Richardson et al. 1994, Nguyen et al. 1998)

따라서 상품가치는 상품품질과 가격의 함수로서 정의될 수 있다. 전통적 시장에서는 소비자들이 점포들 상호 간의 가격비교를 쉽게 할 수 없기 때문에 제품충성도를 확보하면 어느 정도 가격경쟁에서 벗어나서 차별화 전략을 실현할 수 있다. 그러나 인터넷 시장에서는 쇼핑 에이전트를 통해 가격비교가 쉽게 이루어질 수 있고, 클릭 한 번으로 쉽게 쇼핑몰 전환이 가능하기 때문에 이러한 차별화 전략을 실현하기 어렵다.(Turban et al. 2000) 따라서 가격경쟁력 강화를 통한 상품가치 증대가 쇼핑만족 및 충성도 확보를 위해 매우 중요하다. 한편, 전통적 소매업에 비해 인터넷 쇼핑몰은 개별 고객화 과정을 통해 구매효용을 높일 수 있다. 즉 고객 자신에 적합한 제품을 제공함으로써 구매의 이점을 높일 수 있게 되며 따라서 쇼핑만족 및 충성도 확보가 가능할 수 있다. 델 컴퓨터의 경우는 이러한 맞춤전략을 성공적으로 실현하여 소비자 충성도를 확보하고 있다.(Slywotzky 2000)

③ 본 연구의 관점

e-점포이미지는 소비자가 특정 인터넷 쇼핑몰에 대하여 가지고 있는 고정관념과 같은 전반적 인상으로 정의할 수 있으며, 인터넷 쇼핑몰에서의 e-점포이미지는 특정 웹 사이트에 대한 쇼핑몰 이미지에 대한 태도 및 행위로서 개념화될 수 있을 것이다. 이러한 쇼핑몰에 대한 인상은 소비자가 느끼는 점포의 속성에 대한 평가를 기준으로 소비자가 e-점포에 갖는 태도의 집합으로 볼 수 있다.(James et al. 1976, Srinivasan et al. 2002)

기존의 점포이미지에 대한 연구모형들을 살펴보면 상품의 질은 제품이미지의 선행 변수로서 분위기, 정책, 서비스, 점원관련 이미지와 더불어 점포태도, 점포만족 그리고 단골행위와 같은 점포성과에 유의한 영향을 미치는 것으로 밝혀져 왔다. 조광행과 임채운(1999)은 점포이미지를 구성하는 결정요인으로 지각된 서비스 질과 지각된 상품 가치임과 동시에 지각된 상품 가치는 고객만족과 점포애호도에 영향을 미치는 것을 밝혀냈다. 고객이 해당점포에 대하여 이상적인 점포이미지를 경험하였을 때, 점포만족, 점포태도, 점포애호도(Store Patronage) 등의 점포성과에 영향을 미치는 것으로 보았다.(e.g., James et al. 1976, Baker et al. 1994, 서근하 등 2004, 김철민, 조광행 2004) 이러한 메커니즘에서는 부가적인 각종 서비스 부문은 e-점포이미지 형성에 결정적인 중요한 요소로 작용하지 않고, 고객들의 눈에 보이는 가격과 판매촉진 등이 e-점포충성도에 직접적으로 연결되는 인식된 가치에 대하여 직접적인 결정요소로 작용하는 것으로 보았다.

점포만족은 고객이 해당점포로부터 제공받은 경험, 구매한 상표, 서비스, 쇼핑과 구매행동 등에 대한 쇼핑 행동패턴, 디스플레이 상태 등에 대한 제품과 서비스를 사용한 결과로 나타나는 감성적 반응이라고 정의할 수 있다.(Westbrook and Oliver 1999) 일반적 연구에서 통상적으로 사용하는 고객만족은 두 가지로 볼 수 있다. 첫 번째는 소비경험의 결과로서 기대불일치 여부와 구매 후 평가와 같은 소비평가 과정으로 보는 것이며, 두 번째는 제품을 사용한 후에 느끼는 감성적 반응과 인지적 반응으로 보는 것이다.(Oliver and DeSarbo 1988, Oliver 1999) 고객만족의 목표는 장기적 관계이며 고객만족은 구매의도에 긍정적인 영향을 미치는 것으로 볼 수 있다. 이와 같은 고객만족을 점포만족으로 비추어보면 첫 번째는 개별거래 성과에 대한 거래적 관계로 볼 수 있고, 두 번째는 누적적 관계로 각 개별거래에 대한 경험들이 모여서 이것들이 점포에 대한 전체적인 평가결정으로서 점포만족이 결정되는 것이다. 점포만족은 과학적인 관점에 보면 마케팅사고의 중심적 개념으로서 고객만족도가 높은 기업이 얻을 수 있는 혜택은 기존고객 충성도 향상, 가격 민감도의 감소, 기존고객 이탈방지, 마케팅 실패비용 감소, 신규고객 창출비용 감소, 기업명성 향상과 같은 효과가 있고, 또한 점포만족은 점포이미지라는 선행변수에 대하여 지각된 점포의 인식에 의하여 점포만족과 최종적인 점포충성도에 영향을 미치는 것으로 볼 수 있다.(Fornel 1992, Oliver 1999, 조광행, 박봉규 1999) 그러나 만족이 반드시 충성도로 연결되지 않는 것에 대한 의문점에 대하여 전환 장벽이라는 원인변수를 밝혀내고, 이러한 전환 장벽과 충성도의 관계를 밝히기 위한 연구가 계속 되어왔다.(Colgate and Lang 2001) 전환 장벽은 기존 거래선과 거래를 단절하고 변경하는 데 따르는 어려움으로서 경제적, 시간적, 심리적 비용과 같은 전환비용으로 정의할 수 있다.(Jones et al. 2000) 이처럼 만족이 반드시 충성도에 직접적인 영향을 미치지 못하는 것과 또는 불만족한 고객이 타 점포로 전환행위를 하지 않는 이유에 대하여 거래비용, 심리적 비용, 시간적 비용과 같은 전환비용으로 인해 전환 장벽이 발생하는 것으로 보았다.(Dick and Basu 1994, Colgate and Lang 2001) 이처럼 전환 장벽은 거래선에 대한 관계의 유지 및 종결에 영향을 미침과 동시에 제품과 서비스 전환을 설명함에 있어서 유용한 변수로 볼 수 있다.

이러한 기존 연구결과들을 종합하여 볼 때에 서비스의 질과 제품가치가 높아지면 고객들의 e－충성도가 높아질 것이고, 이러한 과정에서 점포이미지, 점포만족, 전환 장벽 등에 대하여 긍정적인 영향을 미칠 것으로 보고 다음의 가설을 설정하고자 한다.

H1a: 서비스의 질은 e－점포이미지에 긍정적인 영향을 미칠 것이다.
H1b: 서비스의 질은 점포만족에 긍정적인 영향을 미칠 것이다.
H1c: 서비스의 질은 전환 장벽에 긍정적인 영향을 미칠 것이다.
H2a: 제품 가치는 e－점포이미지에 긍정적인 영향을 미칠 것이다.
H2b: 제품 가치는 점포만족에 긍정적인 영향을 미칠 것이다.
H2c: 제품 가치는 전환 장벽에 긍정적인 영향을 미칠 것이다.

2. e－점포이미지. 만족, 전환 장벽, e－충성도의 구성요소 간의 관계에 관한 가설

e－충성도의 결정요인을 체계적으로 파악하고, 보다 함축적이면서 설명력이 높은 모형을 도출하기 위해서는 소비자 충성도에 직접적으로 큰 영향을 미치는 핵심적인 변수들을 중심으로 그 선행요인과 최종 종속변수인 충성도 간의 매개효과를 살펴보는 것이 효과적인 방법이 될 수 있다. 따라서 본 연구에서는 e－충성도에 대한 설명력을 높일 수 있으면서도 간명한 연구모형을 구축하기 위해, 핵심적 매개변수

를 쇼핑몰에 대한 만족 및 전환비용을 중심으로 설정하고 시스템적 변수와 유통현장 관련 변수인 선행 매개요인을 e-점포이미지로 선정하고 e-충성도 간의 영향관계를 살펴보고자 한다.

Sohn and Lee(2002)는 정보 적합성, 기능성, 평판, 서비스 품질, 신뢰, 가격 및 비용요소 등을 e-충성도의 결정요인으로 파악하고 있고, Srinivasan et al.(2002)은 개별 고객화, 상호작용성, 정보 제공성, 사전 및 사후관심, 커뮤니티, 다양한 쇼핑기회의 제공, 편리성, 웹 사이트 디자인 등의 8가지 요인들을 e-충성도의 결정요인으로서 개념적으로 제시하고 있다. Gommans et al.(2001)은 웹 사이트 기술적 특성, 가치제공, 고객서비스, 신뢰 및 보안, 브랜드 이미지 등의 5가지 요소를 e-충성도의 선행요인으로 개념적으로 제시하고 있다. 인터넷 쇼핑몰에 있어서 주문충족, 신속한 배송과 같은 서비스 활동들은 소비자들의 쇼핑만족에 영향을 주며, 만족도가 증대되면 소비자들의 충성도가 높아질 수 있다.(Gommans et al., 2001) 즉 실제로 고객들은 FeDex와 UPS 등과 같은 선진 물류회사를 통해 제품을 배송받는 것을 선호한다. 또한 FAQ 및 게시판 등을 통한 판매활동 지원뿐만 아니라 해피콜 서비스 등과 같은 커뮤니케이션 방법 또한 인터넷 쇼핑몰 고객들에게 지원되어야 할 주요한 서비스 활동이 된다. 이처럼 인터넷 쇼핑몰에서의 제품배달 신속성, 상품교환 및 환불의 용이성, 신용서비스 혜택, 불만제기 시의 신속한 해결과 같은 서비스의 질은 구매에 중요한 영향을 미칠 것이며, 오히려 오프라인 쇼핑보다 더 중요한 요소가 될 수 있다.

김정희(2002)는 점포환경, 제품품질, 서비스 품질은 점포이미지의 구성요소라기보다는 점포이미지 선행요인임을 밝혔다. 이러한 점포의 물리적 환경은 주변요인, 디자인요인, 사회요인으로서 제품 및 서비스 품질을 매개로 하여 점포이미지와 점포충성도에 정(+)의 영향을 주는 것을 밝혔다. 이를 토대로 본 연구에서는 점포이미지를 서비스의 질과 제품의 가치 2가지 개념을 통합한 관점에서 새롭게 점포만족과 전환 장벽에 대하여 어떤 수준의 변량을 가지는가에 대하여 알아보고 자 한다.

쇼핑에 대한 만족은 해당 업체에 대한 소비자들의 호의적인 이미지와 태도를 형성시키고, 이러한 호의적인 태도는 해당 제품 및 서비스에 대한 재구매 의도 및 행동에 긍정적인 영향을 미칠 수 있다.(Cronin and Taylor 1992) 또한 점포만족은 소비자가 구매경험으로 느꼈던 고객의 인지와 감정의 요소로서, 서비스로 인하여 지각된 가치로 볼 수 있다. 이러한 소비자와 판매자의 입력과 성과에 대한 결과물이 공정성과 우선 선호도를 거쳐서 만족으로 연결되며 만족은 재구매 의도로 직결되는 것으로 볼 수 있다.(Fornel 1992, Bitner 1990, Oliver and Swan 1989) 점포만족에 대한 가설 설정을 위한 연구방향은 두 가지 경향으로 추정할 수 있다. 첫째는 고객이 기대한 서비스와 해당점포에서 수행된 서비스에 대하여 상호작용을 비교하는 측면이다. 둘째는 해당점포 및 상품의 브랜드에 대하여 누적된 고객만족과 어떠한 상호작용을 일으키는가에 대한 연구로 볼 수 있다.(Dick and Basu 1994, Oliver and DeSarbo 1988) 이처럼 점포이미지 속성에 관한 연구는 호의적인 점포이미지가 점포충성도에 긍정적인 영향을 미치고, 비호의적인 이미지는 부정적인 영향을 미치는 것에 대해서는 나타나 있지만 더 나아가 디자인, 진열, 다양성, 편리성, 심미성 등과 같은 점포이미지가 전환 장벽에 미치는 영향에 관한 부분은 부족한 실정이다.

그러나 본 연구에서는 기존 연구에서 점포이미지 변수에 대하여 제한적인 설명만으로 이루어지는 연구결과들에 대하여 새로운 답을 찾기 위하여 전환 장벽이라는 요소를 추가시켜서 서비스의 질과 제품가치에 대한 유·무형의 원인에 대한 통합적인 경로분석을 실증적으로 분석하고자 한다. 인터넷쇼핑몰의 서비스 품질이 좋을수록 소비자들이 느끼는 쇼핑만족도는 커지게 될 것이다. 또한 서비스 품질수준이 증대되면 다른 이와 유사한 서비스를 제공하는 다른 쇼핑몰을 탐색하는 데 따르는 심리적, 경제적, 시간적 어려움을 보다 크게 인식하게 될 것이기 때문에 전환비용의 지각정도 또한 높아지게 될 것이다. 따라서 인터넷쇼핑몰의 서비스 품질이 좋을수록 소비자들이 느끼는 전환비용의 지각수준은 높아지게 될 것이다. 따라서 이 상품을 취급하는 현재의 쇼핑몰을 이탈할 경우, 동일한 상품가치를 제공하는 다른 쇼핑몰을 탐색하는 데 따르는 심리적, 경제적, 시간적 어려움을 보다 크게 인식하게 될 것이기 때문에 전환비용의 지각 정도 또한 높아지게 될 것이다.

이를 위하여 구성요소를 e‒점포이미지, 고객만족, 전환 장벽으로 설정하고 이들 구성요소 간의 역할에 대하여 실증적인 분석을 하고자 한다. 이러한 분석결과는 기존 연구에서 간과되어 온 구성요소 간의 역할과 영향력에 대하여 흥미로운 사실을 밝혀줄 것이라고 보고 다음과 같은 가설을 설정하고자 한다.

H3a: e‒점포이미지는 점포만족에 긍정적인 영향을 미칠 것이다.

H3b: e‒점포이미지는 전환 장벽에 긍정적인 영향을 미칠 것이다.

H3c: e‒점포이미지는 e‒점포충성도에 긍정적인 영향을 미칠 것이다.

H4a: 점포만족은 전환 장벽에 긍정적인 영향을 미칠 것이다.

H4b: 점포만족은 e‒점포충성도에 긍정적인 영향을 미칠 것이다.

H5: 전환 장벽은 e‒점포충성도에 긍정적인 영향을 미칠 것이다.

Ⅲ. 연구모형

1. 연구모형

이상에서 언급한 내용을 토대로 〈그림 1〉과 같은 연구모형을 설정할 수 있으며, 설정된 가설은 다음과 같이 그림의 경로 위에 표시할 수 있다.

2. 변수의 조작적 정의와 측정

변수의 조작적 정의와 측정은 기존에 신뢰성과 타당성이 검증된 척도를 해당 개념에 적합하도록 수정하여 사용하였다. 이들 척도는 각각 Likert 5점 척도에 의하여 측정되었다.

2.1 서비스의 질

〈그림 1〉 연구모형

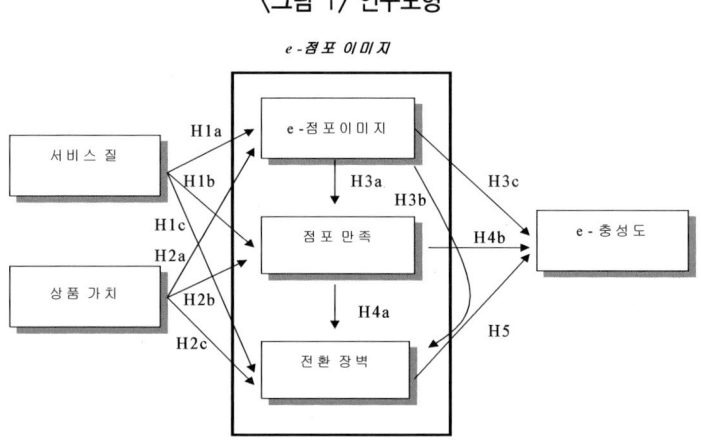

본 연구에서는 점포충성도의 독립변수 중에서 무형의 품질을 서비스의 질로 보았다. 이를 측정하기 위하여 SERVEQUAL과 SERVPERF의 문항을 기초로 하여서 Zeithaml et al.(1996), Nguyen(1998), Jones et al.(2000)이 개발한 척도를 수정하여 사용하였다. 질문내용은 쇼핑몰의 친절성, 정보제공, 신용서비스. 고객 클레임 대응 등 고객서비스 실태를 파악하기 위한 요인들을 항목별로 척도화하였다.

2.2 상품가치

점포충성도의 독립변수 중에서 유형의 품질을 상품가치로 보았다. 이를 측정하기 위하여 Petroshius and Monroe(1987), Jones et al.(2000)이 개발한 척도를 수정하여 사용하였다. 질문내용은 쇼핑몰의 상품가격, 상품품질. 선택의 폭에 대한 요인들을 항목별로 척도화하였다.

2.3 e-점포이미지

e-점포이미지는 전자상거래의 특정 사이버 점포에 대하여 소비자가 가지게 되는 전반적인 인상으로 정의할 수 있다. 이를 측정하기 위하여 Baker, Grewal and Parasuraman(1994), Petroshius and Monroe(1987), Jones et al.(2000)이 개발한 척도를 수정하여 사용하였다. 질문내용은 쇼핑의 즐거움, 분위기, 브랜드, 친근감, 매력도, 품격 등에 대한 요인들을 항목별로 척도화하였다. 이들 척도는 각각 Likert의 5점 척도에 의하여 측정되었다.

2.4 점포만족

점포만족의 정의는 다양한 관점에서 볼 수 있다. 이를 측정하기 위하여 Petroshius and Monroe(1987), Jones et al.(2000)이 개발한 척도를 수정하여 사용하였다. 질문내용은 쇼핑 만족, 호감, 행복도, 결과에 대한 본인 표정 등에 대한 요인들을 항목별로 척도화하였다.

2.5 전환 장벽

전환장벽은 기존 거래선과 거래를 단절하고 변경하는 데 따르는 어려움으로써 경제적, 시간적, 심리적 장벽으로 정의할 수 있다. 이를 측정하기 위하여 Colgate and Lang(2001)이 개발한 척도를 수정하여 사용하였다. 질문내용은 경제적 손실, 심리적 부담, 노력비용, 시간적인 비용 등에 대한 요인들을 항목별로 척도화하였다.

2.6 e-점포충성도

점포충성도는 전자상거래상의 특정 사이버 점포에 대한 고객의 재구매의도 및 반복 구매를 하고자 하는 성향으로 정의할 수 있다. 이를 측정하기 위하여 Zeithaml et al.(1996)이 개발한 척도를 수정하여 사용하였다. 질문내용은 지속적 이용, 반복 구매, 구전효과 등에 대한 요인들을 항목별로 척도화하였다.

Ⅳ. 연구결과 및 토의

1. 표본의 일반적인 특성

본 설문조사에 앞서 대학생 30명을 대상으로 예비조사를 실시하였으며, 사전조사 결과 응답자들이 명확히 이해하지 못하는 일부 설문문항들을 수정하였다. 또한 전자상거래 관련학과 교수 3명에게 설문을 검토하도록 요청하여 개념타당도를 높이고자 하였다. 이후 본 조사를 수행하였는데, 조사 대상은 부산 지역에 거주하고 있으며 인터넷쇼핑몰을 통한 구매경험이 한 번 이상 있는 사람들로 설정하였다. 따라서 인터넷쇼핑몰에 대해 알고 있거나 검색경험이 있더라도 실질적인 구매경험이 없는 사람들은 설문조사 대상에서 제외하였다. 응답자의 기억오류 감소와 응답의 정확성을 높이기 위하여 인터넷쇼핑몰 구매경험이 많은 응답자에 대해서도 본 설문에 앞서 가장 기억에 남는 인터넷쇼핑몰을 기억해내고, 이 쇼핑몰에 대해 설문 응답을 하도록 설문을 구성하였다. 표본 그룹은 대학생과 일반인의 두 집단으로 구분하여 각각 150부씩 총 300부를 배포하였으며, 대학생 조사요원이 회사 및 대학을 방문하여 편의추출 방법으로 자료를 수집하였다. 설문조사 기간은 2005년 9월 5일부터 9월 15일까지 10일 동안 이루어졌다. 210부의 설문지가 수집되었으며, 이 중 일부 항목에 대한 응답이 누락되었거나 또는 불성실하게 답변한 설문지 45부를 제외한 165부를 최종적으로 분석에 사용하였다. 165명의 응답자의 특징을 살펴보면 다음과 같다.

응답자의 성별분포는 남자 63명(38.2%), 여자 102명(61.8%)이었다. 학력은 대졸이 89명(53.9%)으로 가장 많았으며, 연령별 분포는 20~29세 이하 62명(37.6%)의 비율이 가장 높았다. 하루 평균 인터넷 이용시간은 2시간 이내의 사용자가 57.6%로서 가장 많았으며, 3시간 이상의 Heavy User도 약 14.6%를 차지하고 있었다. 이러한 남녀 및 연령에 대한 비율이 인구통계적으로 인터넷 쇼핑몰을 이용하는 소비자 측면에서 편의 없이 표본 되었음을 알 수 있다.

〈표 1〉 e-충성도 응답자의 일반적인 특성

변 수	개 수	퍼센트(%)
응답자의 성별		
남	63	38.2%
여	102	61.8%
응답자의 학력 수준		
고졸 이하 및 대재	73	44.2%
대 졸	89	53.9%
대학원졸	3	1.8%
응답자의 연령		
만 20세 미만	3	1.8%
만 20세 이상 30세 미만	62	37.6%
만 30세 이상 40세 미만	51	30.9%
만 40세 이상	49	29.7%
가족 월 소득		
200만 원 미만	82	49.7%
200~299만 원	42	25.5%
300만 원 이상	41	24.9%
인터넷 이용시간		
1시간 미만	44	26.7%
1~2시간	51	30.9%
2~3시간	46	27.9%
3시간 이상	24	14.6%
총 계	165	100.0%

2. 신뢰성과 타당성 검증

본 연구에서 설정된 연구모형을 검증하는 데 사용된 측정도구의 신뢰성과 타당성 분석은 SPSS 10.0을 이용하였다. 서비스의 질, 상품 가치성, e-점포이미지, 점포만족, 전환 장벽, e-충성도의 측정 항목들의 내적 일관성을 알아보기 위하여 Cronbach's Alpha분석을 실시하였다. α계수는 서비스의 질(3개 항목) 0.74, 상품가치(3개 항목) 0.74, e-점포이미지(3개 항목) 0.73, 고객만족(4개 항목) 0.84, 전환 장벽(3개 항목) 0.78, e-충성도(3개 항목) 0.81 등으로 측정변수들 모두 0.7 이상을 나타내므로 측정 항목들 간의 내적 일관성은 양호한 것으로 판단할 수 있다. 또한 본 연구에서 사용된 변수들 간의 타당성 검증을 위해서는 탐색적 요인분석을 실시하였다.

이를 위하여 점포충성도의 독립변수 측정 항목, 매개변수관련 측정 항목, 점포충성도 측정 항목으로 구분하여 각각 요인분석을 실시하였다. 아이겐 값(Eigen Value)이 1 이상 요인적재량이 0.5 이상인 값을 요인으로 추출하였으며, 측정 항목에 대하여 주성분분석(Principal Component Analysis)을 실시한 후에 변수들이 한 요인에 몰리도록 하기 위하여 Kaiser 정규화가 있는 직각회전(Varimix)방식을 적용하였다. 분석결과 e-충성도 결정요소의 독립 변수는 서비스의 질과 제품가치 2개 요인, 매개역할을 하는 구성요소로서는 e-점포이미지, 만족, 전환 장벽 3개 요인이 추출되었다. 이들 5개 요인은 전체 충성도 변량의 61.5%를 설명하였다. 마지막 종속변수인 e-충성도 요인을 포함하면 전체 충성도의 변량에 67.2%를 설명하고 있다. 이와 같은 변량을 보게 되면 본 연구에서 사용한 측정도구들의 신뢰도와 타당도는 〈표-2〉에서 보는 바와 같이 양호한 것이라 본다.

〈표-2〉 신뢰도 및 타당도 분석결과

구분	변수항목		요인 부하량						연구단위 신뢰도
	잠재변수	관측변수	요인1	요인2	요인3	요인4	요인5	요인6	(Cronbach's α)
독립 변수	서비스 품질	SQ4	.815						.74
		SQ5	.799						
		SQ3	.745						
	상품 가치	MVA3		.733					.74
		MVA1		.706					
		MVA2		.700					
매개 변수	점포 이미지	IMG5			.823				.73
		IMG4			.749				
		IMG3			.575				
	점포 만족도	SAT2				.806			.84
		SAT3				.791			
		SAT1				.683			
		SAT4				.565			
	전환 장벽	SWC3					.775		.78
		SWC2					.772		
		SWC1					.581		
점포 충성도 변수	재구매 행동	LOY1						.871	.81
		LOY2						.783	
		LOY3						.697	

이와 같은 탐색적 요인분석 후 Lisrel 8.30의 Maximum Likehood Estimate을 이용하여 사용된 변수들 간의 타당성 검증을 위해서 각 연구 개념별로 확인요인분석을 실시하였다. 척도 정제 절차는 Anderson and Gerbing(1988)이 주장한 이 단계 접근방식에 따라 수행하였으며, 척도정제 과정을 거쳐 모든 항목의 상관관계 자료를 구한 다음 이를 확인적 요인분석을 위한 기초 자료로 이용하였다. 척도들의 집중 타당성

과 판별 타당성을 검증하고 각 단계별로 최적상태를 평가하였다. 집중 타당성을 검증하기 위하여 측정 항목의 요인 적재 값과 t 값을 검증한 결과 모든 측정 항목은 p < 0.01 수준에서 모두 유의한 것으로 나타나 연구모델에서 제시하고 있는 측정 항목들이 집중 타당성을 확보하고 있는 것으로 확인되었다. 그리고 판별 타당성을 검증하기 위한 모델 간의 비교는 두 잠재변수 간의 상관관계를 자유롭게 추정하도록 하는 비제약모델과 두 잠재변수 간의 상관관계를 1로 제약한 제약모델을 비교하였다. 19개 모든 쌍에 대한 비교에서 두 모델의 χ^2 값의 차이는 p < 0.05 수준에서 임계치인 $\chi^2(1)$ =3.84를 모두 넘는 것으로 확인되었으며, 모든 쌍에서 제약모델이 비제약모델보다 χ^2 값이 더 큰 것으로 나타나 각 연구 개념들이 판별 타당성을 확보한 것으로 확인되었다. 최종적으로 본 연구에서 제시한 모델적합도 검증은 신뢰도와 구성개념의 타당도가 높지만, 연구모델의 내·외생 변수가 많고 구성 개념이 종합적이고 규모가 큰 문제점을 해결하기 위하여 Crosby et al.(1990)의 $(1-\alpha)\sigma^2$ 방식을 사용하였다. 이 분석기법은 데이터수집이 어려운 e-비즈니스 분야에서 파워풀하게 사용할 수 있는 방식으로, 기존 Lisrel의 Path Analysis 단점을 보완하여 te, td 측정치 간의 상호 측정오차를 $\alpha^{1/2}\sigma$로 반영하여 전체적인 e-충성도의 구조모형을 보다 간명하게 표현할 수 있는 분석방법이다.(e.g., Anderson and Gerbing 1988, Howell 1987, Crosby et al. 1990) 각 연구 개념의 평균과 표준편차 및 상관관계 등을 살펴본 결과는 다음의 〈표-3〉과 같다.

<표-3> 구성개념 간 상관관계 분석

구 분	평균	편차	1	2	3	4	5	6	7	n
1. 점포이미지	3.04	0.93	1.00							
2. 점포만족도	3.02	0.79	0.35**	1.00						
3. 전환 장벽	2.71	0.97	0.47**	0.75**	1.00					
4. 점포충성도	3.05	0.99	0.38**	0.75**	0.65**	1.00				
5. 서비스의 질	2.99	0.94	0.38**	0.69**	0.57**	0.48**	1.00			
6. 상품가치	2.87	0.90	0.22*	0.62**	0.51**	0.42**	0.51**	1.00		

**: $p < 0.01$. *: $p < 0.05$

3. 연구가설 검증결과 및 토의

본 연구의 전체 구조모델을 검증하기 위하여 Lisrel 8.30 통계패키지를 이용하였다. 분석결과 본 연구모형의 적합도 지표는 $\chi^2 = 7.24$, d.f.=2, $p=0.027$, GFI=0.99, AGFI=0.85, RMSEA=0.035, RMR=0.016, NFI=0.98, NNFI= 0.90, CFI=0.99 등으로 나타나 전반적인 지수들의 모델 적합도는 양호한 것으로 평가할 수 있다. 또한 각 변수들의 설명력을 나타내는 다중상관자승치(SMC: squared multiple correlations) 값들에 대해서는, e-점포이미지가 .14, 점포만족이 .58, 전환 장벽이 .61, e-충성도가 .49 등으로 각각 나타났다. 이와 같이 대부분 변수들의 다중상관자승치 값이 .40 이상으로 나타나 본 연구모형은 e-충성도의 주요변수들을 비교적 잘 설명하고 있는 것으로 판단할 수 있다.

〈그림 2〉 측정변수의 총체화(Aggregation)와 검증내용

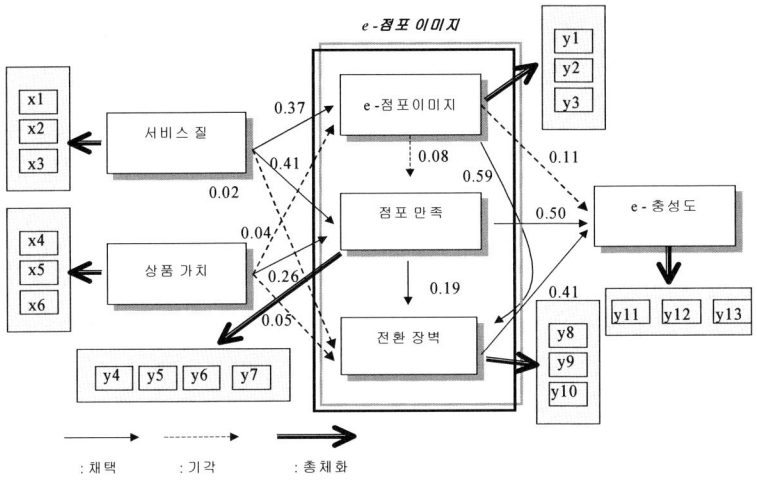

〈그림 3〉 경로계수 추정결과

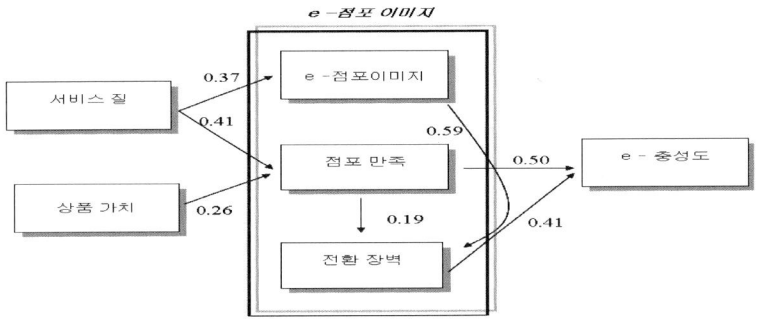

3.1 연구가설 1과 2의 검증

제품가치와 서비스의 질이 e - 점포이미지, 점포만족, 전환 장벽에 미치는 영향에 대한 가설 H1a, H1b, H1c, H2a, H2b, H2c에 대한 검증결과는 가설 H1a, H1b, H2b만 지지되었고, H1c, H2a, H2c는 기각되었다.

가설 1에서 서비스의 질은 e-점포이미지에 긍정적인 영향을 미칠 것이라는 가설 H1a의 경로계수 값은 0.37, t 값은 4.02(P〈0.01)로, 서비스의 질은 점포만족에 긍정적인 영향을 미칠 것이라는 가설 H1b의 경로계수는 0.41, t 값은 6.79(P〈0.01)로 유의한 경로를 보였다. 가설 1에서는 H1a와 H1b 두 개만이 유의한 결과를 보였고, 나머지 가설은 기각되었다. 그리고 가설 2에서는 상품가치가 점포만족에 긍정적인 영향을 미칠 것이라는 가설 H2b만이 경로계수는 0.26, t 값은 5.48(P〈0.01)로 유의한 결과를 보였고, 나머지 상품가치는 점포만족과 전환장벽에 긍정적인 영향을 미칠 것이라는 가설은 유의적인 정(+)의 효과를 미치지 못하는 것으로 나타나 기각 처리되었다.

이러한 결과는 김철민과 조광행(2004), 조광행과 임채운(1999) 연구결과와 같이 상품의 가치와 지각된 서비스의 질은 점포만족에 긍정적인 영향을 준 결과와 대체적으로 일치하였으나, 서비스의 질과 제품가치가 전환 장벽과 e-점포이미지에 미치는 영향에 대하여 새로운 시각을 보여 주었다. 즉 점포이미지의 역할에 있어서 상품가치는 점포이미지에 영향을 미치지 못하고, 단지 서비스의 질만이 점포이미지에 유의한 영향을 미쳤다. e-점포이미지가 전환 장벽에 직접적인 영향을 주는 경로분석 결과는 e-충성도 구조적 역할에 대하여 새로운 사실을 밝혀 주었다.

이처럼 상품가치와 서비스의 질은 점포만족에는 직접적인 영향을 주었지만, e-점포이미지에 대해서는 서비스의 질만이 영향을 준 것에 대해서는 시사하는 바가 크다고 본다. 이는 물질문명 시대의 제품의 대량생산과 유통망의 발전으로 인하여, 온라인 쇼핑몰 구매자는 제품가치보다는 서비스의 질에 의하여 해당 쇼핑몰 e-점포이미지를 강하게 형성하는 것으로 짐작할 수 있다. 또한 온라인 쇼핑몰 이용 후의 만족에도 상품 가치(경로계수 값, 0.26)보다는 그 쇼핑몰이 제공하는 서비스의 질(경로계수 값, 0.37)이 더 큰 영향을 미치는 것으로 경로 계수를 토대로 추정할 수 있다.

3.2 연구가설 3, 4, 5의 검증

e-점포이미지와 점포만족 및 전환 장벽의 매개역할에 관한 가설 3 을 살펴보면, e-점포이미지가 전환 장벽에 긍정적인 영향을 미칠 것 이라는 가설 H3c만 채택되었다. e-점포이미지의 경로는 H3b 만이 경로계수 값은 0.59, t 값은 6.31(P〈0.01)로서 전환 장벽의 관계에만 유의적인 정(+)의 효과를 미치는 것으로 나타났다. e-점포이미지가 점포만족과 e-충성도에 긍정적인 영향을 미칠 것이라는 가설 H3a, H3c는 모두 기각되었다.

이는 e-점포이미지의 역할이 점포만족과 e-충성도로 직접 연결되 는 것이 아니라, 전환 장벽을 거쳐서 점포충성도에 유의한 영향을 미 친다는 것으로 기존 연구에서 간과되어 온 새로운 흥미로운 사실을 밝혀주었다. 이러한 연구결과는 온라인 쇼핑몰의 주 소비자들이 해당 쇼핑몰에 대하여 단골의식과 전환 장벽을 느끼게 되는 것은 제품가치 보다는 서비스의 질에 의하여 e-점포이미지를 형성하게 된다는 것을 의미한다고 볼 수 있다. 이러한 e-점포이미지는 기존 연구와 달리 점 포만족보다는 오히려 전환 장벽에 직접적으로 더 큰 영향을 미친다는 사실은 온라인 세대의 새로운 사고방식의 한 단면을 보여준다고 볼 수 있다.

점포만족이 전환 장벽과 e-충성도에 긍정적인 영향을 미칠 것이라 는 가설 4는 모두 채택되었다. 점포만족이 전환 장벽에 긍정적이 영향을 미칠 것이라는 가설 H4a의 경로계수 값은 0.19, t 값은 3.54(P 〈0.01)로 유의하게 나왔으며, 점포만족이 점포충성도에 긍정적인 영향을 미칠 것이라는 가설 H4b의 경로계수 값은 0.50, t 값은 3.69(P 〈0.01)로서 가설 4의 점포만족은 전환 장벽과 점포충성도에 모두 유의한 영향을 미쳤다. 이러한 결과는 온라인 쇼핑몰의 제품가치와 서비스의 질은 점포만족에 긍정적인 영향을 미치는 요소이며, 점포만족은 쇼핑몰 고객의 타 점포에로의 전환을 방해하는 효과를 지니는 것으로서 김철민과 조광행(2004)의 연구결과에서는 쇼핑만족이 전환 장벽으로 연결되지 못하는 원인에 대한 문제점 해결을 e-점포이미지라는 새로운 매개변수를 통하여 온라인 쇼핑몰의 전환 장벽을 설명할 수 있는 새로운 이론적 틀을 발견할 수 있었다.

전환 장벽이 점포충성도에 미치는 영향에 관한 가설 5의 검정결과는 H5의 경로계수 값은 0.41, t 값은 2.67(P〈0.05)로 전환 장벽은 점포충성도에 긍정적인 영향을 미치는 것으로 나타났다. 이러한 결과는 강미연과 홍금희(2003)의 연구결과와 일치하는 것이다. 여기서 주목할 내용은 전환 장벽이 높을수록 e-충성도가 높아지는 것으로서 전환 장벽이 e-충성도에 대하여 중요한 역할을 하고 있다는 것을 시사하고 있다.

이와 같은 가설 검정결과는 소비자들이 온라인 쇼핑몰을 이용하게 될 때 상품가치와 서비스의 질은 e-점포이미지, 점포만족, 전환 장벽을 거쳐서 e-충성도에 유의한 영향을 미치는 것으로 나타났다. 특히 e-점포이미지의 역할은 e-충성도에 직접적인 영향을 미치는 것이 아니라 전환 장벽을 통하여 e-충성도에 간접적인 영향을 미치는 것으로 밝혀졌다.

이러한 구조 모델에 따른 연구결과를 요약하면 다음의 〈표-4〉와 같다. 이상과 같은 연구결과를 토대로 상품가치와 서비스의 질이 e-충성도에 미치는 효과를 다음의 〈표-5〉에서와 같이 살펴본 결과, 예측된 변수들에서 상대적으로 가장 큰 영향력을 가진 것은 서비스의 질로 나타나고 있다(t 값 6.29, p〈0.01). 고객의 e-충성도를 높이기 위해서는 상품가치를 높이기 위한 기업의 노력이 기본이 되어야 하지만, 한편으로는 기존 연구에서 밝히지 못하였던 만족한 고객이 타 점포로 구매를 전환하는 것에 대한 원인분석의 결과로서, 단골고객의 재방문 구매와 타 점포로 이탈되는 고객 유출현상을 막기 위한 전환 장벽 효과를 갖추어야 할 필요가 있다. 두 가지 독립변수 중에서 상품가치는 전환 장벽에 영향을 주지는 못하였지만 서비스의 질은 e-점포이미지를 거쳐 전환 장벽과 e-충성도에 유의한 영향을 주는 것을 볼 때, 온라인 쇼핑몰 관리자에게 시사하여 주는 바는 매우 크다고 본다.

〈표-4〉 각 가설의 분석결과

가 설		경 로	경로 계수	표준 오차	t 값	채택 여부
H1a	γ11	서비스의 질 → e-점포이미지	0.37	0.09	4.02**	채택
H1b	γ21	서비스의 질 → 점포만족	0.41	0.06	6.79**	채택
H1c	γ31	서비스의 질 → 전환 장벽	0.02	0.07	0.30	기각
H2a	γ21	상품가치 → e-점포이미지	0.04	0.08	0.48	기각
H2b	γ22	상품가치→ 점포만족	0.26	0.05	5.48**	채택
H2c	β23	상품가치→ 전환 장벽	0.05	0.05	0.97	기각
H3a	β21	e-점포이미지→ 점포만족	0.08	0.05	1.55	기각
H3b	β31	e-점포이미지→ 전환 장벽	0.59	0.09	6.31**	채택
H3c	β41	e-점포이미지→ e-충성도	0.11	0.08	1.40	기각
H4a	β32	점포만족→ 전환 장벽	0.19	0.05	3.54**	채택
H4b	β42	점포만족→ e-충성도	0.50	0.14	3.69**	채택
H5	β43	전환장벽 → e-충성도	0.41	0.15	2.67*	채택

다중다승 상관치(Squared Multiple Correlations for Structural Equations)
η1: 0.14 η2: 0.58 η3: 0.61 η4: 0.49

**: p〈0.01, *: p〈0.05 수준에서 유의함

〈표-5〉 상품 가치와 서비스의 질이 e-점포이미지와
e-충성도에 미치는 효과비교

구 분	서비스의 질			상품 가치		
	직접효과	간접효과	전체효과	직접효과	간접효과	전체효과
e-점포이미지	0.37	-	0.37	0.04	-	0.04
e-충성도	-	0.40	0.40	-	0.22	0.22

V. 결론 및 향후 연구방향

1. 연구 요약 및 시사점

본 연구는 관계적 관점에서 e-점포이미지를 중심으로 e-충성도를 유발하거나 매개역할을 하는 변수들의 구조적 관계를 규명하고자 하는 것이었다. 이 과정에서 기존 연구에서 미흡하였던 e-점포이미지에 대하여 종합적 접근방식으로 알아보고자 하였다. 이를 통하여 e-점포이미지는 독립적 선행변수 역할 외에도 유·무형의 가치인 서비스의 질과 상품가치에 대하여 점포만족과 전환 장벽을 통하여 e-충성도를 유발시키는 매개요소라는 사실을 새롭게 확인하였다. 즉 서비스 질은 e-점포이미지와 전환 장벽 그리고 e-점포충성도로 이어지는 구조방정식 모형에서 e-점포이미지의 새로운 매개역할 발견은 기존 연구들에서 만족한 고객들이 재구매를 하지 않거나 전환 장벽을 느끼지 못하는 문제점에 대한 해결방법으로서 전자상거래에 있어서 가상점포이미지에 대한 새로운 중요성을 일깨어 준 흥미로운 사실들로 보인다.

이러한 연구결과는 다음과 같은 전략적 시사점을 제공하여 준다.

첫째, 본 연구는 그동안 단편적으로 정의되었던 e-충성도 개념을 Oliver(1999)의 연구에 기초하여 보다 체계적인 형태로 재정립하였으며, 이를 통해 e-충성도의 발전과정에 대한 이해의 폭을 넓혔다는 점이다. 기존 연구에서 밝히지 못하였던 만족한 고객이 타 점포로 구매를 전환하는 것에 대한 원인분석의 결과로서, 단골고객의 재방문 구매와 타 점포로 이탈되는 고객 유출현상을 막기 위한 전환 장벽 효과를 갖추는 데 있어서 e-점포이미지의 매개역할에 대하여 새롭게 주목할 필요가 있다. 이처럼 기존 연구들이 만족한 고객이 전환 장벽에 도달하지 못한 이유로서 인터넷쇼핑몰이 아직 소비자들에게 근본적인 신뢰감을 받지 못하는 e-점포이미지로 볼 수 있다. 인터넷 쇼핑몰을 통한 사기, 개인정보의 유출, 신용카드 정보와 같은 보안체제에 대한 두려움과 같은 요인들은, 인터넷 쇼핑몰에 대한 충성도를 떨어뜨리게 만들어 높은 구매욕구를 가지고 있더라도 지속적 거래관계를 가지는 것을 주저하게 만들 수 있기 때문일 것이다. 이를 대비한 전환 장벽 확보는 가상점포의 쇼핑의 즐거움, 분위기, 브랜드, 친근감, 매력도, 품격, 신뢰감 이외에도 전환비용을 자극할 수 있는 e-점포이미지 변수들의 모색 또한 필요할 것이다.

둘째, 온라인 쇼핑몰에 대한 점포만족은 상품가치와 서비스 질에 의해 영향을 받는다는 본 연구의 결과는 가상 점포의 만족 전략에 시사하는 바가 크다. 상품가치는 자체적 특성뿐만 아니라 물류적 특성에 의해서 상품가치를 인식하게 되므로, 상품을 배송하는 과정에서 제품의 품질이 손상된다면 소비자들은 결국 상품의 가치를 낮게 지각하게 될 것이므로 배송물류 품질에 대한 엄격한 관리가 필요하다. 또한 인터넷쇼핑몰은 공동구매 품목의 개발 등을 통해 구매가격을 낮추는 것이 용이하기 때문에, 오프라인에 비하여 차별화된 상품가격을 통한 가치 확보 전략이 가능할 수 있다. 또한 서비스의 질이 상품가치보다도 점포만족에 더 큰 영향을 미친다는 결과는 전자상거래 시에는 물류서비스, 반품 시스템, 환불 서비스, 신용 서비스 등의 신속성 및 정확성을 높일 수 있는 체제의 구축과 컴퓨터 서버 관리 및 웹 사이트 관리 등에서도 서비스의 품질 확보를 위해서도 노력을 기울여야 한다는 것을 알려주고 있다.

셋째, 점포이미지에 관한 기존의 연구들은 주로 오프라인에서 소매점포의 이미지를 구성하는 요소를 밝히는 데 주안점을 두고 고객반응과 인과적인 관계에 대한 연구가 이루어져 왔다.(James et al. 1976, Sirloin et al. 1998, 김정희 2002) 하지만 본 연구에서는 점포이미지를 가상점포에 대한 관점에서 e-충성도와의 구조적 관계를 변수 간의 매개역할 차원에서 규명하고자 하였다. 이는 e-점포이미지를 설명함에 있어서 점포이미지 구성이론(Zeithmal 1988)과 점포이미지 형성과정(Mazursky and Jacoby 1986) 등의 오프라인의 기존 연구들이 다루지 못하였던 새로운 영향요인(e.g., 서비스의 질, 제품가치, 전환 장벽, 점포만족, 점포충성도)들을 제시하여 e-점포이미지의 매개역할을 밝혔다.

넷째, e-점포이미지의 새로운 매개역할의 규명이다. 본 연구논문의 핵심은 서비스 질은 e-점포이미지와 전환 장벽 그리고 e-점포충성도로 이어지는 경로 역할의 발견이다. 이처럼 e-점포이미지는 e-충성도로 나아가는 데 있어서 직접적으로 e-충성도에 영향을 미치지는 못하지만, 경쟁한 치열한 온라인 쇼핑몰의 고객들을 충성고객으로 고정시키기 위한 방법으로서 전환 장벽에 직접적인 역할을 한다는 흥미로운 사실이 새롭게 밝혀졌다. 이러한 효과는 점포만족만으로도 고객충성도를 어느 정도 확보할 수 있지만, 본 연구에서 발견한 중요한 핵심적 사항은 e-점포이미지로 말미암아 고객은 타 쇼핑몰의 전환에 대하여 전환비용과 같은 장벽을 느껴서 e-충성도에 대하여 점포만족과 더불어 시너지효과를 발휘한다는 사실이다. 이러한 사실은 인터넷 쇼핑몰 웹 사이트의 호의적인 이미지 구축의 중요성을 밝히고 있다. 인터넷 쇼핑몰 업체들은 쇼핑몰 광고, 홈페이지 접속의 신속성과 안정성, 홈페이지 디자인 및 컨텐츠 구성과 같은 가상 점포이미지 요인들을 타 쇼핑몰과 차별화될 수 있도록 하여야 할 것이다.

다섯째, 구조방정식모형 분석방법에 있어서도 Lisrel의 Path Analysis 단점을 보완한 Crosby et al.(1990)의 $(1-\alpha)\sigma^2$ 방식을 사용하여 te, td 측정치 간의 상호 측정오차를 $\alpha^{1/2}\sigma$로 반영하여 전체적인 e-충성도의 구조모형을 보다 간명하게 표현하는 성과를 획득하였다. 이러한 분석기법은 한국적 상황에서 e-비즈니스 분야는 인터넷 기업의 실증적 데이터의 수집과 확보가 용이하지 않으며, 연구 개념의 설정 시 연구모델의 내·외생 변수가 많고 각 구성 개념의 규모가 크고 종합적인 경우에도 효과적으로 사용할 수 있는 방법으로서 Simplis방식 못지않게 구조방정식 모형연구에 이론적 공헌을 하였다고 볼 수 있다.

마지막으로는 본 연구에서는 가설을 도출하여 검정을 하지는 않았지만 사후분석을 통하여 알아본 두 가지 선행변수가 e-충성도에 이르는 직·간접효과에 대해서는 상품가치가 22%, 서비스의 질이 40%로 각각의 간접효과를 미치고 있음을 실증적으로 밝혀냈다. 이러한 실증적인 검증결과를 토대로 관리자는 쇼핑몰 서비스를 상품의 질 못지않게 고객들이 가상점포에 대하여 강한 e-충성도를 가질 수 있도록 관리하여야 할 것이다. 이를 위해서는 쇼핑몰의 서비스제공을 고객마음에 전달할 수 있도록 하는 전략적 이미지 구축 시스템이 필요하다. 이러한 노력의 결과는 많은 신규고객 창출 못지않게 단골고객의 타점포로 이탈방지를 위한 전환 장벽 설치효과와 온라인 쇼핑몰의 경쟁적인 가상점포들로부터 독보적이고 강한 e-충성도를 획득하는 데 많은 도움을 줄 것이라고 본다.

2. 연구의 한계점 및 향후 연구방향

이상과 같은 이론적, 실무적 기여와 마케팅 시사점에도 불구하고 본 연구의 한계점과 향후 연구방향을 정리하면 다음과 같다.

첫째는 주요 결정변수 선정의 한계점이다. e-충성도 결정요인에는 매우 다양한 변수들이 내재하고 있다. 이러한 측면에서 다양성추구, 대안매력도, 즐거움 추구 등과 같은 다양한 가치를 물어보는 추가변수 대하여 폭넓게 살펴볼 필요가 있었다. 이러한 변수들을 포함하여 종합적 관점에서 연구하였으면 보다 더 많은 전략적 시사점이 나왔으리라 여겨진다.

둘째는 본 연구에서 제시된 가정들의 관계와 구성개념과의 경로를 보다 더 정교화할 필요가 있다고 본다. 이를 위하여 점포 특성에 맞는 소비자 성향 및 소비자 관여도와 같은 상황변수를 도입하여 조절효과 등을 살펴볼 필요가 있다. 관여도의 차이와 같은 다양한 상황의 변화에 따라서 매개변수들 간의 관계 및 선행변수들과의 관계에도 변화가 있을 것이며 다양한 시사점도 나타나리라 본다.

셋째는 본 연구에서의 개념적 모형에 대한 설명력이 높다 하더라도 전자상거래 전체에 대하여 일반화시키기에는 부족함이 많으므로 이러한 문제점을 해결하기 위하여 다른 온라인 서비스와 오프라인 비즈니스 분야에서도 대표업종들을 선택하여 보다 더 다양한 표본을 이용한 반복연구와 종합적인 비교분석이 필요하다고 본다. 이러한 연구는 전자상거래의 불황극복을 위한 실무적인 시사점을 더욱 많이 밝혀줄 것이다.

◑ 참고 문헌

강미연, 홍금희(2003), "의류점포의 서비스 품질이 지각된 전환 장벽과 점 포충성도에 미치는 영향", **한국의류학회지**, 제27권 8호, pp.935 - 945.

김철민, 조광행(2004), "인터넷 쇼핑몰에서의 소비자 충성도(e - 충성도) 분석모형", **경영학연구**, 제33권, 2호, pp.120 - 124.

김홍범, 문혜영(2000), "호텔의 고객정보지향성과 데이터베이스 마케팅 간 의 관계에 관한 연구", **관광학 연구**, 제24권 제2호, pp.301 - 320.

박찬욱(1999), "데이터베이스 마케팅의 실행수준에 영향을 미치는 요인들 에 대한 연구: 한국은행들을 중심으로", **마케팅연구**, 제14권 제2호, pp.45 - 68.

박찬욱(2004), "CRM 활성화를 위한 조직관련 요인에 대한 연구: 학습조 직이론을 바탕으로", **한국마케팅저널**, 제6권 제3호, pp.1 - 26.

서근하, 윤기호, 양연조, 서미옥(2004), "점포충성도의 상호순차적인 영향 관계에 관한 연구", **마케팅 과학연구**, 제14집, pp.101 - 124.

윤성욱(2002), "The Role of Relationship Quality in the Case of Service Failure", **경영연구** 제17권 1호, pp.181 - 199.

윤성욱, 서근하(2004), "종업원 서비스와 점포충성도 간의 구조적 관계에 관한 연구", **한국마케팅저널**, 제6권 제3호, pp.27 - 58.

조광행(1999), "호텔업에서의 고객충성도 결정요인에 관한 연구", **관광학 연구**, 제22권 3호, pp.118 - 137.

조광행, 임채운(1999), "고객만족 및 전환 장벽이 점포애호도에 미치는 효 과에 관한 연구", **마케팅연구**, 제14권 1호, pp.47 - 74.

조광행, 박봉규(1999), "점포충성도에 대한 전환 장벽과 고객만족의 영향 력에 대한 실증적 연구", **경영학연구**, 제28권 1호, pp.127 - 149.

최정환, 이유재(2003), "**죽은 CRM, 살아 있는 CRM**", **한언**.

홍승표, 강회일, 이동일(2002), "국내외 CRM 시장동향과 전망", *IT정보센*

터 주간기술동향

Anderson, J. C. and D. W. Gerbing(1988), "Structure Equation Modeling in Practice: A Review and Recommended Two-Step Approach", Psychological Bulletin, Vol.103(3), pp.411-423.

Baker, J., D. Grewal, and A. Parasuraman(1994), "The Influence of Store Environment on Quality Inferences and Store Image", Journal of the Academy of Marketing Science, Vol.22, No.4, pp.328-339.

Bitner, Mary Jo, Bernard H. Booms, and Mary Stanfield Tetreault(1990), "The Service Encounter: Diagnosing Favorable and Un-favorable Incidents", Journal of Marketing, Vol.54, January, pp.71-84.

Bitner, Mary Jo, Bernard H. Booms, and Lois A. Mohr(1994), "Critical Service Encounters: The Employee's Viewpoint", Journal of Marketing, Vol.58, October, pp.95-106.

Bruce, M., R. Copper, and D. Vazquez(1999), "Effective Design Management for Small Business", Design Studies, Vol.20, pp.297-315.

Colgate, M. and B. Lang(2001), "Switching Barriers in Consumer Markets: An Inves-tigation of the Financial Services In-dustry", Journal of Consumer Marketing, Vol.18, No.4, pp.332-347.

Cronin, J. J. and S. A. Taylor(1992), "Measuring Service Quality: a Reexamination and Extension", Journal of Marketing, Vol.56, July, pp.55-68.

Crosby, Lawrence A., K. R. Evans and D. Cowles(1990), "Relationship Quality in Services Selling: An Interpersonal Influence Pers-pective", Journal of Marketing, Vol.54, July, pp.68-81.

Dabhokar, P. D., D. I. Thorpe, and J. O. Rentz(1996), "A Measure of Service Quality for Retail Store: Scale Development and Vali-dation", Journal of the Academy of Mar-keting Science, Vol.24,

No.1, pp.3 – 16.

Dick, A. S. and K. Basu(1994), "Customer Loyalty: Toward an Integrated Conceptual Framework", *Journal of the Academy of Marketing Science*, Vol.22, No.2, pp.99 – 113.

Fornell, C.(1992), "A National Customer Sati – sfaction Barometer: The Swedish Experience", Journal of Marketing, 56(January), pp.6 – 21.

Gommans, M., K. Krishanan, and K. Scheffold(2001), "From Brand Loyalty to e – Loyalty: a Conceptual Framework", *Journal of Economic and Social Research*, Vol.3, No.1, pp.43 – 58.

Gronroos, Christian(1984), "A Service Quality Model and It's Marketing Implications", *European Journal of Marketing*, Vol.18, No.4, pp.36 – 44.

Howell, Roy D.(1987), "Covariance Structure Modeling and Measurement Issues: A Note on 'Interrelations Among a Channel Entity's Power Source' ", *Journal of Marketing Research*, Vol.24, pp.119 – 126.

James, D. L., R. M. Durand, and R. A. Dreves(1976), "The Use of a Multi – Attribute Model in a Store Image", *Journal of Retailing*, Vol.52, No.2, pp.50 – 60.

Jones, M., D. L. Mothersbaugh, and S. E. Beatty(2000), "Switching Barriers and Repur – chase Intentions in Services", *Journal of Retailing*, Vol.76, No.2, pp.259 – 274.

Martineau, Pierre(1976), "The Personality of the Retail Store", *Harvard Business Review*, January – February, pp.47 – 55.

Mazursky, D. and Jacob Jacoby(1986), "Exploring the Development of Store Image", *Journal of Retailing* , Vol.62, Spring, pp.20 – 45.

Nguyen, N. and G. Leblanc(1998), "The Mediating Role of Corporate Image on Customers Retention Decisions", *International Journal of Bank Marketing*, Vol.16, No.2, pp.52 – 65.

Oliver, R. L and W. S. DeSarbo(1988), "Response Determinants in Satisfaction Judgements", *Journal of Consumer Research*, Vol.14, pp.495-507.

————, and J. E, Swan(1989), "Consumer Perceptions of Interpersonal Equity and Satisfaction in Transactions: A Field Survey Approach", *Journal of Marketing*, Vol.53, April, pp.21-35.

————(1999), "Whence Consumer Loyalty", *Journal of Marketing*, Vol.63, Special Issue, pp.33-44.

Parasuraman, A., V. A. Zeithaml, and L. L, Berry(1988), "SERVQUAL: A Multiple-Item Scale for Measuring Consumer Perceptions of Service quality", *Journal of Retailing*, Vol.64, Spring, pp.12-40.

————, ————, ————(1994), "Reassess-ment of Expectations as Comparison Standard in Measuring Service Quality: Implications for Further Research", *Journal of Marketing*, Vol.58, January, pp.111-124.

Peterson, R., *Electronic marketing and the consumer*, Thousand Oaks: Sage, 1997.

Petroshius, S. M. and K. B. Monroe(1987), "Effect of Product-Line Pricing Characteristics on Product Evaluations", *Journal of Consumer Research*, Vol.13, March, pp.511-519.

Richardson, P. S., A. S. Dick, and A. K. Jain(1994), "Extrinsic and Intrinsic Cue Effects on Perceptions of Store Brand Quality", *Journal of Marketing*, Vol.58, October, pp.28-36.

Reichheld, F. and W. Sasser(1990), "Zero Defec-tions: Quality Comes to Services", *Harvard Business Review*, Vol.68, No.5, pp.105-111.

Sirgy, M. J. and A. C. Samli(1985), "A Path Analytic Model of Store Loyalty Involving Self-Concept, Store Image, Geographic Loyalty, and Socioeconomic Status", *Journal of the Academy of*

Marketing Science, Vol.12, Summer, pp.265-291.

Sirohi, N, E., W. Mclaughlin, and D. R. Wittink(1998), "A Model of Consumer Perceptions and Store Loyalty Intentions for a Supermarket Retailer", *Journal of Re-tailing*, Vol.74, No.2, pp.223 -245.

Slywotzky, A.(2000), "The age of choiceboard", *Harvard Business Review*, Vol.78, No.1, pp.40-42.

Schmitt, Bernd H.(2003), "Customer Experience Management", *John Wiley & Sons, Inc.*

Sohn, C. and D. Lee(2002), "Trust to Build Customers' Loyalty in Internet Markets", *Decision Science Institute 2002 Annual Meeting Proceedings*, pp.657-661.

Srinivasan, S., R. Anderson, and K. Ponnavolu(2002), "Customer Loyalty in e-Commerce: an Exploration of its Antecedents and Consequences", *Journal of Retailing*, Vol.78, No.1, pp.41-50.

Taylor, S. A. and T. L. Baker(1994), "An Assessment of the Relationship Between Service Quality and Customer Satisfaction in the Formation of Consumers' Purchase Intentions", *Journal of Retailing*, Vol.70, No.2, pp.163-178.

Teas, R. K.(1993), "Expectations, Performance Evaluation and Consumer's Perceptions of Quality", *Journal of Marketing*, Vol.57, October, pp.18-34.

Turban, E., J. Lee, D. King, and H. Chung(2000), *Electronic commerce: a managerial perspective*, Prentice Hall.

Westbrook, Robert .A. and R. L. Oliver(1999), "The Dimensionality of Consumption Emotion Patterns and Consumer Satisfaction", *Journal of Consumer Research*, Vol.18, June, pp.84-91.

Zeithaml, V. A.(1988), "Consumer Perceptions of Price, Quality and Value", *Journal of Marketing*, Vol.52, Julyl, pp.12-18.

_____, L. L. Berry, and A. Parasuraman(1996), "The Behavioral Consequences of Service Quality", *Journal of Marketing*, Vol.60, April, pp.31−4.

제3부

재래시장 상인의 불황극복과
성공요인에 관한 연구

재래시장 상인의 불황극복과 경영혁신을 위한 성공요인에 관한 연구: 부산·경남지역을 중심으로

I. 서 론

1.1 연구의 배경

한국에서의 재래시장은 외부적으로는 대형 할인점, 홈쇼핑 등의 등장과 소비자 구매행태의 변화, 그리고 내부적으로는 시설의 노후화에 따른 이용불편, 경영기법의 낙후 등으로 상권과 경영환경이 더욱 악화되고 있는 실정이다. 이에 따라 최근 재래시장 상인들 스스로 불황극복과 경영혁신을 위한 노력을 보이고 있으나, 저소득 서민층의 최저생활을 보장하기 위한 생존권 보장 차원에서 심각한 사회적, 경제적, 정책적 문제로 대두되고 있다. 정부에서도 이러한 문제점을 인식하고 지금까지 재래시장의 불황극복과 경영혁신을 위해 각종 정책적 지원을 시행해왔으나 이들 정책들은 몇 가지 문제점을 안고 있다. 우선 자금면에서 시설이 낙후된 재래시장의 시설환경개선을 위하여 지원을 강화하고 있으나 아직까지는 일부시장에 대한 보조비형태의 지원만 가능한 실정이다. 둘째는 재래시장 지원수단의 하나인 재개발 및 재건축 사업이 영업환경 개선보다는 용적률 상향조정에 초점이 맞추어져 순수 상업시설로 재편되기보다는 오히려 주상복합 건물로의 부동산 개발을 촉진시키는 역효과를 가져왔다는 점이다. 따라서 이제는 재래시장의 환경개선과 경영지원 사업이 초기단계 수준의 지원에서 벗어나 지원방법의 성과획득 차원에서도 핵심적인 개선책이 필요한 실정이다. 즉 정부가 재래시장 불황극복과 경영혁신을 통한 서민경제의 안정과 판로 및 유통기반을 확충하고자 도입한 각종 정부지원시책이 아직은 초기단계로서, 재래시장 상인들의 미래를 위한 의식개혁 청사진을 효과적으로 제시하여야 할 필요성이 대두되고 있다는 것을 알 수 있다.

이러한 실상을 통해 볼 때 현재 재래시장은 기존의 연구방향과는 달리 새로운 접근과 이해창출을 필요로 하고 있으며, 이를 위해 재래시장이라는 연구주제의 창의성과 독창성 못지않게 연구방법의 차별화도 절실하게 요구되고 있는 실정이다.

1.2 연구의 목적

본 연구는 재래시장 상인들이 시장활성화를 위해 실천하는 경영활동과 경영혁신에 대하여 다음과 같은 현실적 의문점의 제기로부터 출발한다. 첫째, 성공한 재래시장 상인은 어떠한 창업가적 정신특성을 가지고 있는가? 둘째, 재래시장 상인들이 추진하고 있는 경영혁신과 시장활성화를 위한 노력의 실태는 어떠하며, 이들이 인식하고 있는 경영혁신의 방해요소와 경영문제점은 어떤 것들이 있는가? 셋째, 재래시장 상인의 창업가정신은 시장활성화에 어떤 수준의 영향을 미치는가? 넷째, 재래시장 상인의식과 경영전략의 구조적 역할과 그 관계는 어떠하며, 이러한 요인들이 경영성과에 미치는 영향은 유의한가? 다섯째, 창업가정신과 경영경험 등이 시장활성화, 경영혁신전략, 경영성과 등에 미치는 영향과 경로가 실증적으로 검증할 수 있는 수준에 도달하였는가?

따라서 본 연구에서는 국내 재래시장의 성공적인 불황극복과 경영혁신을 위하여 고려되어야 하는 여러 요인들을 정부의 정책과 국내외 재래시장의 상황론적 접근을 통해 실증적으로 검증함으로써 이론적인 정리와 실제적인 현장 적용을 위한 유의한 결론을 도출하여 보고자 한다. 즉 기존 연구들이 재래시장의 외부상황과 내부여건에 대한 실태조사에 초점이 맞추어져 있다면, 본 연구에서는 재래시장 상인의 창업자로서의 인간적·경영적 특질에 대한 배경, 심리, 경영역량 등의 차원에서 상인 특유의 의식특성을 찾아, 이를 기초로 재래시장 상인의 경영전략(마케팅차별화, 상품가치화, 상품구색의 다양화, 점포 브랜드와 이미지 홍보 등의 경영의식과 혁신의도, 유통경로와 구조 등)과 재래시장의 불황극복 성과물(매출증대 및 의식개혁과 행동적 성과)과의 구조적 관계를 구명하고, 이를 통해 재래시장상인의 핵심적 성공요인을 밝혀내고자 하는 데 그 목적이 있다.

이러한 재래시장의 문제점 분석과 해법에 대한 모색은 재래시장의 불황을 극복하고 활성화시키려는 정부의 장단기 전략과제 도출을 위한 합리적인 판단근거를 제시할 수 있게 하여줄 뿐만 아니라, 전국에 있는 재래시장 상인의 교육과 지도활동을 실시할 때에도 유용하게 사용할 수 있을 것으로 본다.

1.3 선행연구의 검토

재래시장의 선행연구는 학술적 접근에 따른 연구와 정부의 정책 추진상황에 대한 보고서 등의 두 가지 관점에서 구분하여 볼 수 있다.

우선 우리나라 재래시장 불황극복과 경영혁신에 관한 학술연구는 크게 세 가지 분야로 나누어 볼 수 있다. 첫째는 재래시장 상인의 애로사항과 실태에 대한 조사연구로서 구자열(2001), 송부용·권성오(2001), 박영근·김판준(2001), 김준호·지길홍·고영구(2001) 등의 연구가 있다. 이들 연구는 주로 재래시장이 침체되는 원인규명과 시장활성화를 위한 환경 및 시설개선에 대한 정부의 정책 도입에 대한 타당성에 관한 연구로 요약될 수 있다. 둘째는 재래시장 개발사업의 효과분석 및 활성화 방안에 관한 연구로서 김중식(2003), 김정태·오덕성(1996, 1999), 김타열·장찬호(1997) 등이 있다. 이들 연구는 부동산 재개발 및 재건축의 방향과 규모에 초점을 맞추고 있다. 셋째는 재래시장의 관광 자원화에 관한 접근으로서 지진호·임화순(2000), 박석희(1998) 등이 있다. 이들 연구는 서울, 양평, 홍천, 인제의 유명 관광루트에 있는 재래시장에 대하여 소비자들이 문화를 관광하고자 하는 문화욕구에 부응하면서 이를 재래시장 방문목적과 구매활동으로 연결시켜 관광자원개발 측면에서 접근하고 있다.

두 번째 관점인 정부의 정책 분야와 관련된 보고서로는 대표적으로 중소기업청의 조사보고서를 들 수 있다. 이 조사에 의하면 1990년대에 4,000개에 달하던 재래시장이 2005년에는 1,695개로 줄었으며, 이들 중 30% 정도만이 재래시장의 명맥을 유지하고 있을 뿐 나머지 대부분의 재래시장은 지역상권으로서의 기능을 이미 상실하였다고 분석하고 있다. 그리고 이와 같은 재래시장 불황극복과 시장활성화를 방해하는 애로 사항들로 첫째는 단일화된 논의기구가 없어 상인들의 공동적 자구노력을 유기적으로 도모하기 어렵고, 둘째는 시장 내외의 시설이 빈약하고 쇼핑환경이 열악한 실정이며, 셋째는 시민들에게 다양한 정보제공과 이벤트행사 개최 등 고객 유도기능이 매우 취약하며, 넷째는 상

품을 특성화·차별화할 수 있는 공동마케팅 전략이 부족하고, 다섯째
는 지역생산자와 소비자를 연결시킬 수 있는 연계방안이 미흡하고, 여
섯째는 접근성이 불량하고 상품의 질이 떨어지고 서비스 능력이 부족
하다는 점 등을 들고 있다.(성무용 2004, 송부용·권성오 2001, 박영근
·김판준 2001, 김준호·지길홍·고영구 2001, 지진호·임화순 2000,
변명식 2000, 김홍순 1998, 박석희 1998)

　　이상의 선행연구에서 분석되고 있듯이 재래시장의 문제점들이 수없
이 지적되고 있고, 정부에서도 이를 인식하고 재래시장을 활성화하기
위하여 판로 및 유통기반 확충 차원에서 각종시책들을 펼쳐 오고 있
다. 2005년도 중소기업청의 재래시장 활성화를 지원하기 위한 정책적
지원계획에 따르면 1,600억 원 규모를 투입하여 재래시장 환경개선,
경영현대화 촉진, 재래시장 통합 콜센터 구축, 그리고 시장경영지원센
터 설립 등 5대 핵심정책과제를 수립하여 추진하고 있다. 그러나 재래
시장의 활성화가 아직 미흡한 이유는 기존 재래시장 상인들의 무사
안일한 대응자세와 경영전략 부재가 가장 본질적 원인이기는 하지만,
사후결과 관리 측면에서의 문제점도 중요한 문제점으로 지적될 수 있
다. 그러나 정작 재래시장 활성화와 재개발을 지원하기 위한 제도가
도입되어 본래의 취지대로 재래시장이 활성화가 되었는지에 대한 연
구는 아직 부족한 편이라고 할 수 있다.

Ⅱ. 이론적 배경

　　이론적 배경에서는 본 연구의 핵심적 연구변수인 재래시장 상인의
특성 및 재래시장 마케팅 활동성과 경영성과의 개념화에 관해 본 연

구에서 접근하는 새로운 통합적 시각하에서 기존 연구들의 관점을 분석하였다.

2.1 재래시장 상인특성의 개념화

기업성과와 관련하여 전통적으로 창업자의 창업가정신은 많은 연구에서 연구주제의 핵심요소로 다루어져왔다.(Covin and Sleven 1990) 여기서 창업가정신이란 기업의 업무공정, 실제적인 업무수행, 그리고 의사결정을 위한 혁신성, 위험감수성, 진취성 등과 같이 기업을 운영하기 위해 필요한 조직적 기질로 표현할 수 있다.(Matsuno et al. 2002) 이 중에서 진취성은 기업의 유리한 이점을 획득하기 위하여 업계 최초로 도전하는 창조성과 프리미엄급 시장을 세분화하기 위한 목표설정, 높은 가격을 받아내기 위한 가격활동, 시장에서 경쟁자보다 우두머리가 되기 위한 표면적인(Skim) 활동 등으로 볼 수 있다.(Zahara and Covin 1995)

창업가정신을 연구한 기존 연구들을 살펴보면 대부분 창업자들의 공통적·개인적 특성으로서 성별, 연령, 학력, 경험, 혹은 배경과 같은 인구통계적인 특성과 함께 심리적·행동적 특성들이 기업성과에 미치는 영향을 구명하고자 하였다.(Begley and Boyd 1987, Sandberg and Hofer 1987, 서근하 2004, 2005, 윤성욱·서근하 2003, 2004, 2006)

2.1.1 창업자의 진취성

Begley and Boyd(1987)은 성취 욕구, 위험감수 성향 등이 높은 경영자가 높은 재무적 성과를 나타내며, Lussier(1995)와 Covin and

Sleven(1990)은 성취동기가 높은 경영자들이 더욱 높은 재무적 성과를 달성함과 더불어 빠른 성장을 지향하는 경영자들이 완만한 성장을 지향하는 경영자들보다 위험감수성향이 강하다고 주장하였다. 이와 반대로 Sanderg and Hofer(1987)는 창업자의 개인적 특성은 기업성과에 유의하지 못함을 주장하였다. 한편 Caruana, Morris, and. Vella(1998)는 기존 연구들이 창업가정신과 경영성과 간의 영향관계에서 서로 다른 결론을 도출하고 있음을 볼 때, 아직까지는 창업자의 창업가 특성이 경영성과에 미치는 연구에 대하여 일관된 연구결과를 보이지를 못하고 있다고 주장하고 있다.

2.1.2 창업자의 위험감수성

위험감수성은 창업자가 창업과정에서 생기는 각종 위험성에 대하여 이를 긍정적으로 감수하고자 하는 창업자의 의지를 나타내는 개념으로서 창업자의 심리적 특성에 따라서 가장 많은 차이를 나타내는 대표적인 변수이다. 일반적으로 높은 위험감수성향을 가진 사람은 의사결정이 빠르고 불확실한 결과에 대하여 두려워하지 않는 반면, 위험감수성향이 낮은 창업자는 주변 환경의 변화에 대하고 조심스럽고 수동적인 태도를 가지고 접근하고자 한다.

Smith and Miner(1984)는 위험회피가 저성장 기업을 이끄는 창업자보다 고성장을 이끄는 창업자에게 더 강하게 나타난다고 주장하고 있다. Begley and Boyd(1987)는 성취 욕구, 위험감수성향 등이 높은 경영자가 높은 재무적 성과를 나타낸다고 보았으며, 과도하게 높은 위험감수성향이 재무적 성과를 감소시킬 수 있지만 중간 정도의 위험감수성향이 재무적 성과의 증가와 관련이 있다고 주장하였다.

2.1.3 창업자의 배경적 특성

창업자의 배경적 특성은 1980년대를 기점으로 해외의 많은 연구자들에 의해 창업자 개인적 특성규명에 주안점을 두고 진행되어 왔다. 창업자 특성을 파악하는 전형적인 방법이 창업자의 인구 통계적인 자료를 분석하는 것이다. 인구통계학적으로 유사한 배경을 가진 사람은 유사한 특징을 가지고 있으며 업무의 결정과 경영성과를 공통적인 일정한 방향으로 예측할 수 있다는 가정에서 시작되었다. 이러한 특징은 성별, 연령, 학력, 경험 등으로 크게 네 가지로 구분하여 살펴볼 수 있다.

첫째, 성별이 경영성과에 미치는 영향에 관한 부문이다. Sexton and Bowman(1990)은 창업자의 특성, 경험을 기준으로 순응, 열정수준, 대인감정수준, 위험감수성향, 자율과 변화에 부여하는 가치, 사회적 재능, 의존성 등과 같은 심리적 특성에 대한 상관관계를 연구한 결과 창업자의 특성과 경험이 경영성과에 유의한 차이가 있음을 밝혔다.[19] 그러나 Buttner and Rosen(1989)은 남성과 여성 간의 창업자 특성비교 결과 경험이나 욕구에서는 별다른 차이가 없게 나타났다. Smith and Miner(1984)는 위험감수성이 높은 남성은 기회추구형 창업에 유리하며, 다양한 제품과 서비스 제공에서 뛰어난 여성은 자율성이 강한 장인형 기업에서 더욱 강점을 살릴 수 있는 것으로 밝혔다. 윤성욱·서근하(2003)는 한국의 소상공인 창업자의 개인적 특성과 마케팅인식을 중심으로 사업체를 성공업체와 실패업체의 둘로 구분하여 분석한 결과 남, 여 성별의 차이가 경영성과에 유의한 차이가 있음을 밝혔다.[20]

---

19) 남성과 여성의 성별 차이에 대한 분석에서 남성은 여성에 비해 자율성과 변화에 대한 가치의 정도가 낮은 반면, 위험감수성향에서는 높게 나타났다.
20) 여성창업자에 비하여 남성창업자의 성공률이 1.85배로 남성이 더 높은 결과를 보여 주고 있다.

둘째, 연령이 경영성과에 미치는 영향에 관한 부문이다. 연령에 관한 연구는 상반된 결과들을 보이고 있다. Birley and Norburn(1987)은 나이가 젊을수록 혁신 지향적이며 위험 감수성이 뛰어났으며, 이러한 성향은 나이가 젊을수록 기술 지향적 기업에서 경영성과에 영향을 미친다는 것을 밝혔다. 그러나 Cooper(1985)는 나이 많은 창업자들이 젊은 창업자에 비하여 생존의 가능성도 높고, 수입 면에서도 많은 소득을 올리고 있다고 주장하였다. 윤성욱·서근하(2003)는 연령의 차이에 따라서 경영성과에 차이가 있음을 밝혀냈다.[21]

셋째, 학력이 경영성과에 미치는 영향에 관한 부문이다. 창업자에 대한 특성연구에서 가장 많이 언급되어 온 또 다른 배경적 특성은 학력이다. Cooper et al.(1994)과 Cooper and Gascon(1995)은 창업자의 학력은 지식, 기술, 문제해결 능력, 동기유발 그리고 자신감과 관련되어 있고, 학력이 높을수록 창업 및 경영과정에서 직면하게 되는 다양한 문제들을 보다 쉽게 극복하게 해주는 것으로 보았다. 그러나 Cooper(1985)와 Sanderberg and Hofer(1987)는 창업자의 학력이 경영성과와 음의 관계를 가질 수 있음을 주장했다. 창업자의 특성이 진취성과 독립성을 나타냄으로 인하여 학력의 축적과는 상관이 없으며 창업기회가 되면 언제든지 학업을 그만두고 창업전선에 뛰어든 경우가 많았기 때문이다. 반대로 혁신성이 높은 기술적 사업에 대하여 창업자의 높은 교육수준이 기업의 생존 가능성을 제고시키므로 이러한 업종은 학력이 높음과 유의한 관계가 있음을 밝혔다. 이러한 현상은 우리나라의 첨단기술과 생명공학의 벤처기업에서도 유사한 사례를 보이고 있다. 윤성욱·서근하(2003)는 연령에 따른 창업결과가 차이가 있음을 밝혀냈다.[22]

---

21) 연령에 따른 경영성과의 차이가 40대 이상이 40대 미만에 비하여 성공률이 1.5배 더 높은 것으로 나타났다.

넷째, 경험이 경영성과에 미치는 영향에 관한 부문이다. 경험은 창업의 성공요소로서 기존의 많은 연구자들이 관심을 가져왔다. 경험은 특정 개인이 자신의 경험을 통하여 유용한 창업지식 및 사업운영 지식을 획득하고 이에 기초하여 올바른 의사결정을 내림으로써 경영성과에 영향을 미치는 것으로 간주되어 왔다. Cooper(1985)와 Cooper and Gascon(1995)은 업종에 대한 경험은 창업자에게 제품 및 시장에 대한 지식뿐 아니라 사업관계에서의 접촉대상들에 대한 지식을 제공해줌으로써 창업자로 하여금 보다 올바른 의사결정을 내릴 수 있게 해준다고 보았다. Stuart and Abetti(1987)와 Buttner and Rosen(1989)은 24개의 기술벤처의 CEO와 일반 기업가들을 대상으로 조사한 결과 창업가의 성별, 학력과 경험의 차이가 경영성과에 유의한 영향을 미침을 밝혀냈다. 이장우ㆍ장수덕(1998)과 노승혁, 김철민, 서근하(2003)는 창업자의 성취 욕구 및 물류정보 시스템 등이 기업의 성공 및 성과에 영향을 미친다고 보았다. 또한 서근하(2004)는 소규모 기업에서의 창업자의 학력, 성별, 개인적 경험은 창업 성공과는 관련이 없으며, 마케팅전략의 실천이 창업 성공의 중요한 요인임을 밝혀냈다.

2.2 재래시장 마케팅 활동성과 경영성과의 개념화

2.2.1 마케팅 활동성

재래시장의 불황극복과 경영성과 향상을 위한 연구에 있어서 가장 핵심적인 연구과제는 재래시장의 성공과 실패원인에 대한 인과관계의

---

22) 창업자의 학력을 고졸 이하와 전문대 이상의 학력으로 구분한 결과, 전문대 이상인 창업자가 고졸 이하의 학력자에 비하여 성공률이 1.85배 더 높은 것으로 나타났다.

규명일 것이다. 이를 위해서는 앞에서 언급한 재래시장 활성화를 위한 창업가정신 측면과 마케팅 활동성 측면에서의 활성화 연구가 선행되어야 할 것이다. 최근 마케팅 지식의 발전을 위한 규범적인 마케팅 이론개발과 더불어 세분화된 소규모 기업 마케팅 활동성에 관한 연구가 이루어지고는 있으나 마케팅 활동성과 관련된 연구는 매우 미흡한 수준에 머무르고 있다. 마케팅 활동성은 기업이 추구하는 마케팅 활동의 실천 정도로 볼 수 있으며 Dunn et al(1986)은 미국의 창업자들을 대상으로 마케팅 활동성을 시험하여 19가지 항목의 마케팅 활동성을 정리하였다. 이 19가지 마케팅 활동성의 범위는 고객관계, 광고, 판매활동, 가격활동, 시장 리서치, 판매예측, 판매 컨트롤, 공공관계, 제품계획, 신용제공, 판매훈련, 품질관리, 딜러 관계, 판매원 모집, 제품 서비스, 제품 스케줄, 보관하역, 포장, 상품창고운영 등이다.

재래시장의 상품의 가치는 제품의 우월성 또는 탁월성에 대한 소비자의 판단으로 볼 수 있으며, 이러한 평가는 소비자의 주관적인 개념으로 볼 수 있다.(Zeithaml 1988) 소비자는 구매활동에 있어서 나름대로의 기준을 가지고 상품에 대한 내적 단서를 평가하고 이를 지각된 상품의 가치로 판단하게 되며, 고객의 입장에서 지각하는 평가는 고객이 느끼는 상품의 품질과 더불어 고객이 지각하는 상품의 가격과 함께 평가받게 된다.(Richardson et al., 1994, Nguyen et al., 1998) 이와 같이 지각된 상품가치는 상품의 구매와 소비경험에 따라 소비자가 스스로 지각하게 되는 품질수준과 가격의 상대적 비교를 통하여 평가된 가치라고 정의할 수 있다.(Petroshius and Monroe 1987)

한편 상품가치는 점포충성도에 관한 구조적 역할에서 점포이미지에 유의한 영향을 주며 가격과 판매촉진에 대해서도 고객의 지각된 가치의 중요한 결정요인이 된다. 따라서 많은 연구자들에게 서비스 질과 더불어 고객만족의 핵심적 선행요인으로 설정되기도 하였다.(Petroshius and Monroe 1987, Richardson et al., 1994, Nguyen et al., 1998, 윤성욱 2002, 윤성욱, 황경미 2004)

김정희(2002)는 점포환경, 제품품질, 서비스 품질은 점포이미지의 구성요소라기보다는 점포이미지 선행요인임을 밝혔다. 이러한 점포의 물리적 환경은 주변요인, 디자인요인, 사회요인으로써 제품 및 서비스 품질을 매개로 하여 점포이미지와 점포충성도에 정(+)의 영향을 주는 것을 밝혔다. 윤성욱·서근하(2004, 2006)는 상품가치는 점포이미지와 점포만족도에 직접적으로 긍정적인 영향을 미친다고 하였다.

점포의 브랜드와 이미지 홍보에 관한 연구는 기능적 특성과 심리적 속성에 의해 고객의 마음속에 점포가 정의되는 것으로 시작하여 발전하여 왔다. 고객이 이상적인 점포이미지를 경험하면 이는 점포만족(Store Satisfaction), 점포태도(Store Attitude), 점포애호도(Store Patronage) 등에 영향을 미치게 되어 점포의 성과에 영향을 줄 뿐만 아니라 제품의 이미지에도 영향을 미칠 수 있다. 이러한 점포이미지에 관한 연구는 점포이미지를 구성하는 요소를 밝히는 데 주안점을 두고, 구성요소와 고객의 반응에 대한 연구가 이루어져 왔다. 점포이미지 구성요소로는 해당점포의 가격, 진열, 인사관리, 점포위치, 분위기, 서비스, 품질 등의 요소를 결정요인으로 보고, 점포 경영자와 종업원의 점포 운영기법, 점포 외관, 인격적인 서비스, 판매촉진 전략, 가격 비교 가능성, 상품의 품질 등을 방문고객의 해당점포에 대한 인식된 가치로 전환시켜서 이러한 인식된 가치가 점포충성도에 직접적으로 연결되는 것으로 보았다. 그러나 이러한 메커니즘에서 서비스 부문은 점포이미지 형성에 결정적인 중요한 요소로 작용하지 않고, 고객들의 눈에 보이는 가격과 판매촉진 등이 점포충성도에 직접적으로 연결되는 인식된 가치에 대하여 직접적인 결정요소로 작용하는 것으로 보았다.(James, Durand and Dreves 1976, Sirgy and Samli 1985, Sirohi, Mclaughlin and Wittink 1998, 서근하 2004, 2005, 윤성욱·서근하 2004, 2006)

2.2.2 경영성과

또한 지금까지 많은 연구자들은 마케팅 활동성, 활성화 경영전략, 시장지향성은 경영성과의 향상을 가져온다는 문제와 관련해서 실제적으로 기업의 경영성과에 긍정적인 영향을 미침을 밝혀냈다. Jaworski and Kohli(1993)는 시장지향성이 고객의 태도와 행동에 대하여 미치는 영향과 더불어 종업원 입장에서의 효익성을 함께 조사하였다. 고객만족을 위해 일하는 종업원은 업무에 대해 자부심을 느낌과 동시에 목적을 달성한 종업원은 개인적 성취감과 조직에 대한 소속감까지 느낌을 밝혀냈다. Matsuno et al.(2002)는 시장성과를 시장점유율, 전체판매에서 신제품의 판매비율, ROI로 구분하여 조사하여 시장지향성이 시정점유율과 신제품 판매비율에는 유의하지 않고 오히려 ROI에 음의 영향을 미친다는 흥미로운 연구결과를 제시하였다.

III. 연구모형과 가설

이상에서 언급한 각 개념들 간의 관계를 토대로 본 연구에서 제시하고자 하는 연구모형은 위의 〈그림 1〉과 같다.

3.1 재래시장 활성화의 선행요인

3.1.1 재래시장 상인의 진취성

선행연구들의 연구결과에 따라 본 연구에서도 재래시장 상인의 진취성은 경영성과에 유의한 영향을 미치는 과정에서 재래시장 활성화에 직접적인 영향을 미칠 것으로 보고 다음과 같은 가설을 설정한다.

〈그림 1〉 연구모형

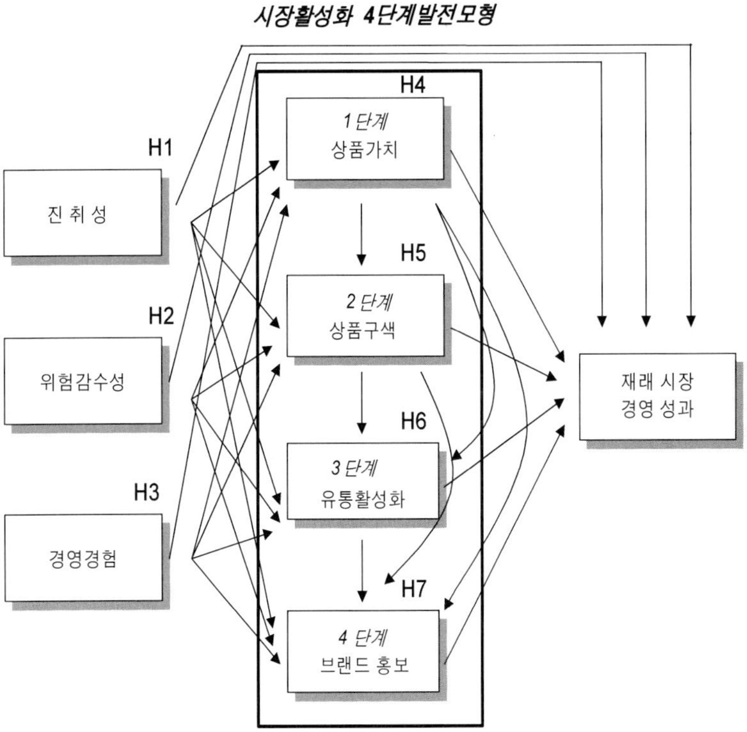

시장활성화 4단계발전모형

H1a: 진취성은 상품가치 활성화에 긍정적인 영향을 미칠 것이다.

H1b: 진취성은 상품구색 활성화에 긍정적인 영향을 미칠 것이다.

H1c: 진취성은 유통활성화에 긍정적인 영향을 미칠 것이다.

H1d: 진취성은 브랜드홍보 활성화에 긍정적인 영향을 미칠 것이다.

H1e: 진취성은 경영성과에 긍정적인 영향을 미칠 것이다.

3.1.2 재래시장 상인의 위험감수성

선행연구결과의 핵심은 현대 경영상황에서는 창업자가 창업과 경영 개선에서의 실패위험을 어느 정도 감수하면서 이러한 위험을 얼마나 효과적으로 조직을 갖추고 체계적으로 관리할 수 있느냐가 성공적 창업의 기본요소가 될 것이라는 점이다. 따라서 본 연구에서도 재래시장 상인의 위험감수성은 경영성과에 유의한 영향을 미치는 과정에서 재래시장 활성화에 직접적인 영향을 미칠 것으로 보고 다음과 같은 가설을 설정한다.

H2a: 위험감수성은 상품가치 활성화에 긍정적인 영향을 미칠 것이다.

H2b: 위험감수성은 상품구색 활성화에 긍정적인 영향을 미칠 것이다.

H2d: 위험감수성은 브랜드홍보 활성화에 긍정적인 영향을 미칠 것이다.

H2e: 위험감수성은 경영성과에 긍정적인 영향을 미칠 것이다.

3.1.3 재래시장 상인의 경영경험

선행연구에서 창업자의 경력특성은 학력 및 교육수준, 연령 및 창업경험 등을 말하며 기업의 성공요인은 창업가특성, 환경요인, 전략요인, 자원요인, 조직요인, 기업유형 등에 따라 다양하게 영향을 미치는 것으로 나타났다. 따라서 본 연구에서는 이러한 선행연구들에서 나타난 창업자의 여러 배경적 특성 중에서 재래시장 상인의 경영경험이 경영성과에 유의한 영향을 미치는 과정에서 재래시장 활성화에 직접적인 영향을 미칠 것으로 보고 다음과 같은 가설을 설정한다.

H3a: 경영경험은 상품가치 활성화에 긍정적인 영향을 미칠 것이다.
H3b: 경영경험은 상품구색 활성화에 긍정적인 영향을 미칠 것이다.
H3c: 경영경험은 유통활성화에 긍정적인 영향을 미칠 것이다.
H3d: 경영경험은 브랜드홍보 활성화에 긍정적인 영향을 미칠 것이다.
H3e: 경영경험은 경영성과에 긍정적인 영향을 미칠 것이다.

3.2 마케팅 활동성과 경영성과의 관계

본 연구에서는 마케팅 활동성의 연구가 초기단계에 머무르고 있는 점을 감안하여 국내 재래시장의 상인특성과 정부정책 방향[23]을 종합하여 탐색적, 실증적으로 변수를 도출하고자 하였다.(ATCM 2001, 苗 不二

---

23) 현재 재래시장 활성화에 대한 정부의 정책방향은 시장을 다음과 같이 네 가지로 구분하여 적절한 처방과 육성시책을 효율적으로 실시하고자 하는 것으로 볼 수 있다. 첫째는 경쟁력이 확보된 시장은 시설개선과 경영현대화에 집중하고, 둘째는 상권회복이 가능한 시장은 시장특성에 맞는 방향으로 개발 육성하며, 셋째는 기능이 상실된 쇠퇴한 시장은 용도 전환 및 재개발과 면적축소를 하도록 하고 마지막으로 존속 가능하지만 무등록으로 방치된 시장은 지원대상으로 선정하여 제도권 내로 편입하여 지속적으로 지원한다. 이 같은 정책방향은 외국선진국들의 TMO, BID, TCM 제도 못지않게 한국적 상황에서 매우 적절한 노력으로 볼 수 있다.

男 2004, 日本 中小企業總合硏究機構 2001, 시장경영지원센터2005) 즉 30개의 재래시장 상인연합회와 번영회를 현장조사와 면담 등을 통하여 활성화 전략의 변수를 수립하였다. 다시 말해 앞에서 살펴본 선행연구들에서 나타난 바와 같이 이들 변수를 고려하여 본 연구에서는 재래시장 활성화 전략이 매출 성장률, 이미지 수준, 사업의 성공 정도와 같은 경영성과에 유의한 영향을 미칠 것으로 보고 다음과 같은 가설을 설정한다.

H4a: 상품가치는 상품구색 활성화에 긍정적인 영향을 미칠 것이다.
H4b: 상품가치는 유통활성화에 긍정적인 영향을 미칠 것이다.
H4c: 상품가치는 브랜드홍보 활성화에 긍정적인 영향을 미칠 것이다.
H4d: 상품가치는 경영성과에 긍정적인 영향을 미칠 것이다.
H5a: 상품구색 활성화는 유통활성화 전략에 긍정적인 영향을 미칠 것이다.
H5b: 상품구색 활성화는 브랜드홍보에 긍정적인 영향을 미칠 것이다.
H5c: 상품구색 활성화는 경영성과에 긍정적인 영향을 미칠 것이다.
H6a: 유통활성화는 브랜드홍보에 긍정적인 영향을 미칠 것이다.
H6b: 유통활성화는 경영성과에 긍정적인 영향을 미칠 것이다.
H7a: 브랜드 홍보는 경영성과에 긍정적인 영향을 미칠 것이다.

3.3 변수의 조작적 정의 및 측정

변수의 조작적 정의와 측정은 기존에 신뢰성과 타당성이 검증된 척도를 해당 개념에 적합하도록 수정하여 사용하였다. 척도 정제 후 분석에 사용된 최종항목은 다음과 같다.

3.3.1 진취성

진취성은 기업의 유리한 이점을 획득하기 위해 업계 최초로 도전하는 창조성과 프리미엄급 시장을 세분화하기 위한 목표설정, 높은 가격을 받아내기 위한 가격활동, 시장에서 경쟁자보다 우두머리가 되기 위한 표면적인(Skim) 활동 등으로 정의하였다.(Zahara and Covin 1995) 이를 측정하기 위해 창업가정신의 역량특성을 기초로 하여 Matsuno et al.(2002), Zahara and Covin(1995)이 개발한 척도를 수정하여 사용하였다. 창업가의 진취성은 각종 경영변화에 대한 긍정적 인식 정도, 나쁜 상황에 대한 대처 정도, 조직 구성원과 좋은 기회에 대한 인지 정도, 거래선 개발과 기회 발굴 정도를 파악하기 위한 요인들을 항목별로 척도화하였다. 이들 척도는 각각 Likert의 5점 척도에 의하여 측정되었다.

3.3.2 위험감수성

위험감수성은 기업의 성공을 위해 유ㆍ무형의 위험을 스스로 용인하는 성향으로 정의하였다. 이를 측정하기 위해 창업가정신의 역량특성을 기초로 Matsuno et al.(2002), Zahara and Covin(1995)이 개발한 척도를 수정, 사용하였다. 창업가의 위험감수성은 사업의 위험성 인지, 경영 변화기의 위험성 인지, 사업경영의 안전성 여부, 업무의 파악과 대처정도를 파악하기 위한 요인들을 항목별로 척도화하고 각각 Likert의 5점 척도에 의하여 측정하였다.

3.3.3 경영경험

경영경험은 기존점포에서 재래시장의 품목에 맞는 판매 및 유통과 서비스경험을 가진 것으로 정의하였다. 이를 측정하기 위하여 창업가 정신의 역량특성을 기초로 하여서 Matsuno et al.(2002), Zahara and Covin(1995)이 개발한 척도를 수정하여 사용하였다. 질문내용은 과거 성공적 점포운영 경험, 과거 경영목표달성 경험, 과거 경영훈련 경험 정도를 파악하는 능력들을 요인별로 척도화하고 이를 각각 Likert의 5점 척도에 의하여 측정하였다.

3.3.4 상품가치

경영성과의 독립변수 중에서 유형의 품질을 상품가치로 보았다. 상품의 가치는 재래시장 점포가 가지고 있는 제품의 품질과 가격으로 정의하였다. 이를 측정하기 위하여 Petroshius and Monroe(1987), Jones et al.(2000)이 개발한 척도를 수정하여 사용하였다. 질문내용은 재래시장의 상품의 가격경쟁력, 비용의 절감성, 경제적 이익성에 대한 요인들을 항목별로 척도화하였다. 이들 척도는 각각 Likert의 5점 척도에 의하여 측정되었다.

3.3.5 상품구색

상품의 구색은 재래시장 점포가 가지고 있는 상품종류의 다양성으로 정의하였다. 이를 측정하기 위하여 Petroshius and Monroe(1987), Jones et al.(2000)이 개발한 척도를 수정하여 사용하였다. 질문내용은 재래시장의 상품의 종류, 다양성 정도, 구색 등에 대한 요인들을 항목별로 척도화하였다. 이들 척도는 각각 Likert의 5점 척도에 의하여 측정되었다.

3.3.6 유통활성화

유통활성화는 재래시장 점포가 가지고 있는 유통망에 대하여 고객이 만족할 수준으로 신속하게 상품과 서비스용역을 제공하는 활성화의 정도로 정의하였다. 이를 측정하기 위하여 Petroshius and Monroe(1987), Jones et al.(2000)이 개발한 척도를 수정하여 사용하였다. 질문내용은 재래시장의 상품과 서비스용역의 변화와 빠르기의 정도, 유통망의 기술적인 복잡성, 상품제공에 대한 고객이 요구하는 수준의 정도 등에 대한 요인들을 항목별로 척도화하였다. 이들 척도는 각각 Likert의 5점 척도에 의하여 측정되었다.

3.3.7 브랜드 홍보

브랜드 홍보는 재래시장의 특정 점포에 대해 소비자가 가지게 되는 전반적인 인상으로 정의한다. 이를 측정하기 위하여 Baker, Grewal and Parasuraman(1994), Petroshius and Monroe(1987), Jones et al.(2000)이 개발한 척도를 수정하여 사용하였다. 질문내용은 점포와 제품의 브랜드 이미지, 상품의 디자인, 포장의 차별화, 광고전단지의 배부, 광고의 효율성 등에 대한 요인들을 항목별로 척도화하고 각각 Likert의 5점 척도에 의하여 측정되었다.

3.3.8 경영성과

사업체의 성과를 평가하기 위한 방법에는 재무적 경영지표를 비롯한 다양한 성과평가방법이 있으나, 본 연구에서는 Lussier(1995)와 Matsuno et al.(2002)의 연구에 기초한 재무적 성과 중 자금관리, 계획성, 상담, 가격, 촉진 등의 여러 분야에서 재래시장 상인의 경영성과를 평가하기에 적합하다고 보이는 ROE의 창업 성공에 대한 결과를 높은 그룹과 낮은 그룹의 둘로 구분하여 창업 성공기업과 실패기업으로 구분하였다.

Ⅳ. 연구모형과 가설의 검증

4.1 연구대상의 선정 및 자료수집

재래시장 상인의 특성이 시장활성화와 경영성과에 미치는 영향을 알기 위하여 재래시장 상인의 경영노력이 점포의 경영성과에 직접적으로 영향을 미치는 시장과 업종을 선택하고자 하였다. 이를 위해 부산·경남 지역의 대표적 재래시장 16군데를 선정하였으며 업종에서는 도·소매업과 서비스업종을 선정하였다. 조사 기간은 2005년 5월부터 6월 말까지 실시하였다.

설문지 문항은 앞에서 제시한 모형과 가설을 검증하기 위한 각 변수에 대한 적절한 문항을 배치하여 작성하였다. 설문조사의 신뢰성을 높이기 위하여 설문조사요원은 해당 지역별로 사업체현황을 사전에 잘 알고 있는 지방자치단체의 전국 사업체 통계조사요원들 중에서 선발하여 이들이 설문지 내용을 충분히 숙지할 수 있도록 교육을 시킨

후에 재래시장 상인과 직접적인 인터뷰방식으로 설문지를 배부하고 함께 작성하는 방식으로 설문지를 회수하였다. 그리고 응답자가 설문지를 작성하면서 생기는 의문점에 대해서는 현장에서 전문 조사요원들이 해당 질문에 충분히 설명이 가능하도록 하였다.

배부한 설문지는 총 300부였으며, 이 가운데 250부가 회수되었고 설문지의 응답이 성실하지 못한 응답자를 제외한 총 245부가 가설검증을 위한 분석에 이용되었다.

분석에 사용된 245부의 응답자의 특징을 살펴보면, 성별분포는 남자 112명(45.7%), 여자 129명(52.7%)이었다. 학력은 중졸 21명(8.6%), 고졸 147명(60.0%)으로 고졸이 상인의 학력비율에서 가장 높았다. 연령별 분포는 40~59세가 178명(72.2%)으로 높은 비율을 차지하였다. 전직경험은 자영업경험이 133명(54.3%)으로 가장 높았다. 이러한 남녀 및 연령에 대한 비율이 인구 통계적으로 재래시장 상인 비율 측면에서 편의 없이 표본 되었음을 알 수 있다.

4.2 신뢰성과 타당성 검증

본 연구에서 사용된 측정 항목들의 내적 일관성을 알아보기 위해 Cronbach's alpha분석을 실시하였다. 이를 통해 α를 저하시키는 진취성, 상품구색, 브랜드홍보에서 각각 1개의 변수를 제거하였다. 확인적 요인분석 과정에서 단일 차원성을 저해하는 위험감수성, 경영경험, 상품가치, 경영성과의 4개 척도를 추가로 정제하였다. 개념당 항목수가 3~4 문항임을 고려할 때 측정 항목 간 내적 일관성은 문제가 없는 것으로 나타났다. 구체적인 개념별 측정 항목 및 신뢰도는 〈표-5〉와 같다.

<표-1> 신뢰도 분석결과

항 목	측정항목수				연구단위 신뢰도 (Cronbach's α)
	최 초	신뢰성 분석결과	타당성 분석결과	최 종	
진취성	4	3	3	3	0.74
위험감수성	4	4	3	3	0.88
경영경험	4	4	3	3	0.71
상품가치	4	4	4	3	0.78
상품구색	4	3	3	3	0.84
유통활성화	4	4	4	4	0.74
브랜드홍보	4	3	3	3	0.85
경영성과	4	4	4	3	0.78

<표-2> 구성개념 간 상관관계 분석

구 분	평균	편차	1	2	3	4	5	6	7	
1. 진취성	2.45	1.15	1.00							
2. 위험 감수성	3.10	0.67	0.57**	1.00						
3. 경영경험	2.27	1.17	0.28**	0.25**	1.00					
4. 상품 가치	2.54	0.97	0.63**	0.48**	0.32**	1.00				
5. 상품 구색	2.79	0.74	0.58**	0.55**	0.32**	0.63**	1.00			
6. 유통활성화	2.88	0.71	0.44**	0.53**	0.36**	0.53**	0.68**	1.00		
7. 브랜드 홍보	2.53	0.87	0.28**	0.30**	0.53**	0.32**	0.46**	0.52**	1.00	
8. 경영 성과	2.77	0.75	0.11*	0.08**	0.13**	0.17**	0.28**	0.30**	0.35**	1.00

$**: p < 0.01$. $*: p < 0.05$

　　또한 사용된 변수 간의 타당성 검증을 위해 신뢰성 분석 후 각 연구 개념별로 확인적 요인분석을 실시하여 단일 차원성을 저해하는 상품의 가치에서 1개, 그리고 경영성과에서 1개의 변수를 제거하였다. 척도정제 절차는 Anderson and Gerbing(1988)이 주장한 2단계 접근방식에 따라 수행하였으며, 척도정제 과정을 거쳐 2개 항목을 제외한 모든 항목의 상관관계 자료를 PRELIS를 통하여 구한 다음 이를 확인적 요인분석을 위한 기초 자료로 이용하였다.

집중 타당성을 검증하기 위하여 측정 항목의 요인 적재 값과 t 값을 검증한 결과 모든 측정 항목은 p < 0.01 수준에서 유의한 것으로 나타나 연구모델에서 제시하고 있는 측정 항목들이 집중 타당성을 확보하고 있는 것으로 확인되었다. 그리고 판별 타당성을 검증하기 위한 모델 간의 비교는 두 잠재변수 간의 상관관계를 자유롭게 추정하도록 하는 비제약모델과 두 잠재변수 간의 상관관계를 1로 제약한 제약모델을 비교하였다. 25개 모든 쌍에 대한 비교에서 두 모델의 χ^2 값의 차이는 p < 0.05 수준에서 임계치인 $\chi^2(1) = 3.84$를 모두 넘는 것으로 확인되었으며, 모든 쌍에서 제약모델이 비제약모델보다 χ^2 값이 더 큰 것으로 나타나 각 연구 개념이 판별 타당성을 확보하고 있다. 척도들의 집중 타당성과 판별 타당성을 검증하고 각 단계별로 최적상태를 도출하기 위하여 적합도를 평가하였다. 측정모델에 대한 분석결과 모델의 적합도는 $\chi^2 = 266.38(df = 188)$, RMSEA = 0.042, NFI = 0.89, NNFI = 0.95, CFI = 0.96 GFI = 0.91, AGFI = 0.88, RMR = 0.038 등으로 나타나 전반적인 지수들의 모델적합도는 구조모형을 분석하는 데 무리가 없는 것으로 나타났다. 이상과 같이 각 연구 개념의 평균과 표준편차 및 상관관계 등을 살펴본 결과는 〈표-6〉과 같다.

4.3 연구가설 검증결과

본 연구의 가설을 검증은 Lisrel 8.50을 이용하여 공분산 구조모델을 분석하였다. 분석결과 연구모형의 적합도 지표는 $\chi^2 = 282.22$ (df =

194), RMSEA=0.044, NFI=0.82, NNFI=0.91, CFI=0.92, GFI=0.90, AGFI=0.87 등으로 나타나 전반적으로 양호하다고 본다.

〈그림 2〉 경로계수 추정결과

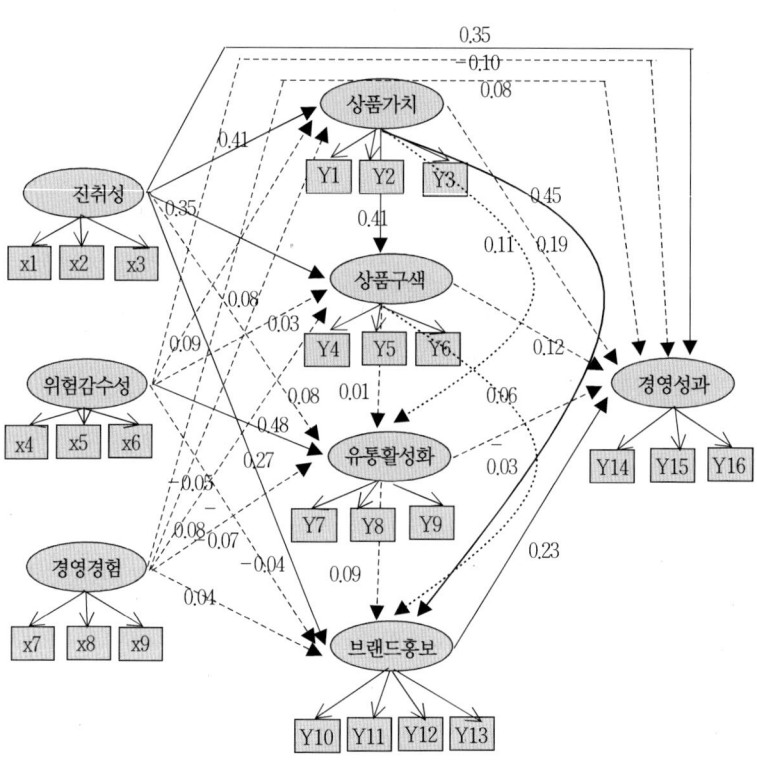

가설 1에서는 상인의 특성을 진취성, 위험감수성, 경영경험 등으로 구분하여 세부적인 역할과 경로를 검증하고자 하였다. 이를 위해 진취 성은 상품가치, 상품구색, 유통활성화, 브랜드홍보 그리고 최종적으로 경영성과에 긍정적인 영향을 미칠 것이라고 가설을 설정하였다. 가설 H1a의 진취성은 상품가치에 정(+)의 효과를 미치는 것으로, 가설 H1b

의 진취성은 상품구색에 정(+)의 효과를 미치는 것으로, 가설 H1d의 진취성은 브랜드홍보에 정(+)의 효과를 미치는 것으로, 가설 H1e의 진취성은 경영성과에 대하여 직접적인 정(+)의 효과를 미치는 것으로 나타나 이들 가설은 지지되었다. 그러나 H1c의 진취성은 유통활성화에 긍정적인 영향을 미칠 것이라는 가설은 기각되었다. 이는 진취성에 대한 새로운 역할을 규명해 준 것으로 유통 및 물류공급선과 판매 및 배송의 다양화를 위한 노력에는 유통의 불확실성과 위험성 때문에 상인들의 진취적인 특성만으로는 부족하다는 특성을 보인 것으로 해석된다.

가설 2에서는 위험감수성이 상품가치, 상품구색, 유통활성화, 브랜드홍보 그리고 경영성과에 긍정적 영향을 미칠 것이라고 가설을 설정하였다. 그러나 검증결과 가설 H2c의 위험감수성은 유통활성화에 정(+)의 효과를 미치는 것으로만 나타났다. 이는 유통활성화를 위해 소극적이고 현실 안주적인 재래시장 상인들의 특성을 대변해 주는 것으로써, 유통활성화를 위해서는 벤처기업과 같이 현실에 안주하지 않고 불확실한 미래 환경에 대해 자발적인 리스크를 가질 수 있는 상인들만이 현실을 개선할 수 있다는 시사적인 실상을 밝혀주었다.

가설 3에서는 경영경험이 상품가치, 상품구색, 유통활성화, 브랜드홍보 그리고 경영성과에 긍정적 영향을 미칠 것이라고 가설을 설정하였다. 그러나 검증결과 가설 H3a, H3b, H3c, H3d, H3e 모두 정(+)의 효과를 보이지 못하는 것으로 나타나 가설이 기각되었다. 이는 우리나라 재래시장 인적 구성 문제점의 한 단면을 보여 주는 것으로서, 재래시장 상인 대부분이 50대 전후임을 감안하여 볼 때 시장상인의 과거경험이 경영성과에 도움이 되지 못함을 보여 주는 반증적인 결과라 할 수 있다.

가설 4에서는 상품가치가 상품구색, 유통활성화, 브랜드홍보 그리고 경영성과에 긍정적인 영향을 미칠 것이라고 가설을 설정하였다. 가설

검증결과 H4a, H4b의 상품가치는 상품구색과 브랜드 홍보에만 유의적인 정(+)의 효과를 미치는 것으로 나타났다. 이러한 결과는 상품의 가치가 시장 점포의 경쟁력에 있어서 핵심적인 점포이미지의 시작으로 본 김정희(2002), 서근하(2004)의 연구와 일치하는 것으로서, 상품의 가치가 해당점포의 상품구색을 다양하게 하고, 점포의 핵심경쟁력을 뒷받침하는 브랜드의 홍보가 재래시장 활성화의 중요한 경영의 축이 된다는 사실을 실증적으로 보여 주는 것으로 해석된다.

가설 5에서는 상품구색이 유통활성화, 브랜드홍보 그리고 경영성과에 긍정적 영향을 미칠 것이며, 가설 6에서는 유통활성화가 브랜드홍보와 경영성과에 긍정적인 영향을 미칠 것이라고 가설을 설정하였다. 가설 5와 가설 6의 검증결과 두 개 모두 유의하지 않은 것으로 나타났다. 이 결과는 상인들이 상품구색과 공급을 위한 유통망과 공급거래선의 다양화 노력보다는 재래시장과 점포의 해당상품의 가치에 대한 인식이 선행되고 있는 결과라고 본다. 따라서 이는 시장상인들의 경영혁신과 경영성과에 대한 부족한 인식의 일면을 보여 주는 동시에 향후 개선하여야 하는 문제점을 도출하여 준 흥미로운 연구결과로 보인다.

마지막으로 가설 7에서는 브랜드 홍보는 경영성과에 긍정적인 영향을 미칠 것이라고 가설을 설정하였다. 가설 7의 브랜드 홍보는 최초 가설과 같이 경영성과에 유의적인 정(+)의 효과를 미치는 것으로 나타나 가설은 지지되었다. 이러한 결과는 조광행·임채운(1999), 김정희(2002), 서근하(2004)의 연구결과와 대체적으로 일치하는 것으로서 진취적인 상인은 상품가치 제고에 적극적이며, 상품가치가 높을수록 브랜드 홍보에 적극적이며, 브랜드 홍보를 많이 하는 상인은 경영성과도 높다는 브랜드 홍보와 경영성과의 경로와 구조적 역할에 대하여 새로운 사실을 밝혀주었다. 또한 재래시장의 경영활성화를 위해서는

시장 상인의 진취적인 상인특성을 더욱 함양시켜 이러한 특성이 브랜
드홍보와 점포경영성과에 직결되도록 하여야 한다는 활성화 이론의
실제적 검증결과라 볼 수 있다.

이러한 구조 모델에 따른 연구결과를 요약하면 〈표-3〉과 같다.

〈표-3〉 가설검증 결과

가 설		내 용	추정계수	표준오차	t-value	결과
H1a	$\Upsilon11$	진취성 → 상품가치	0.41	0.10	4.29**	채택
H1b	$\Upsilon12$	진취성 → 상품구색	0.35	0.11	3.26**	채택
H1c	$\Upsilon13$	진취성 → 유통활성화	0.08	0.12	0.73	기각
H1d	$\Upsilon14$	진취성 → 브랜드홍보	0.27	0.11	2.50**	채택
H1e	$\Upsilon15$	진취성 → 경영성과	0.35	0.10	0.87	기각
H2a	$\Upsilon21$	위험감수성 → 상품가치	0.09	0.10	0.87	기각
H2b	$\Upsilon22$	위험감수성 → 상품구색	0.03	0.10	0.31	기각
H2c	$\Upsilon23$	위험감수성 → 유통활성화	0.48	0.11	4.59**	채택
H2d	$\Upsilon24$	위험감수성 → 브랜드 홍보	−0.04	0.11	−0.33	기각
H2e	$\Upsilon25$	위험감수성 → 경영성과	0.10	0.11	0.93	기각
H3a	$\Upsilon31$	경영경험 → 상품가치	−0.05	0.08	−0.61	기각
H3b	$\Upsilon32$	경영경험 → 상품구색	−0.08	0.08	−1.04	기각
H3c	$\Upsilon33$	경영경험 → 유통활성화	−0.07	0.08	−0.95	기각
H3d	$\Upsilon34$	경영경험 → 브랜드홍보	0.04	0.07	0.52	기각
H3e	$\Upsilon35$	경영경험 → 경영성과	0.08	0.09	1.01	기각
H4a	$\beta21$	상품가치 → 상품구색	0.41	0.10	4.74**	채택
H4b	$\beta31$	상품가치 → 유통활성화	0.11	0.09	1.18	기각
H4c	$\beta41$	상품가치 → 브랜드홍보	0.45	0.09	5.04**	채택
H4e	$\beta51$	상품가치 → 경영성과	0.19	1.10	1.84	기각
H5a	$\beta32$	상품구색 → 유통활성화	0.01	0.11	0.07	기각
H5b	$\beta42$	상품구색 → 브랜드홍보	0.06	0.10	0.60	기각
H5c	$\beta52$	상품구색 → 경영성과	0.12	0.10	1.18	기각
H6a	$\beta43$	유통활성화 → 브랜드홍보	0.09	0.09	1.09	기각
H6b	$\beta53$	유통활성화 → 경영성과	−0.03	0.09	−0.37	기각
H7	$\beta54$	브랜드홍보 → 경영성과	0.23	0.11	2.10**	채택

유의수준: ** = p〈.01, * = p〈.05

V. 결론 및 전략적 시사점

5.1 연구결과 및 전략적 시사점

본 연구는 재래시장 활성화 요인들을 구조 관계적 관점에서 재래시장 상인들의 경영혁신과 창업 성공을 직접적으로 유발하거나 매개하는 변수들을 총체적 시각으로 규명하고자 하는 것이었다. 상인들의 특성을 진취성, 위험감수성, 경영경험으로 구분하여 이들 특성이 핵심적인 시장활성화 매개변수를 통하여 경영성과를 유발하는 중요한 요소라는 사실을 확인하였다. 상품가치, 상품구색, 유통활성화 그리고 브랜드 홍보의 상관관계에 있어서 이들 변수들은 실질적으로는 구분된 개념이면서도 각각의 선행변수가 될 수 있는 가능성을 보여 주었다. 이러한 결과는 재래시장이 유의한 경영성과를 획득하기 위해서는 기존 상인들을 대상으로 별도의 경영, 머천다이징, 물류유통, 마케팅교육을 실시하여여야 하는 필요성을 보여 주고 있다.

본 연구의 연구결과는 먼저 다음과 같은 이론적 시사점을 제공하여 준다.

첫째, 재래시장 상인특성에 관한 기존 연구들은 상인의 경영의식과 특성을 경영성과에 연관하거나, 혹은 인구 통계적 특성만을 경영성과에 미치는 영향으로 단순화하거나 다중회귀방정식으로 모델화하였다. 그러나 본 연구에서는 상인특성을 종합적이고 두 가지 차원에서 접근하여 실증적으로 검증하였다. 창업가정신 차원에서 핵심적 변수로는 진취성, 위험감수성을 선정하였고 인구통계 차원에서는 경영경험 유무를 엄격하게 구분하여 각종 매개변수들을 통한 시장 경영성과의 성공과 실패를 이분법적으로 구분하여 관계 구조적 차원에서 내·외생변수들을 밝혀내고자 하였다. 이는 재래시장 상인들의 경영성과를 다루는 관점에 있어서 창업가정신 특성, 인구통계 특성, 상품의 가치와 상품의 구색에 관한 머천다이징, 유통물류 개선, 브랜드 홍보 등과 같은 각각의 개념들을 별도의 독립개념으로 보지 않고, 종합적인 구조모형 개념으로 보았다는 점과, 또한 이를 통하여 기존 연구에서 밝혀내지 못한 인과관계를 구조방정식모형을 통하여 실증적 방법으로 분석함으로써 재래시장 연구에 대하여 새로운 연구모형을 제시했다는 점이다.

둘째, 재래시장에 관해 우선 시장상인의 실태와 애로조사 그리고 시장의 재건축과 재개발의 효과에 관해서는 국내외에서 많은 연구가 이루어져 왔지만, 의외로 시장상인이 내부적인 창업가정신과 경영 활성화 방안에 대한 실증적인 조사와 관련된 연구들은 거의 이루어지지 않았다. 이러한 상황은 상인들의 불황극복 노력과 경영활성화에 의해 경영성과가 큰 영향을 받는다고 생각하는 만큼이나, 국내에서는 실증적인 연구가 없다는 것에 대하여 문제의식을 가지게 된다. 이러한 관점에서 시장상인들의 경영개선 의지와 경영 활성화를 평가하는 척도의 개발은 이 분야의 연구의 필요성과 중요성을 생각하여 볼 때, 향후 중소기업 분야에서 시장 경영활성화에 대한 국내 연구자들의 관심을 증대시키는 계기가 될 것으로 기대한다.

셋째, 본 연구는 재래시장 내의 점포들 간의 경영성과 차이, 상인들 특성에 따른 경영성과 차이가 날 수 있는 현상들을 언급함으로써 아직도 기초수준의 연구단계인 재래시장 경영개선과 불황극복을 위한 문제점 해결 차원에서 이론적 분석의 틀을 제공하고 있다. 이는 상인의 개인적 의식특성으로 말미암아 생기는 시장과 점포의 활성화가 시장내부의 머천다이징, 유통물류, 브랜드 홍보 간의 상관관계를 유출할 수 있도록 하였으며, 경영성과를 유출하는 각종 현상들을 설명할 수 있도록 기존 이론들을 확장하고 종합적으로 적용하였다는 점이다. 이와 같이 본 연구에서는 한국 재래시장 상인들이 창업을 하였을 때 창업자 의식특성에서부터 시작하여 체계적으로 창업성과에 영향을 미칠 수 있는 변수들을 인과관계에 의하여 구조 방정식모형으로 명확하게 규명했다는 점에서 의의를 찾을 수 있다.

넷째, 본 연구에서는 시장상인의 특성을 세 가지 외생변수로 구분하여 시장상인들의 특성에 따라 시장활성화 운영의 방향을 달리한다는 행동적 결과를 실증적으로 검증했다는 점이다. Matsuno et al.(2002)은 창업가의 성향에 관한 기존 연구들의 문제점을 지적하면서 창업가의 성향을 외생변수로 보고 이들 외생변수들은 창업가정신을 혁신성, 위험감수성, 진취성과 같은 개념적 특성으로 구분할 수 있지만, 아직까지 이들 매개변수들에 대한 구조와 효과에 대한 연구·조사가 부족하다고 주장하였다. 그러나 본 연구에서는 해외 선진연구에서도 조사가 되지 못한 재래시장 상인들의 특성을 세 가지로 구분한 뒤에, 이들이 시장활성화에 대하여 일정한 방향으로 유의한 행동을 유발시킨다는 사실을 구조방정식 모형방식을 통하여 실증적으로 보여주었다.

마지막으로 본 연구에서는 시장활성화의 핵심변수와 절차적인 단계를 4가지로 구분하여 살펴보았다. 시작단계를 상품가치의 향상으로 시작하여 상품구색의 다양화와 유통공급선의 개선 그리고 마지막 단계로 브랜드 홍보 활성화로 보고 이를 실증적으로 검증하였다. 아직까지는 시장활성화 변수들에 대한 구조와 경로효과에 대하여 연구조사가 부족한 가운데 실증조사가 이루어졌지만 검증결과는 재래시장 활성화는 본 연구가설과 같이 일정한 방향으로 유의한 행동을 유발시킨다는 사실을 실증적으로 밝혀주었다.

이상과 같은 이론적 시사점으로 볼 때, 본 연구결과는 재래시장 경영지원현장에서 사용할 수 있는 다음과 같은 전략적, 실무적인 시사점도 제공하여 준다.

첫째, 본 연구에서는 상인특성을 실제적으로 시사점이 있는 진취성, 위험감수성, 경영경험 등 3가지 개념으로 구분하여 이들 변수요인들이 상품가치, 상품구색, 유통, 브랜드 홍보와 같은 4단계의 시장활성화와 구조적 관계와 역할을 가지고 있으며, 최종적으로 경영성과에 중요한 역할을 하고 있음을 실증적으로 밝히고 있다. 즉 상인 특성 중에서 진취성은 상품가치, 상품구색, 브랜드 홍보와 경영성과에 양(+)의 영향 형태로, 위험감수성은 네 가지 시장활성화 전략 중에서 유통활성화에만 영향을 미쳤으며, 상인들의 기존 경영경험은 시장활성화에 모두에게 유의한 영향을 미치지 못하는 것으로 밝혀졌다. 따라서 재래시장 상인의 중요한 성공요인 특성을 제시한다면 상인의 진취성은 경영성과와 시장활성화를 이루는 핵심요소가 될 수 있다. 경영자가 업계에서 해당업체가 1위가 되고자 하는 목표를 세우고, 이에 도달하기 위한 자발적인 경영혁신을 하기 위하여 노력하는 상인의 진취성은 재래시장 상인의 핵심역량으로 선정하고 키워야 할 것이다. 이러한 진취적인 능력을 키우기 위해서는 창업자가 해당 기업의 유리한 이점을 획득하기 위해 업계 최초로 도전하는 창조성과 블루오션과 같은 프리미엄급 시장을 세분화하기 위한 목표설정, 높은 가격을 받아내기 위한 가격활동, 시장에서 경쟁자보다 우두머리가 되기 위한 표면적인(Skim) 활동 등을 시장상인이 스스로 개발하여야 할 것이며, 정부 및 지원기관에서도 이를 효율적으로 개발하기 위하여 각종 지원책과 육성 프로그램을 개발하여야 할 것이다.

둘째, 위험감수성에 대하여 기존 연구에서 없었던 새로운 사실들이 재래시장의 특성과 관련하여 밝혀졌다. 위험감수성은 네 가지 시장활성화 방안 중에서 유통활성화 변수에만 유의한 양(+)의 영향을 미치는 것으로 나타났다. 이는 재래시장의 경영환경에서 유통의 급격한 변화와 혁신은 재래시장 상인들 스스로가 어려워하는 부분임을 간접적으로 시사하는 부분이기도 하다. 그러나 재래시장의 상품가치와 상품구색을 혁신하고 머천다이징을 활성화하기 위해서는 기존 유통공급망에 대한 전면적 수정이 필요하며, 이를 위해서는 재래시장 상인들 스스로가 일정 부분의 위험을 감수하여야 한다는 것을 보여 주었다.

셋째, 재래시장 상인의 경영경험은 재래시장의 활성화 요인인 상품가치, 상품구색, 유통활성화 그리고 브랜드 홍보의 상관관계에 있어서 전혀 유의하지 못함이 밝혀졌다. 이는 재래시장 상인들의 교육과 육성대책을 수립함에 있어서 상인들의 기존 경영경험으로는 급변하는 유통환경에 대해 유효적절하게 대처하지 못함을 밝혀주는 중요한 사실로서 재래시장에 대한 교육과 육성방안은 기존의 방법과는 달라야 함을 보여 주고 있다.

넷째, 상품가치에 대한 재조명이다. 재래시장을 이용하는 고객에 대한 가장 중요한 부분은 재래시장에서 취급하는 상품자체에 대한 가치와 인식을 고객에게 확인시켜 주어야 한다. 이러한 상품가치에 대한 고객의 인식으로부터 시작하여 상품의 구색과 유통물류 환경의 개선을 통한 시장활성화가 이루어짐을 보여 주었다.

다섯째, 재래시장 점포에 대한 브랜드 홍보의 매개역할이다. 브랜드 홍보는 재래시장 상인의 진취성에 직접적으로 영향을 받음과 동시에 경영성과에 직접적으로 유의한 성과를 미치는 시장활성화의 매개요인임과 동시에 핵심요인임이 밝혀졌다. 이러한 결과는 상인의 의식특성이 유의한 경영성과에 도달하기 위해서는 각 점포의 특성에 맞는 브랜드 홍보를 위한 활동을 가져야 효과가 있음을 보여 주었다.

마지막으로 본 연구에서는 가설을 도출하여 검증을 하지는 않았지만 사후분석을 통하여 알아본 결과가 네 가지 독립변수가 창업성과에 이르는 직·간접효과에 대해, 창업가의 진취적 성향 0.60(t 5.65), 위험감수성 0.12(t 1.17), 경영경험 0.06(t 0.73)이었으며, 시장활성화 매개변수인 상품가치는 0.35(t 2.24), 상품구색 0.14(t 1.28), 유통활성화 -0.01(t -0.12), 브랜드 홍보 0.23(t 2.10)으로 경영성과에 유의한 영향을 미치는 것으로 밝혀졌다. 이러한 연구결과가 의미하는 시사점은 시장상인이 창업자로서 정신력에 있어서 진취성이 강화되도록 하고 이러한 정신적 특성이 재래시장의 상품가치 및 브랜드 홍보와 직결되도록 각종 유관기관에서 정부정책 실행과 중소기업 경영자 교육과 컨설팅 수행 시에 정규 교과과목으로 만들고 이를 향상시키기 위한 노력들을 하여야 한다는 점이다. 현재 일반기업의 경영상황과 관련하여 위험감수성이 높은 것은 바람직하지 않으나, 재래시장 자체의 유통환경을 개선하기 위해서는 어느 정도의 위험감수성을 가지고 움직여야 함을 설득할 필요성도 나타났다. 이와 더불어 시장활성화를 위해 상품가치와 브랜드 홍보에 대한 중요성 인식과 실천적 마케팅이 되도록 지원하여야 한다는 사실이다. 현 상황에서 재래시장을 지원하는 기관들에서 유의하여야 할 사항은 시장상인의 의식적 특성이 아무리 전근대적인 상인이라고 할지라도 제대로 된 기업조직의 틀과 경영기법을 해당점포의 유형과 특성에 맞출 수 있도록 하기 위한 방법들을 범 정부 차원에서의 경영혁신 활성화를 위한 프로젝트로 추진하여야 한다는 것이다.

이러한 노력의 결과는 급변하는 유통경영 환경 속에서 재래시장 상인들에게 실제적으로 도움이 되는 재래시장 활성화 전략 수립, 경영환경의 주도적 변화능력, 상인들의 경영혁신과 몰입, 시장지향적 마케팅 목표수립에 긍정적이고 시사성 있는 기여를 할 것이다. 상인들의 개인별 역량과 상인의식 특성별로 경영성과에 유의한 결과들을 효과적으로 유발시켜서, 독보적이고 역량 있는 경영혁신 틀이 완벽하게 형성된 진취성이 강한 한국형 재래시장 상인육성과 더불어 성공적인 활성화 사례들을 창출하는 데 많은 도움을 줄 것이라고 본다.

5.2 연구의 한계점과 향후 연구방향

이상과 같은 이론적, 실무적 기여와 마케팅 시사점에도 불구하고 본 연구의 한계점과 향후 연구방향을 정리하면 다음과 같다.

첫째는 주요 결정변수 선정의 한계점이다. 재래시장의 경영 활성화 결정요인에는 매우 다양한 변수들이 내재하고 있다. 이러한 측면에서 경영몰입, 자금운영 및 재무관리, 사업의 아이템, 제품의 수명주기 등과 같은 다양한 가치를 물어보는 추가변수에 대하여 폭넓게 살펴볼 필요가 있다. 또한 경영몰입에 관한 개념도 규범적, 연속적, 감정적 등의 다양한 요인변수가 존재하고 있다. 이러한 변수들을 포함한 종합적 관점에서 연구한다면 보다 더 많은 전략적 시사점이 나올 수 있으리라 여겨진다.

둘째는 본 연구에서 제시된 가정들의 관계와 구성개념과의 경로를 보다 더 정교하게 할 필요가 있다고 본다. 이를 위해 재래시장 특성에 맞는 창업자의 인구 통계적인 성향 및 경영 몰입의 정도 같은 상황변수를 도입하여 조절효과 등을 살펴볼 필요가 있다. 관여도의 차이와 같은 다양한 상황의 변화에 따라서 매개변수들 간의 관계와 선행변수들과의 관계에도 많은 변화가 예상되며 다양한 시사점들도 나타나리라 본다.

마지막으로 본 연구는 부산·경남에 있는 재래시장들을 대상으로 설문조사를 실시하였다는 한계를 가지고 있다. 비록 이렇게 선정된 재래시장들이 적절한 아이템 및 업종별로 세분화하여 전국적인 재래시장들의 평균적인 성향을 가진 업체들로 비율을 맞추려고 노력하여 선정하였지만, 전국의 다양한 재래시장을 대표하는 대표성에 제한이 있으므로 연구결과의 외적 타당성이 떨어진다고 본다. 따라서 본 연구에서의 개념적 모형에 대한 설명력이 높다 하더라도 재래시장 전체에 대하여 일반화시키기 위해서는 서울 경기 지역, 대전 충남 지역, 광주 전남 지역에서의 대표업종들을 선발하여 보다 다양한 표본을 이용한 반복연구와 비교분석이 필요할 것이다.

◗ 참고 문헌

김정태·오덕성(1996), "재래시장의 현대화를 위한 재개발특성에 관한 연구", 「충남대학교 지역개발 논총」, 제8집, pp.327-342.

_____. _____(1999), 재래시장의 물리적 환경개선을 위한 요구도 조사 연구, 「충남대학교 지역개발 논총」, 제11집, pp.37-56.

김정희(2002), "점포환경과 점포이미지 매개효과에 관한 연구", 「소비문화 연구」, 제5권, 제2호, pp.85-105.

김준호, 지길홍, 고영구(2001), 도심 재래시장에 대한 설문조사 분석연구: 대전시 도마·한민시장 사례로, 「충북개발연구」, 제13권, 제2호, pp.35-53.

김중식(2003), 재래시장 재개발 사업의 효과분석 및 활성화 방안, 「산업 경제연구」, pp.341-355.

김타열 · 장찬호(1997), "대도시의 공간구조 측면에서 재래시장의 기능에 관한 연구: 대구시 사례연구", 「대한국토 · 도시계획 학회지」, 제32권, 제3호, pp.87 - 101.

김흥순(1998), "인천광역시 재래시장의 물리적, 운영적 특성에 관한 연구", 「도시행정학보」, 제12집, pp.31 - 58.

구자열(2000), "경주 지역 재래시장의 실태와 활성화 방안", 「산업경제연구」, pp.21 - 34.

노승혁 · 김철민 · 서근하(2003), "중소기업 물류정보시스템 활용도가 물류성과에 미치는 영향에 관한 연구", 「중소기업연구」, 제25권, 제3호, pp.299 - 328.

부산광역시(2003), "부산 지역 재래시장의 실태분석 및 활성화 방안", pp.100 - 203.

박석희(2000), "관광루트에 있는 재래시장의 관광자원화에 관한 연구: 서울-양평-홍천-인제루트를 중심으로", 「관광학 연구」, 제24권, pp.9 - 24.

박영근, 김판준(2001), "창원시 재래시장의 실태분석", 「마케팅과학연구」, 제7집, pp.1 - 23.

변명식(2000), "재래시장 활성화를 위한 Remodeling", 「한국 유통학회 전자상거래 시대의 재래시장 생존전략 심포지엄」, pp.107 - 134.

_____ · 황종환 · 윤재한 · 서윤정(2003), "재래시장의 활성화: 향토산업 육성전략에 관한 연구", 「한국유통학회 추계 발표논문집 - 지방유통산업의 균형적 발전」, pp.35 - 43.

시장경영지원센터(2005), "선진국의 지역상권 육성제도 연구", pp.1 - 138.

서근하(2004), "小商工人の特性と経営戦略が創業成功に与える影響に関する研究", 日東亞地域際研究 5輯, pp.20 - 41.

서근하(2005), 流通企業のBrandマーケティング戦略における店舗イメージ向上のための研究, 日本東亞地域際経営學會 國際學術研討會, pp.200 - 215.

성무용(2004), "재래시장 활성화 방안은 없는가", 「전국매일신문」, p.6.

송부용, 권성오(2001), "창원 지역 재래시장 활성화와 지원방안", 「마케팅 과학연구」, 7집, pp.25-53.

이장우·장수덕(1998), "벤처기업 성공요인에 대한 이론적 고찰", 「벤처 경영연구」, pp.69-95.

윤성욱(2002), "The Role of Relationship Quality in the Case of Service Failure", 「경영연구」, 제17권, 제1호, pp.181-199.

윤성욱·서근하(2003), "한국의 소상공인 창업문화에 관한 연구", 소비문화연구, 6권, 제1호, pp.70-95.

윤성욱·서근하(2004), "종업원의 서비스와 점포충성도의 구조적 역할에 관한 연구", 「한국마케팅 저널」, 제6권 제3호, pp.59-81.

윤성욱·서근하(2006), "중소기업의 경영성과를 설명하는 구조모델에 대한 탐색적 연구", 「한국마케팅학회 춘계학술논문발표대회 논문집」, pp.101-119.

윤성욱·황경미(2004), "서비스 복구형태가 고객관계에 미치는 영향: 음식점을 대상으로 한 CIT 접근", 「소비자학 연구」, 제15권, 제1호, pp.135-158.

조광행·임채운(1999), "고객만족 및 전환 장벽이 점포애호도에 미치는 효과에 관한 연구", 「마케팅연구」, 제14권 제1호, pp.47-74.

지진호·임화순(2000), "재래시장의 문화관광 자원 활용방안", 「여행학 연구」, 제12권 pp.241-260.

중소기업청(2000), "재래시장 실태분석 및 활성화 방안", pp.20-45.

중소기업청(2001), "소상공인 창업 및 경영개선자금 이용자 실태분석", pp.50-73.

중소기업청(2002), "재래시장 지원업무 편람", pp.1-116.

중소기업청(2003), "중소기업 도전과 혁신, 도약의 길", pp.971-981.

중소기업청(2005), "재래시장 활성화 대책보고", pp.5-13.

日本 中小企業總合研究機構(2001), "中小企業 施策總攬", 平成 13年版.

三木楯彦(1993), "效率的物流經營のための12章", 白桃書房.

苗 不二男(2004), "現代と中小企業", 泉文堂.

Anderson, J. C. and D. W. Gerbing(1988), "Structure Equation Modeling in Practice: A Review and Recommended Two-Step Approach", *Psychological Bulletin*, Vol.103, No.3, pp.411-423.

ATCM(2001), "Town Centre Management Companies Limited by Guarantee", *London: Association of Town Centre Management.*

Baker, J., D. Grewal, and A. Parasuraman(1994), "The Influence of Store Environment on Quality Inferences and Store Image", *Journal of the Academy of Marketing Science*, Vol.22, No.4, pp.328-339.

Begley, T. M. and D. P. Boyd(1987), "Psychological Characteristics Associated with Performance in Entrepreneurial Firms and Smaller Businesses", *Journal of Business Venturing*, No.2, pp.79-93.

Birley, S. and D. Norburn(1987), "Owner and Manager vs The 500", *Journal of Business Venturing*, No.2, pp.351-363.

Buttner, E. H. and B. Rosen(1989), "Funding New Business Ventures Are Decision Makers Based Against Women?" *Journal of Business Venturing*, No.4, pp.249-261.

Caruana, A., M. H. Morris and A. J. Vella(1998), "The Effect of Centralization and Formalization on Entrepreneurship in Export Firms", *Journal of Small Business Management*, No.36, pp.16-29.

Cooper, A. C.(1985), The Role of Incubator Organizations in the Founding of Growth-Oriented Firms, *Journal of Business Venturing*, Vol.1, No.1, pp.75-86.

Cooper, A. C., F. J. Gascon and C. Y. Woo(1994), Initial Human and Financial as Predictors of New Venture Performance, *Journal of Business Venturing*, Vol.9, No.5, pp.371-395.

Cooper, A. C. and F. J. Gascon.(1995), "Entrepreneurs, Processes of Founding, and New-Firm Performance", In D. L. Sexton and

J. D. Kasarda(Eds.), *The State of the Art of Entrepreneurship*, Boston: PWS Kent Publishing, pp.301-340.

Covin, J. G. and D. P. Slevin(1990), New Venture Strategic Posture Structure, and Performance: An Industry Life Cycle Analysis, *Journal of Business Venturing*, Vol.5, No.2, pp.123-135.

Dunn, M., S. Birley, and D. Norbun(1986), "The Marketing Concept The Small Firm", *Marketing Intelligence Planning*, Vol.4, No.3, pp.3-11.

James, D. L., R. M. Durand, and R. A. Dreves(1976), "The Use of a Multi-Attribute Model in a Store Image", *Journal of Retailing*, Vol.52, No.2, pp.50-60.

Jaworski, Bernard J. and Ajai K. Kohli(1993), "Market Orientation: Antecedents and Consequences", *Journal of Marketing*, Vol.57, No.3, pp.53-70.

Jones, M., D. L. Mothersbaugh, and S. E. Beatty(2000), "Switching Barriers and Repurchase Intentions in Services", *Journal of Retailing*, Vol.76, No.2, pp.259-274.

Lussier, R. N.(1995), "A Nonfinancial Business Success versus Failure Prediction Model", *Journal of Small Business Management*, No.33, pp.8-20.

Manolis, Chris., William. W. Keep, Mary. L. Joyce, and David. R. Lambert.(1994), "Testing the Underlying Structure of a Store Image Scale", *Educational and Psychological Measurement*, No.54, pp.628-645.

Matsuno, Ken., J. T. Mentzer, and A. Ozsomer(2002), "The Effects of Entrepreneurial Proclivity and Market Orientation on Business Performance", *Journal of Marketing*, Vol.66, No.3, pp.18-32.

Nguyen, N. and G. Leblanc(1998), "The Mediating Role of Corporate Image on Customers Retention Decisions", *International Journal of Bank Marketing*, Vol.16, No.2, pp.52-65.

Petroshius, S. M. and K. B. Monroe(1987), "Effect of Product-Line Pricing Characteristics on Product Evaluations", *Journal of Consumer Research*, Vol.13, March, pp.511-519.

Richardson, P. S., A. S. Dick, and A. K. Jain(1994), "Extrinsic and Intrinsic Cue Effects on Perceptions of Store Brand Quality", *Journal of Marketing*, Vol.58, October, pp.28-36.

Sandberg, W. R. and C. W. Hofer(1987), "Improving New Venture Performance The Role of Strategy, Industry Structure, and The Entrepreneur", *Journal of Business Venturing*, Vol.2, No.1, pp.5-28.

Sexton, D. L. and N. Bowman(1990), Female and male Entrepreneurs: Psychological Characteristics and Their Role in Gender Related Discrimination, *Journal of Business Venturing*, Vol.5, No.1, pp.29-36.

Sirgy, M. J. and A. C. Samli(1985), "A Path Analytic Model of Store Loyalty Involving Self-Concept, Store Image, Geographic Loyalty, and Socioeconomic Status", *Journal of the Academy of Marketing Science*, Vol.12, Summer, pp.265-291.

Sirohi, N. E., W. Mclaughlin, and D. R. Wittink(1998), "A Model of Consumer Perceptions and Store Loyalty Intentions for a Supermarket Retailer", *Journal of Retailing*, Vol.74, No.2, pp.223-245.

Smith, N. R. and J. B. Miner(1984), "Motivational Considerations in the Success of Technologically Innovative Entrepreneurs", In J. A.

Stuart. R. and P. A. Abetti(1987), Start-up Venture: Towards The Prediction of Initial Success, *Journal of Business Venturing*, No.2, pp.215-230.

Zahara, S. and J. Covin(1995), "Contextual Influence on the Corporate

Entrepreneurship-Performance Relationship: A Longitudinal Analysis", *Journal of Business Venturing*, No.10, pp.43-58.

Zeithaml, V. A.(1988), "Consumer Perceptions of Price, Quality and Value", *Journal of Marketing*, Vol.52, July, pp.12-18.

경영학 박사 •약 력•
서 근 하   동아대학교 졸업
(徐 根 河)   동아대학교 대학원 경영학 석사(마케팅 전공)
동아대학교 대학원 경영학 박사(마케팅 전공)
한국시장유통연구원 부원장
공정거래위원회 자문위원
부산시 중소기업센터 전문상담사
시장경영지원센터 자문위원
경남정보대학 경영정보계열 겸임교수
한국산업경영학회 우수박사학위 논문상 수상

•주요논저•

「한국의 소상공인 창업문화에 관한 연구」
「물류정보시스템 활용도가 물류성과에 미치는 영향에 관한 연구」
「종업원의 서비스와 점포충성도의 구조적 역할에 관한 연구」
「재래시장의 불황극복과 경영혁신을 위한 성공요인에 관한 연구」
「DB 마케팅의 전자상거래 e-충성도 단서발견을 위한 구조방정식 모형연구」
『여행사 창업가이드』(중소기업청)
『피자전문점 창업가이드』(중소기업청)
『분식전문점 창업가이드』(중소기업청)
『사업자 메뉴관리와 구매 관리』(중소기업청)
『성공하는 차량이동식 먹거리가게 창업하기』(크라운출판사)
『성공하는 차량이동식 가게 창업』(크라운출판사)

한국의 소상공인과 재래시장 상인의 성공요인

• 초판 인쇄	2008년 3월 17일
• 초판 발행	2008년 3월 17일
• 지 은 이	서근하
• 펴 낸 이	채종준
• 펴 낸 곳	한국학술정보㈜
	경기도 파주시 교하읍 문발리 513-5
	파주출판문화정보산업단지
	전화 031) 908-3181(대표) · 팩스 031) 908-3189
	홈페이지 http://www.kstudy.com
	e-mail(출판사업부) publish@kstudy.com
• 등 록	제일산-115호(2000. 6. 19.)
• 가 격	29,000원

ISBN 978-89-534-8424-5 93320 (Paper Book)
      978-89-534-8425-2 98320 (e-Book)